浙江省普通高校“十三五”新形态教材

21世纪高职高专规划教材 · 国际经济与贸易系列

外贸单证实务

Foreign Trade Documents Practice

主　编　傅利利

副主编　莫　佳　高林枝

中国人民大学出版社

· 北京 ·

图书在版编目（CIP）数据

外贸单证实务/傅利利主编．—北京：中国人民大学出版社，2019.6
21世纪高职高专规划教材．国际经济与贸易系列
ISBN 978-7-300-26295-6

Ⅰ．①外…　Ⅱ．①傅…　Ⅲ．①进出口贸易-原始凭证-高等职业教育-教材　Ⅳ．①F740.44

中国版本图书馆CIP数据核字（2018）第221998号

浙江省普通高校“十三五”新形态教材
21世纪高职高专规划教材·国际经济与贸易系列
外贸单证实务
主　编　傅利利
副主编　莫　佳　高林枝
Waimao Danzheng Shiwu

出版发行	中国人民大学出版社		
社　　址	北京中关村大街31号	**邮政编码**	100080
电　　话	010－62511242（总编室）		010－62511770（质管部）
	010－82501766（邮购部）		010－62514148（门市部）
	010－62515195（发行公司）		010－62515275（盗版举报）
网　　址	http://www.crup.com.cn		
经　　销	新华书店		
印　　刷	固安县铭成印刷有限公司		
开　　本	787 mm×1092 mm　1/16	**版　　次**	2019年6月第1版
印　　张	16.5 插页1	**印　　次**	2023年12月第3次印刷
字　　数	333 000	**定　　价**	38.00元

前言
Preface

党的二十大报告指出：推动贸易优化升级，创新服务贸易发展机制，发展数字贸易，加快建设贸易强国。本教材基于外贸单证工作流程，将工作过程依次划分为9个项目，包括认识外贸单证、认识合同及国际贸易结算方式、信用证操作、制作租船订舱单证、制作报检报关单证、制作结汇单证、制作核销及退税单证、单证审核、单证操作综合训练。每个项目以任务为驱动，以岗位技能培养为目标，以工作项目为载体。本教材融“教、学、做”为一体，注重突出高职教育特色以及培养学生的实践能力，让学生感知并产生学习的兴趣，提升各项能力，具有系统性、真实性和实用性。本教材的编写具有以下几方面的特点：

(1) 将职业教育的培养目标+专业培养目标+高职学生的认知能力特点确定为编写宗旨。本教材打破了传统过度强调知识的系统性和理论细致性的编写思路，虽有理论但不赘述理论，适应了项目化教学的要求。教材中的理论内容与学生的课堂操作训练相适应、与学生未来的就业岗位相适应。

(2) 本教材的案例均来自真实企业，突破了旧有课程体系的藩篱，按实际工作过程和程序编排内容体例，并将企业用人标准、岗位职责和文化因素渗透到课堂中，力求教材内容与职业工作内容相一致，不仅有助于学生掌握专业知识与技能，而且为专业实训奠定了基础。

(3) 本教材在内容安排上突出重点，对于不同的知识点有不同的编写和呈现方式并加以总结，便于学生完成对自我能力的客观评价，具有鲜明特色。

(4) 教材中的每个项目、任务、知识点的设置都遵循专业人才成长规律，体现任务驱动、工作过程导向的课程设计思想。根据高职培养目标及高职学生的特点，在每个项目开始时均设置了知识目标、能力目标和项目导入，方便学生迅速进入学习状态；同时在每个项目最后均安排了实战演练、巩固练习，便于学生理解和掌握所学内容，体现了较强的实践性。

本书由浙江农业商贸职业学院傅利利担任主编，浙江农业商贸职业学院莫佳、高林枝担任副主编。具体分工如下：傅利利编写项目一、项目二、项目六和附录；莫佳编写项目三、项目四和项目五；高林枝编写项目七、项目八和项目九；全书由傅利利负责统稿。编者借鉴了国内外学者的观点，参考了大量专著、书籍、论文和网络资料并得到了很多外贸企业及专业经理人的支持和帮助，在此谨向有关作者以及提供资料的企业和人员表示诚挚的谢意！

由于水平有限、时间仓促，教材中难免有疏漏和不足之处，敬请同行专家和广大读者批评指正！

编者

目 录
Contents

项目一 认识外贸单证

知识目标

本项目介绍了单证在外贸业务中的地位和作用、单证的种类、外贸单证制作的基本要求等相关内容。通过本项目的学习，学生能够了解外贸单证工作的基本要求及重要性，熟悉单证的含义和种类，同时掌握外贸合同履行过程中各个环节所涉及的单证。

课件：认识外贸单证

能力目标

能提高对单证重要性的认知能力；能根据单证工作的基本要求提高对单证的制作规范的认知能力。

项目导入

[例1-1] 我国A公司向加拿大B公司以CIF术语出口一批货物，合同规定4月份装运。B公司于4月10日开来不可撤销信用证。此证按《跟单信用证统一惯例》规定办理。证内规定：装运期不得晚于4月15日。此时我方已来不及办理租船订舱，立即要求B公司将装运期延至5月15日。随后B公司来电称：同意展延船期，有效期也顺延一个月。A公司于5月10日装船，提单签发日为5月10日，并于5月14日将全套符合信用证规定的单据交银行办理议付。

[例1-2] 河北某外贸公司向日本某公司出口一批红枣，双方签订的合同中规定：数量2 000吨，单价CIP YOKOHAMA 150美元/吨。不允许分批装运，没有数量增减幅度。对方如期开来信用证，信用证规定：总金额为320 000美元，数量2 000吨。该外贸公司未要求改证，直接发货2 100吨。

任务1 外贸单证工作的重要性

外贸单证（foreign trade documents）是指在外贸业务中所使用的各种单据和证书。

外贸单证工作是随着国际贸易的发展而发展起来的。在货币出现之前，买卖双方只能进行“易货交易”，即以货换货。货币发明后，在债务的清偿方面出现了“现金结算”，但在国际贸易中现金结算方式存在不安全、不方便等弊端。随着国际贸易的不断发展，“非现金结算”方式应运而生。首先，是用于国际结算的各种票据的产生。其次，随着航海运输业和保险业的发展，海运提单从一般的货物收据演变为能代表货物所有权的可转让凭证，使得国际贸易货物单据化成为可能，即商品买卖可以通过单据交换来实现。尤其在象征性交货的情况下，卖方交单意味着交货，而买方也是凭单据付款。在其他交货方式下，买卖双方的货物交接和货款交付也需要通过各种单据来完成。单据与货款的对流原则已成为国际贸易中商品买卖支付的一般原则，因而单据在国际贸易中起到了非常重要的中介作用，单证工作也成为国际贸易中重要的业务环节。

一、外贸单证是卖方收汇的基础

国际贸易中的商品买卖，在实际业务中主要表现为单据的交换。在信用证支付方式下，银行在履行付款义务时所依据的是单据而不是与之相关的货物。只要出口商所提交的单据符合信用证规定，即使货物在运输途中受损，抑或根本没能到达买方处，银行也一样承担付款责任；反之，即使货物完好无缺地到达买方处，而单单或单证不一致，银行也同样可以拒付货款。《跟单信用证统一惯例》（国际商会第600号出版物，简称《UCP600》）第5条明确规定，银行处理的是单据，而不是与单据有关的货物、服务或其他行为。第7条规定，只要规定的单据被提交给被指定银行或开证行，并且构成相符提示，则开证行必须承付。第8条做了同样规定，只要规定的单据被提交给保兑行，或提交给其他任何被指定银行，并且构成相符提示，保兑行必须承付或议付。因此，在信用证支付方式下，受益人所提交的单据是否正确是银行付款的先决条件。

在托收方式下，出口商也是凭必要的和符合买卖合同规定的单据收款，若单据不符合买卖合同的要求，也有可能被进口商借故拒付。因此，正确地缮制出口单证是卖方安全收汇的基础和保证。

二、外贸单证是履行合同的必要手段

买卖合同的履行主要取决于卖方交货与买方付款。而在国际货物买卖中，由于买卖双方相隔遥远，在大多数情况下，货物与货款的对流并非直接进行，而必须通过单证来作为交换的手段。正如国际贸易专家施米托夫在《出口贸易》一书中所述："从商业观点来看，可以说 CIF 合同的目的不是货物本身，而是与货物有关的单据的买卖。"事实上 FOB、CFR、FCA、CPT、CIP 等贸易术语均具有上述性质。

国际贸易中使用的单证大致可分为两大类。一类具有货物的属性，它们有的代表货物的所有权（如海运提单），有的说明所交货物的详情（如商业发票和装箱单），有的为货物输出国提供必要的证明（如出口许可证），有的为货物在运输途中可能遭遇的灾害和损失承担风险（如保险单）等。另一类具有货币的属性，它们有的直接代表货币（如汇票、本票、支票等），有的为货款的支付做出承诺或做出有条件的保证（如信用证、银行保函等）。各种单证都有特定的功能，其签发、组合、交换和应用不仅反映了合同履行的进程，也反映了买卖双方权责的发生、转移和终止。因此，外贸单证是履行合同的必要手段。

三、外贸单证工作是一项政策性很强的涉外工作

外贸单证既涉及法定文件又涉及商业文件。我国国家机关和国有外贸公司签发的有效凭证在一定意义上代表着国家，体现了我国的外贸方针和政策，因而必须符合我国有关外贸的各项法规和制度。如出口许可证关系到国家对出口商品的计划管理，有时也可能涉及两国之间的贸易协定；GSP（Generalized System of Preferences）产地证是进口国海关核定进口商品的原产地，从而作为减免关税的依据；一般产地证是进口国核定商品原产地，从而作为海关征收差别待遇关税的依据；海关发票是进口国海关核定进口商品是否属于倾销、是否征收反倾销税及征收差别待遇关税的依据。

外贸单证既然用于收汇，就必须在国外流通，在发生纠纷时又常常是处理争议的依据。因此，出口单证必须符合进口国有关法律、法规、惯例和有关国际惯例的要求。如汇票上出票的地点就涉及汇票产生争议时适用的法律问题；各种单证的签发必须符合有关国际惯例的要求等。单证的政策和法律内涵体现着单证工作具有的很强的政治意义。

四、外贸单证工作是企业经营管理的重要环节

单证工作贯穿于合同履行的全过程，在合同履行的不同阶段都会有相应的单证出具、组合和流通。合同内容、信用证条款、货源安排、检验检疫、租船订舱、报关、保险、交单议付等外贸业务管理问题，都集中在单证上反映出来。单证工作还涉及业务工作管理中很多具体的问题，因此出口企业必须认真、及时地处理单证流通过程中出现的各种问题，以保证及时足额收汇。

五、外贸单证工作与企业的经济效益密切相关

单证工作是出口企业经营管理中非常重要的一个环节，单证工作的好坏与企业的经济

效益密切相关。如果强化制单和审单工作，提高单证质量，就会减少单证工作的差错，使企业在完成出口任务的同时，保障自身的经济利益，加速资金周转，为国家创造更多的外汇；若单证质量不过关，制单、审单时粗心大意，轻则给企业收汇带来不必要的麻烦，重则会给企业和国家带来无法挽回的经济损失，进而影响企业自身的信誉。

任务2　外贸单证的种类

国际贸易中的交易主要是通过单证的出具和交换来完成的。无论采用何种支付方式，卖方都必须按合同或信用证的规定提供给买方或银行所需要的单证。国际贸易中涉及的单证很多，而且每一笔交易所需要的单证也不尽相同，但总的来说，可以划分为四大类：

第一类　金融单据（Financial Documents）

主要用于货款的收取，具有货币的属性。包括：

（1）汇票（Bill of Exchange/Draft）；

（2）本票（Promissory Note）；

（3）支票（Cheque/Check）。

第二类　商业单据（Commercial Documents）

（1）商业发票（Commercial Invoice）。

（2）重量单/磅码单（Weight List/Weight Memo）。

（3）装箱单据（Packing Documents）。常见的有：

装箱单（Packing List/Packing Slip）；

包装提要（Packing Summary）；

包装说明（Packing Specification）；

详细装箱单（Detailed Packing List）；

尺码单（Measurement List）；

花色搭配单（Assortment List）。

（4）保险单/保险凭证（Insurance Policy/Certificate）。

（5）运输单据（Transport Documents）。常见的有：

海运提单（Ocean Bill of Lading）；

铁路运单（Railway Bill）；

承运货物收据（Cargo Receipt）；

航空运单（Air Waybill）；

邮包收据（Parcel Post Receipt）；

联合运输单据（Combined Transport Documents，CTD）；

多式联运单据（Multimodal Transport Documents，MTD）。

第三类　官方单据（Official Documents）

（1）商检证书（Inspection Certificate）；

（2）产地证（Certificate of Origin）；

（3）普惠制产地证（Generalized System of Preferences Certificate of Origin），即 GSP 产地证；

（4）海关发票（Customs Invoice）；

（5）领事发票（Consular Invoice）；

（6）领事产地证（Consular Certificate of Origin）。

第四类　其他证明（Other Certificates）

（1）受益人证明（Beneficiary's Certificate）；

（2）电抄（Copy of Cable/Telex/Fax）；

（3）船籍证明（Certificate of Vessel's Nationality）；

（4）航运路线证明（Itinerary Certificate）；

（5）船长收据（Captain's Receipt）；

（6）运费收据（Freight Receipt）。

知识拓展

在传统的外贸单证工作中，一笔外贸业务常常要涉及数十种单证。各种单证的内容繁杂，缮制与流转工作要求高，任何一个差错或遗漏都可能造成经济损失。目前，我国对外贸易量逐年迅速递增，单证的繁杂、易出差错与外贸业务量迅速上升的矛盾日益突出。另外，电子商务日益成熟，其对国际贸易产生了重要、深远的影响。所以，传统的单证工作已不能适应目前外贸工作发展的需要，单证格式、制单方式、单证流转的改革也势在必行。其中，单证的电子化和标准化是外贸单证工作发展的重要目标。

单证的电子化，是指运用计算机技术、电子数据交换技术、网络技术、外贸软件技术等现代信息技术进行外贸单证处理。即通过计算机网络，将外贸业务过程中与单证相关的各个数据在国际进行交换和自动处理。

基于互联网的 EDI（Electronic Data Interchange）是国际贸易领域单证数据处理的核

心技术系统。EDI就是电子数据交换系统，是20世纪70年代发展起来的，主要用于国际贸易中的单证处理与传输的一个计算机数据处理与通信系统。其传送的主要文件包括：订单、发货通知、提单、装箱单、发票、保险单、进出口货物报关单、进出口许可证、商检证、配额证等。EDI无须人工干预和人为介入，可由双方的计算机直接传送与交换资料，从而避免了人工将资料重复输入计算机系统而出现人力资源的浪费和输入错误，大大提高了单证工作的准确度和效率。

单证的标准化，是指对传统单证格式的改革和规范。由于国际贸易涉及不同的国家及不同地区，语言、外贸政策、进出口管理程序、关税制度、法律规定等方面的差别都体现在国际贸易业务中的各种单证上，因此，单证必须规范化，通过规范单证来统一和规范双边的贸易实务操作程序。包括：使用标准的语言、一致认定的术语、统一的单证文本以及文本数据交换格式等。总之，单证的标准化既要使国际贸易业务能够顺利开展，又要使各方在理解和缮制单证所明确的内容方面保持一致。这就需要设计并使用统一的国际贸易单据标准格式。

1978年由联合国出版并向世界各国推荐的《联合国贸易单据设计样式》就是“套合一致”的标准单证格式，它减少了各种单证相同内容的重复缮制、重复审核，提高了单证工作的准确度和效率。我国参照《联合国贸易单据设计样式》于1994年12月制定并发布了一套贸易标准单据，其主要特点也是“套合一致”和格式规范化、标准化。

由于现代信息技术在世界各国、各地区的发展水平不同，各国贸易的差异、相关法律法规的差异和滞后，外贸单证的电子化和标准化还处于逐步推广、不断完善和创新发展的时期。但可以相信，在不久的将来，外贸单证工作一定能在现代信息技术的支撑下提升到更高的水平。

任务3 外贸单证工作的基本要求

外贸单证工作的总要求是“四个一致”，即“单单一致、单证一致、单货一致、单同一致”。“单单一致、单证一致”是信用证业务最基本、最重要的要求，是卖方安全收汇的保障，但在实际业务中卖方还必须做到单据与所交的货物一致（“单货一致”）以及单据与货物买卖合同相一致（“单同一致”）。

单证制作原则上应做到正确、完整、及时、简明、整洁。

一、正确

正确是外贸单证制作的前提和核心。只有单证缮制正确，才能达到安全收汇的目的。

在信用证支付方式下，要严格做到“单单一致”和“单证一致”。此外，还应注意单据与货物一致。

在信用证支付方式下正确是指，一是要求各种单据做到“四个相符”，即单据与信用证相符、单据与单据相符、单据与货物相符、单据与贸易合同相符；二是要求各种单据符合有关国际惯例和进口国的有关法令和规定。

在跟单托收业务中，虽然对单据正确性的要求不像信用证业务那样严格，但如果不符合买卖合同的规定，也可能被进口商借故拒付货款或延期付款。在实际业务中，由于单证不符而遭到国外银行拒付案件时有发生。

二、完整

单证的完整性是构成单证合法性的重要条件之一，单证的完整性包括三个方面的内容：

（一）单证种类完整

外贸单证在通过银行议付或托收时是成套而不是单一的。在信用证业务下，进口商需要哪些单证，每种单证各需多少份，一般都在信用证中标明，出口商只有按规定提交全部合格单证，开证行才保证付款。然而，随着国际贸易的不断发展，进口商为了更好地维护自己的利益，在信用证中要求的单证越来越多，除商业汇票、商业发票、装箱单、海运提单、保险单、产地证等主要单证外，还要有各种附属证明及办理有关事项的收据，如各种受益人证明、船公司的船龄证明、船级证明、装船通知的副本、寄单的邮局收据等，这些单证都要经过一定的手续和事先联系才能取得。因此，在制单、审单的过程中必须密切注意，及时催办，以防遗漏或误期，以保证全套单证的完整。

（二）单证内容完备

任何单证都有其特定的作用，而这些特定的作用又是通过特定的格式、项目、内容、文字、签章等表现出来的。如果格式使用不当、项目漏填、内容不完整、文字不通、签章不全，就不能构成一份有效的单证，也就不能被银行接受。如海关发票必须用进口国海关的固定格式而没有使用，单据上必须背书的没有背书，更改处必须加盖更正章的没有加盖，都会引起严重的后果。在实际业务中曾经出现过商业发票因漏打贸易术语、海运提单因漏打运费支付项目而遭拒付。

（三）单证份数齐全

完整还要求出口商所提供的各种单证的份数要如数交齐，不能短缺。

三、及时

外贸单证工作的时效性强，主要表现在两个方面：

(一) 出单日期及时、有序、合理

要做到这一点，既要使单证符合一般商业习惯和要求，又要在信用证或合同规定的有效期内。例如：保险单的出单日期不得迟于提单的签发日期，提单日期不得迟于装运日期。出单不及时、无序、不合理都会造成单证不符、单单不符。同时还应注意各种单证之间日期不能相互矛盾。

(二) 交单及时

单证制好后，应在信用证的有效期内和交单期内送交银行办理议付结汇手续，争取早日结汇。在可能的情况下，最好在货物装运前，先将有关单证送交银行预审，以便早日发现问题并及时修正，这样可以避免在货物出口后，因单证不符而被拒绝。《UCP600》规定，信用证必须规定一个交单的截止日。受益人或其代表必须在不迟于本惯例所指的发运日之后的 21 个日历日内交单，但是在任何情况下都不得迟于信用证的截止日。由此可见，是否及时交单很大程度上决定了出口商能否安全收汇。

四、简明

单证内容应按信用证规定和国际贸易惯例填制，力求简明，力戒烦琐。简化单证不仅可以减少工作量和提高工作效率，而且有利于提高单证填制质量。为简化单证，《UCP600》第 18 条 c 款规定，商业发票上的货物、服务或行为的描述必须与信用证中的描述相符。如棉布床单，除商业发票以外，除非信用证另有具体规定，在提单、保险单等单证中的货名栏内，都可使用“Cotton Piece Goods”，这是棉布类的统称。

五、整洁

单证的布局要美观大方，其格式的设计和缮制应力求标准化和规范化。如果说正确和完整是单证的内在质量要求，那么整洁则是单证的外在质量要求。单证的外观在一定程度上反映了一个国家的科技水平和一个企业的业务水平。单证是否整洁，不但反映了制单人制单的熟练程度和工作态度，而且直接影响出单效果。值得一提的是，各种单证的更改都要有限制，不允许在一份单证上多次涂改。更改一处一定要加盖校对章或简签。如涂改过多，应重新缮制单证。

几十年来，由于科学技术的进步，一些新的科技工具已逐步应用于贸易领域，单证工作呈现出新特点，如单证制作和管理的电脑化、单证传递的电讯化等。然而，近年来单证工作改革中最引人注目的是制单中 EDI 方式的出现及开立信用证中大量使用 SWIFT 方式。

实战演练

分析下列单据签发日期的先后：

（1）海运提单和保险单的日期；

（2）商检证书和海运提单的日期；

（3）装箱单、重量单与商业发票的日期。

解析

巩固练习

某出口公司向西亚某国出口日用品一批，见单 60 天付款，信用证结算方式，汇票的承兑银行为开证行。议付银行审核后“单证一致、单单一致”，单据寄到开证行，开证行（进口国银行）即回电，承兑到期付款，并确定了到期日。不料，30 天后，开证行发来电报，称由于开证申请人遭遇法律诉讼，该国法院已下“止付令”，冻结开证人的所有财产，开证行将服从法院的指令，因而不能履行到期付款的责任。

问题：开证行的拒付理由能够成立吗？为什么？

学习评价

表 1-1 学习评价

任务要求	技术要求	分值	评分细则	评分记录
简述外贸单证工作的重要性	准确，完整	30 分	对外贸单证工作的重要性是否能阐述准确、完整，不能说出其中一个条款者扣 6 分	
掌握外贸单证工作的基本要求	准确，全面	70 分	对外贸单证工作的基本要求是否能阐述完整、全面，不能说出其中一个者扣 10 分	

项目小结

本项目介绍了外贸单证的概念和分类，阐述了外贸单证的重要性，还重点介绍了外贸单证工作的基本要求。所谓外贸单证，就是在进出口业务中应用的单据和证书。

外贸单证种类很多，可以根据不同的标准分类。外贸制单应力求做到“四个一致”，在具体环节中应做到正确、完整、及时、简明、整洁。

项目二 认识合同及国际贸易结算方式

知识目标

理解外贸合同中的主要条款；掌握国际贸易的三种结算方式。

课件：认识合同及国际贸易结算方式

能力目标

能准确分析外贸合同中的各项条款，根据法律法规和惯例提出修改意见；能正确选择合适的国际贸易结算方式。

项目导入

2017 年 6 月，某公司就一批出口欧洲的紧固件向江阴出入境检验检疫局申报检验，该局检验人员审核所附外贸单据时发现，外贸合同所定条款涉嫌欺诈：合同约定出口紧固件按照 DIN 标准组织生产，并明确规定产品强度等级为 5.8 级，但该外贸合同另一条款又要求生产企业在产品标识上注明强度等级为 8.8 级。熟悉该产品性能的检验员马上敏锐地意识到该产品强度根本无法达到 8.8 级标准，如此标识明显为假冒行为。

检验人员随即对产品进行现场查验，发现企业按照合同要求加注了产品强度 8.8 级的标识，故及时制止了该批产品的出口。

任务 1 国际贸易合同

一、合同的主要条款

在国际商业活动中，合同起着十分重要的作用。在业务活动的各个具体运转环节中，几乎都是通过合同这一形式将有关的当事人联系在一起，他们各自按照规定的要求去履行义务，从而使整部国际商业活动大机器有秩序、有节奏地运行。

在实际业务中，由于当事人总是依据具体情况来订立合同条款，因此合同的具体内容是不尽相同的。但有其基本相同的内容，这些基本项目是实现国际货物买卖的基本条件，是一个有效的国际货物买卖合同的必备内容。

（一）合同名称等表明合同自身情况的项目

除合同名称外，在这部分内容中还应当包括合同号，它通常是由一组数字和字母所组成的号码。为了确定当事人合同项下权利和义务开始的时间，以及计算合同中所规定的履约期限，必须在合同中明确规定合同订立的时间。同时，在合同中也应当将合同订立地点规定清楚，因为在很多情况下，合同的订立地点与合同的法律适用紧密相关。

（二）表明合同当事人情况的项目

在国际货物买卖合同中必须将双方当事人的情况规定清楚，因为只有这样，才能明确谁是合同项下权利和义务的主体。通常是通过以下各项内容来规定当事人的情况：当事人的名称或姓名，当事人的注册地址、营业地点或住所，当事人的电话、电传、电报及传真号码，当事人的银行结算账户等。

（三）合同标的的名称、种类、范围、质量、数量、标准、规格

为了明确特定合同项下的特定标的，应当在合同中对合同标的的名称、种类、范围、质量、数量、标准、规格做出明确规定。对于散装货物和其他不容易精确计算装运量的货物，在规定合同标的的数量时，通常需要规定溢短装条款。

（四）包装与唛头

为使卖方依照一定的规则履行其交货义务，在合同中应当规定货物的包装与唛头。在规定包装条款时，应当注意到货物的特性、具体运输方式及运输时间的要求。唛头，即运输标识，在货物上喷刷唛头的目的是方便货物运输、划分与移交。

（五）运输条款

多数国际货物买卖合同都涉及货物的运输。合同中的运输条款主要应当规定以下内容：运输方式、装运时间与地点、目的地、转运与分批运输事项、运输中的通知及联络事项等。应当注意的是，在合同采用价格术语的条件下，运输条款的内容应当与合同中所使用的价格术语相一致。

（六）支付条款

支付货款是买方应履行的基本合同义务之一。相应地，收取货款是卖方享受的基本合同权利之一。因此，合同中必须明确地规定价格条件、支付金额、支付方式和各种附带费用。

在现代国际贸易实务中，当事人经常采用国际商会《国际贸易术语解释通则》中的国际贸易术语（即价格术语）作为价格条件。此种价格术语是以货物的单价所包括的内容来表示的。

在支付金额条款中，应当规定支付货款的币种和合同总价格。

在支付方式条款中，应当规定支付货款的具体方式，如现金支付、汇付、托收或信用证。还应当规定付款的期限以及是否允许分期付款等事项。

在采取跟单托收和跟单信用证结算方式的情况下，应当进一步规定以跟单托收或跟单信用证结算时的全部付款条件。这里的付款条件是指单证化的付款条件。应当注意的是，在现代国际贸易实务中，当事人通常会在合同中引用国际商会的《托收统一规则》或《跟单信用证统一惯例》，因此，合同中规定的付款条件不应与《托收统一规则》或《跟单信用证统一惯例》中的相关规定矛盾。

（七）单证条款

为使卖方能够在合同规定的条件下收取货款，合同中必须规定单证条款，在采取托收和信用证支付方式的情况下尤其如此。应当注意的是，单证条款必须与合同中的付款条件条款相一致，尤其是在采取跟单托收或跟单信用证付款方式时。

（八）检验与索赔

买方对货物拥有检验的权利。在合同中规定检验条款的目的是规定买方行使其检验权的时间、地点、方式，以及其检验权丧失的条件等事项，因此，在规定检验条款时，一般应当把上述事项规定清楚。应当注意的是，检验货物是买方的一项权利，因此，在检验货物条款中应当规定由买方或者其委托或授权的第三方来检验货物，除非合同中有相反的明确规定，卖方或者其委托或授权的第三方在任何时间对货物所进行的检验均不能取代、否定或排斥买方检验货物的权利。

在国际贸易中，受到损害的一方可以向有关责任方提出赔偿的要求，即为索赔。进出口合同中的索赔条款有两种规定方式：一种是异议和索赔条款，另一种则是罚金条款。索赔时限的长短，应根据商品的性质、数量及金额大小、运输条件、港口情况等多方面的因素，由买卖双方在合同中约定。

（九）不可抗力

不可抗力是许多合同中都有的一般性条款，在国际货物买卖合同中也不例外。在规定不可抗力条款时，通常应当将不可抗力事件的内容和范围、遭受不可抗力事件的当事人应当采取的措施、第三方机构对发生不可抗力事件的证明，以及不可抗力对当事人合同权利和义务的影响及后果等事项逐一规定清楚。

（十）法律适用及解决合同争议的方法

国际货物买卖合同中应当规定法律适用条款和关于解决合同争议的条款，以便在发生合同争议时，能够以一定的法律为基础并采取适当的途径来解决争议。

在法律适用条款中，通常规定了当事人双方所选择的约束合同的法律，这常常是某一个国家或某一个法域的法律，也可以是国际统一实体法。法律适用条款的内容主要是根据国际私法规则来确定的。应当注意的是，在国际货物买卖合同实务中，通常做法是采取分割的方法来处理合同的法律适用问题，因此，一个国际货物买卖合同的不同部分可能受不同的法律支配。可以采用协商、调解、仲裁和司法诉讼等不同方式解决合同争议。合同中应当规定采取适当的方法来解决当事人之间的合同争议。

在国际贸易实务中，当事人通常愿意在其合同中约定仲裁条款。一般而言，仲裁条款中应当明确地规定关于请求仲裁的意思表示、仲裁的事项、选定的仲裁机构、仲裁地点及仲裁裁决的效力等多项内容。

二、合同成立的有效条件

国际货物买卖合同可以使用一种文字，也可以使用两种或两种以上文字。在合同中应当规定合同所使用的文字，以及修改或补充合同的文件和履约函电所使用的文字。应当注意的是，在合同以两种或两种以上文字拟订的情况下，应当规定以合同的某一种文本为准，以免因不同合同文本的条款发生歧义而对确定合同规定的内容造成不便。此外，在合同中还应当规定合同生效的条件、时间、有效期，以及合同效力终止的条件等事项。

依法成立的有效合同在当事人之间具有相当于法律的效力。但只有具备合同生效要素的合同才具有这种效力，才能对买方和卖方产生约束力，这些合同生效要素包括：

（一）当事人必须具备签订合同的行为能力

签订买卖合同的当事人主要有自然人和法人。根据我国法律规定，除对未成年人、精神病人签订合同的能力加以限制外，对某些合同的签订主体也做了一定的限定。例如：规定只有取得对外贸易经营权的企业或其他经济组织才能签订对外贸易合同；没有取得对外贸易经营权的企业或经济组织如需签订对外贸易合同，必须委托有对外贸易经营权的企业代理进行。

（二）合同必须有对价或约因

对价，是指当事人为了取得合同利益所付出的代价，这是英美法的概念。约因，是指当事人签订合同所追求的直接目的，这是法国法的概念。按照英美法和法国法的规定，合同只有在有对价或约因时，在法律上才是有效的，无对价或无约因的合同是得不到法律保护的。

（三）合同的内容或标的必须合法

几乎所有国家的法律都要求当事人所订立的合同标的必须合法，合法是合同的基本性质。凡是违反法律、违反公共秩序或公共政策的合同一律无效。我国《合同法》规定：

“当事人订立、履行合同，应当遵守法律、行政法规，尊重社会公德，不得扰乱社会秩序，损害社会公共利益。”

（四）合同必须符合法律规定的形式

《联合国国际货物销售合同公约》对国际货物买卖合同的形式不加以限制，无论采用书面或口头方式，均不影响合同的效力。我国《合同法》规定：“当事人订立合同，有书面形式、口头形式和其他形式。法律、行政法规规定采用书面形式的，应当采用书面形式。当事人约定采用书面形式的，应当采用书面形式。”

（五）合同当事人的意思表示必须真实

各国法律都认为，只有合同当事人的意思表示是真实的，该合同才能成为一项有约束力的合同，否则，这种合同无效或可以撤销。

任务2 国际贸易的三种常用结算方式

一、信用证结算方式

信用证结算方式是银行信用介入国际货物买卖价款结算的产物。它的出现不仅在一定程度上解决了买卖双方互不信任的矛盾，而且能使双方在使用信用证结算货款的过程中获得银行资金融通的便利，从而促进国际贸易的发展。因此，信用证结算方式被广泛应用于国际贸易中，成为当今国际贸易的一种主要的结算方式。

信用证是银行做出的有条件的付款承诺，即银行根据开证申请人的请求和指示，向受益人开具的有一定金额，并在一定期限内凭规定的单据承诺付款的书面文件；或者是银行在规定金额、日期和单据的条件下，愿意代开证申请人承购受益人汇票的保证书。它属于银行信用，采用的是逆汇法。跟单信用证流程如图2-1所示。

二、汇付结算方式

汇付是国际贸易中常用的货款结算方式。汇付又称汇款，是付款人通过银行，使用各种结算工具将货款汇交收款人的一种结算方式。它属于商业信用，采用顺汇法。汇付业务涉及的当事人有四个：汇款人、收款人、汇出行和汇入行。其中，汇款人（通常为进口方）与汇出行（委托汇出汇款的银行）订有合约关系，汇出行与汇入行（汇出行的代理行）订有代理合约关系。

在办理汇付业务时，需要由汇款人向汇出行填交汇款申请书，汇出行有义务根据汇款申请书的指示向汇入行发出汇款委托书；汇入行收到汇款委托书后，有义务向收款人（通

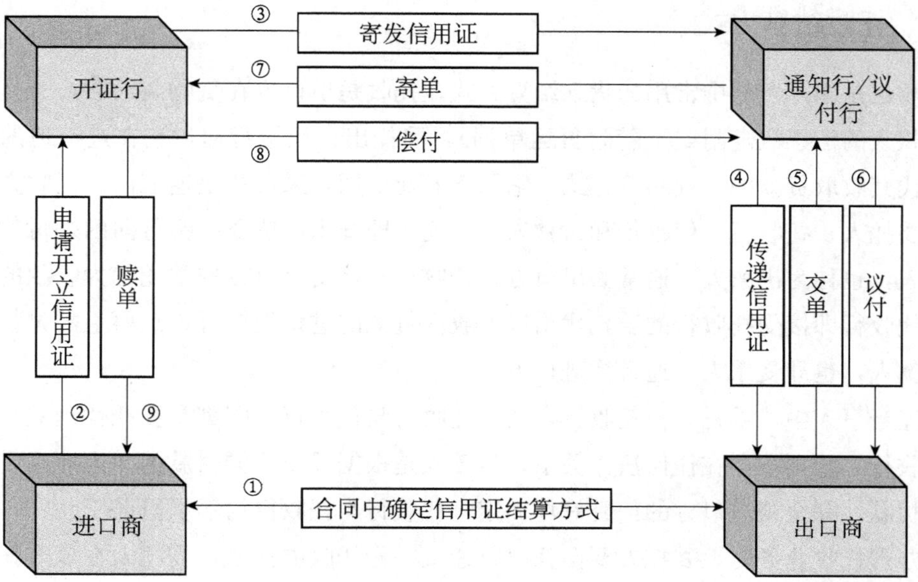

图 2－1 跟单信用证流程

常为出口方）解付货款。但汇出行和汇入行对不属于自身过失而造成的损失（如汇款委托书在邮递途中遗失或延误等致使收款人无法或迟期收到货款）不承担责任，而且汇出行对汇入行工作上的过失也不承担责任。电汇业务流程如图 2－2 所示。

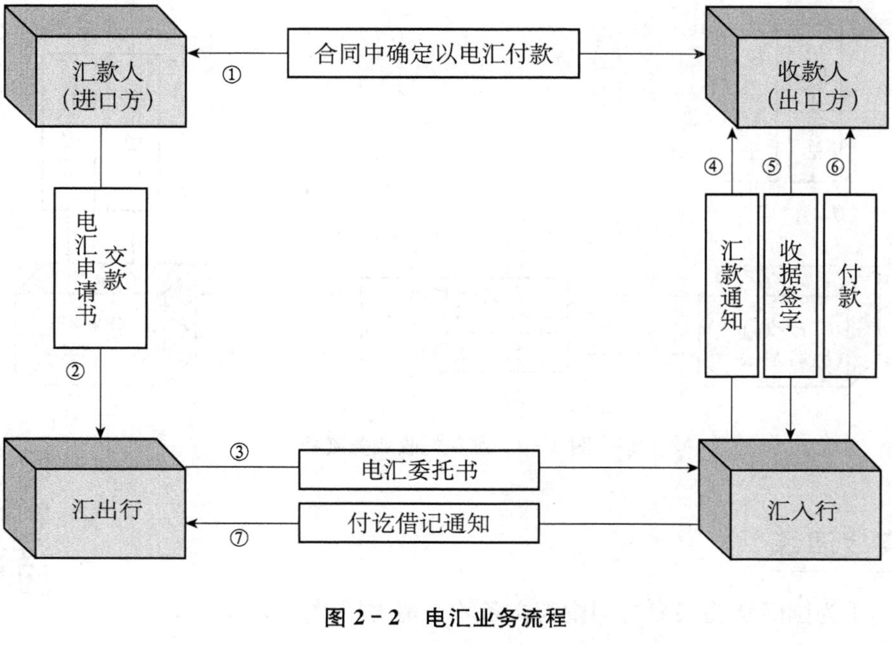

图 2－2 电汇业务流程

三、托收结算方式

托收也是国际贸易中常用的货款结算方式。托收是出口方在货物装运后，开具以进口方为付款人的汇票（随附或不随附货运单据），委托出口地银行通过它在进口地的分行或代理行代其收取货款的一种结算方式。它属于商业信用，采用的是逆汇法。托收方式的当事人有委托人、托收行、代收行和付款人。委托人即开出汇票委托银行向国外付款人代收货款的人，也称为出票人，通常为出口方；托收行即接受出口方的委托代为收款的出口地银行；代收行即接受托收行的委托代出口方收取货款的进口地银行；汇票上的付款人即托收的付款人，也即受票人，通常为进口方。

上述当事人中，委托人与托收行之间、托收行与代收行之间都是委托代理关系，付款人与代收行之间则不存在任何法律关系，付款人是根据买卖合同付款的。因此，委托人能否收到货款，完全视进口方的信誉好坏而定，代收行与托收行均不承担责任。

在办理托收业务时，委托人要向托收行递交一份托收委托书，委托人在该委托书中发出各种指示，托收行和代收行均按照委托的指示向付款人代收货款。跟单托收业务流程如图 2-3 所示。

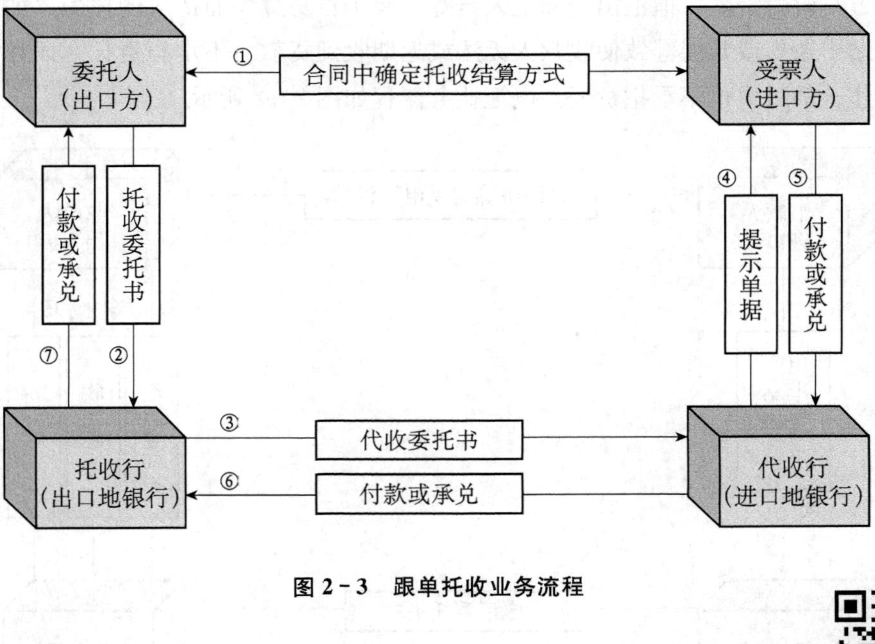

图 2-3　跟单托收业务流程

实战演练

解析

表 2-1 为国际货物买卖合同中英文条款，请对照学习。

表 2-1 外贸合同

SALES CONTRACT

（编号）No.：TXT264
（日期）Date：APR. 10，2019
（签约地点）Signed at：SHANGHAI

（卖方）Sellers：SHANGHAI PU SHUN IMPORT & EXPORT TRADE CORPORATION
（地址）Address：1175 XIETU ROAD，SHANGHAI，CHINA
（电话）Tel：021-64185588 （传真）Fax：021-64222888
（买方）Buyers：OSAKA SEA TRADE CORPORATION
（地址）Address：JAPAN CHUOKU TOKUI CHO OSAKASHI，OSAKA 2-2-2-504
（电话）Tel：81-06-69499160 （传真）Fax：81-06-69499161

买卖双方同意按下列条款由卖方出售，买方购进下列货物：

The seller agrees to sell and the buyer agrees to buy the undermentioned goods on the terms and conditions stated below.

唛头 Shipping Mark	货物描述 Description of Goods	数量 Quantity	单价 Unit Price	总值 Amount
	100% COTTON COLOUR WAVE T-SHIRT		CIF OSAKA	
O. S	TM111	2,000 PCS	USD 11.00/PC	USD 22,000.00
TXT264	TM222	2,000 PCS	USD 10.00/PC	USD 20,000.00
OSAKA	TM333	1,000 PCS	USD 9.50/PC	USD 9,500.00
C/No. 1-UP	TM444	1,000 PCS	USD 8.50/PC	USD 8,500.00
	Total：	6,000 PCS		USD 60,000.00

1. 数量及总值均有 5 %的增减，由卖方决定。

With 5 % more or less both in amount and quantity allowed at the seller's option.

2. 包装：Packing：PACKED IN ONE CARTON OF 20 PCS EACH

3. 装运期限：Time of Shipment：LATEST DATE OF SHIPMENT 190630

4. 装运口岸：Port of Loading：SHANGHAI PORT

5. 目的口岸：Port of Destination：OSAKA PORT

6. 保险：由卖方按发票全额 110%投保至 大阪 为止的 一切险和战争险 。

Insurance：To be effected by seller for 110% of full invoice value covering ALL RISKS AND WAR RISK AS PER PICC DATED 1/1/1981 up to OSAKA only.

7. 付款条件：

买方须于2019 年 5 月 20 日之前将保兑的、不可撤销的、可转让可分割的即期信用证开到卖方。信用证议付有效期延至上列装运期后 15 天在中国到期，该信用证中必须注明允许转运及分运。

Payment：

By confirmed，irrevocable，transferable and divisible L/C to be available by sight draft to reach the seller before 5/20/2019 and to remain valid for negotiation in China until 15 days after the aforesaid time of shipment. The L/C must specify that transhipment and partial shipments are allowed.

8. 分批装运：Partial Shipments：Allowed

9. 转运：Transhipment：Allowed

10. 品质与数量的异议与索赔：

如买方提出索赔，凡属品质异议须于货到目的口岸之 60 天内提出，凡属数量异议须于货到目的口岸之 30 天内提出，对所装货物所提出的任何异议属于保险公司、轮船公司等其他有关运输或邮递机构，卖方不负任何责任。

Quality/Quantity Discrepancy and Claim：

In case of quality discrepancy，claim should be filed by the buyer within 60 days after the arrival of the goods at port of destination；while for quantity discrepancy，claim should be filed by the buyer within 30 days after the arrival of the goods at port of destination. It is understood that the seller shall not be liable for any discrepancy of the goods shipped due to causes for which the Insurance Company，Shipped Company and other transportation organization or Post Office are liable.

11. 人力不可抗拒因素：

由于水灾、火灾、地震、干旱、战争或合同一方无法预见、控制、避免和克服的其他事件导致不能或暂时不能全部或部分履行本合同，任何一方均不负责任。但是，受不可抗力事件影响的一方须尽快将发生的事件通知另一方，并在不可抗力事件发生 15 天内将有关机构出具的不可抗力事件的证明寄交对方。

Force Majeure：

Either party shall not be held responsible for failure or delay to perform all or any part of this agreement due to flood，fire，earthquake，draught，war or any other events which could not be predicted，controlled，avoided or overcome by the relative party. However，the party affected by the event of Force Majeure shall inform the other party of its occurrence in writing as soon as possible and thereafter send a certificate of the event issued by the relevant authorities to the other party within 15 days after its occurrence.

12. 仲裁：

在履行合同过程中，如产生争议，双方应友好协商解决。若通过友好协商未能达成协议，则提交中国国际贸易促进委员会对外贸易仲裁委员会，根据该会仲裁程序暂行规定进行仲裁。该委员会的决定是终局的，对双方均有约束力。仲裁费用，除另有规定外，由败诉一方负担。

Arbitration：

All disputes arising from the execution of this agreement shall be settled through friendly consultations. In case no settlement can be reached，the case in dispute shall then be submitted to the Foreign Trade Arbitration Commission of the China Council for the Promotion of International Trade for Arbitration in accordance with its Provisional Rules of Procedure. The decision made by this commission shall be regarded as final and binding upon both parties. Arbitration fees shall be borne by the losing party，unless otherwise awarded.

（卖方）Sellers：	（买方）Buyers：
SHANGHAI PU SHUN IMPORT & EXPORT TRADE CORPORATION	OSAKA SEA TRADE CORPORATION

巩固练习

指出下面合同的结算方式并翻译合同条款。

解析

表 2-2 销售合同

SALES CONTRACT

No.: FS0135
Date: MAR. 20, 2018
Place: NINGBO CHINA

Sellers: NINGBO HAITIAN IMP. AND EXP. CORPORATION
Add: 21TH/FL., JIAHUI BUILDING, CAIHONG ROAD, NINGBO, CHINA
Buyers: DEXON CO., LTD.
Add: 101 ABBEY ROAD, LONDON, BRITISH

This contract is made by and between the Buyers and the Sellers, whereby the Buyers agree to buy and the Sellers agree to sell the undermentioned commodity according to the terms and conditions stipulated below:

1. Description of Goods	Quantity	Unit Price	Amount
Full cotton knitted women trousers		CIF LONDON	
As per order No. DY666			
Style No. 88701	2,250 PCS	USD 12.00/PC	USD 27,000.00
Style No. 88702	2,250 PCS	USD 12.00/PC	USD 27,000.00
	Total: 4,500 PCS		USD 54,000.00

Size/color assortment for style No. 88701:

size	s	m	l	xl	total
Blue	180	360	450	180	1,170
Yellow	180	360	360	180	1,080
Total	360	720	810	360	2,250

The same size/color assortment for style No. 88702.

More or less 5% of the quantity and the amount are allowed.

Packing: 9 pieces of full cotton knitted women trousers are packed in one export standard carton, solid color and solid size in the same carton.

2. Date of Shipment: Within 60 days upon receipt of the L/C which accord with relevant clauses of this contract.

3. Port of Lading: Ningbo, China   Port of Destination: London, British

4. Shipping mark:

(×) Buyers' shipping mark   (×) Sellers' shipping mark

5. Terms of Payment:

By irrevocable Letter of Credit at 30 days after sight, reaching the seller not later than Mar. 5, 2018 and remaining valid for negotiation in China for further 15 days after the effected shipment. In case of late arrival of the L/C, the seller shall not be liable for any delay in shipment and shall have the right to rescind the contract and /or claim for damages.

6. Shipping documents:

The Sellers shall present the following documents to the paying bank for negotiation:

(×) Signed commercial invoice in quadruplicate.

(×) Packing list in triplicate.

(×) Full set of clean on board ocean bill of lading marked "freight prepaid" made out to order of shipper blank endorsed, notifying the applicant.

(×) Insurance Policy in duplicate endorsed in blank.

(×) Quality & Quantity/Weight Certificate in duplicate.

(×) (G. S. P.) Form A in duplicate.

7. Inspection:

The Certificate of Quality, Quantity/Weight issued by Manufacturer/China Entry-Exit Inspection and Quarantine Bureau shall be taken as the basis of delivery.

8. Insurance:

(×) To be covered by the Sellers for 110% of the invoice value against All Risks with PICC as per its Ocean Margo Clauses dated 1/1/1981.

(×) To be covered by the Buyers.

9. Quality & Quantity/Weight Discrepancy and Claim:

In case the quality and/or quantity/weight are found by the Buyers to be not in conformity with this contract after arrival of the goods at the port of destination, the Buyers may lodge claim with the Sellers, supported by an authentic survey report issued by an inspection organization agreed upon by both parties, with the exception, however, of those claims for which the insurance company and/or the shipping company are to be held responsible. The claims should be filed by the Buyers within 30 days after the arrival of the goods at the port of destination.

10. Force Majeure:

The Sellers shall not be held responsible for any delay in shipment or non-delivery of the goods due to Force Majeure, but shall notify the Buyers immediately of such occurrence by telex and within 14 days there from send by registered airmail, if so requested by the Buyers, a certificate issued by China Chamber of Commerce or any local competent authorities as evidence thereof. Under such circumstances, the Sellers, however, are still under the obligation to hasten delivery of the goods.

11. Arbitration:

All disputes in connection with the execution of this sales contract shall be settled through friendly negotiation. In case no settlement can be reached, the disputes shall be submitted for arbitration to the Foreign Trade Arbitration Commission of the China Council for the Promotion of International Trade, Beijing, China, in accordance with its Provisional Rules of Procedure. The arbitration award shall be accepted as final and binding upon both parties. The arbitration expenses shall be borne by the losing party unless awarded by the arbitration commission.

12. Attachment No. ______________ forms an integral part of this contract.

13. This contract comes into force on the date of signature of both parties.

The original contract is made in duplicate, one for each party.

The Sellers:	The Buyers:
NINGBO HAITIAN IMP. AND EXP. CORPORATION	DEXON CO., LTD.
贾菱	Grace Black

学习评价

表 2-3　学习评价

任务要求	技术要求	分值	评分细则	评分记录
读懂合同条款	了解合同各条款的主要内容	70 分	对合同条款的翻译是否正确、全面，不能说出其中一个条款者扣 5 分	
简述信用证、汇付与托收业务流程	完整性、准确性	30 分	对三种结算方式流程叙述是否正确、充分，不能说出其中一个者扣 10 分	

项目小结

国际货物买卖合同又称对外贸易合同或进出口合同，在外贸业务活动的各个具体运转环节上，几乎都是通过合同将买卖双方联系在一起的。合同一般由效力部分、权利与义务部分、索赔与争议部分组成，主要包括品质、数量、包装、价格、运输、支付、检验、索赔、仲裁等条款。合同必须合法有效，一个合法有效的合同涉及诸多因素：一是当事人必须具备签订合同的行为能力；二是合同必须有对价或约因；三是合同的内容或标的必须合法；四是合同必须符合法律规定的形式；五是合同当事人的意思表示必须真实。

进出口贸易中主要的结算方式有信用证、汇付和托收等，每一种结算方式都对应于不同的流程和制单要求。信用证方式是银行信用介入国际货物买卖价款结算的产物，目前已成为当今国际贸易中的一种主要的结算方式，属于银行信用，采用逆汇法。汇付是使用各种结算工具将货款汇交收款人的一种结算方式，属于商业信用，采用顺汇法。托收是出口方委托银行凭承兑或付款交出商业单据，向进口方收款的一种方法，属于商业信用，采用逆汇法。信用证结算方式的制单要求主要体现在信用证的单据条款和附加条款中，而汇付和托收的制单要求主要体现在合同的单据要求中。

项目三　信用证操作

知识目标

理解信用证中的主要条款；掌握审证的依据和步骤；掌握《UCP600》中关于改证的条款；熟悉改证的原则和步骤。

课件：信用证操作

能力目标

能准确分析信用证条款；能根据外贸合同审核信用证中存在的问题；能针对问题条款提出修改意见并正确写出改证函。

项目导入

香港A公司向缅甸仰光B商行购买干辣椒1 100吨，并转卖到韩国。B商行根据出口贸易须按FOB价格签约的规定，在合同中订明按“FOB仰光”价成交。

B商行收到A公司通过香港银行开出的L/C，但在审单时忽略了来证对价格条款规定的“FOBS仰光”，因此，就按买卖合同规定的“FOB仰光”缮制有关单据。单据送出后不久，B商行接到香港开证行拒付货款通知书，称存在不符点——“FOB仰光”。为此，B商行立即与A公司进行多次交涉，要求给予融通。直到这时，B商行才得知，A公司向B商行购买的这批辣椒干真正的买方为韩国釜山的D公司。D公司的开证行已宣布破产，A公司与D公司交涉无果，因此以单证不符为由，坚持拒绝付款赎单。（此时韩国干辣椒市价下跌。）

干辣椒由A公司指派的“××”轮将货物由仰光直接运抵釜山，被韩国拒收，3个月后又运回香港，适值A公司破产倒闭，财产在清偿中，船货因此被银行扣押。之后，银行电告B商行要求配合解决此案，B商行获悉后，立即委托香港的朋友代为处理，3年后，B商行终于收回货款，但损失却近半。

任务 1　分析信用证

信用证项下有关各方的权利与义务以信用证条款为依据，故使用信用证方式结算货款不受贸易合同的约束，承担第一性付款责任的开证行仅仅以信用证为依据来审核单据，从而确定是否付款。那么，在信用证结算方式中，有关各方应如何分析信用证，以便能够掌握信用证项下单证的主动权并保证日后出口货物的安全收汇呢？

一、信用证的类型

信用证（Letter of Credit，L/C）是指开证行应申请人的要求并按申请人的指示，向第三者开具的载有一定金额，在一定期限内凭符合规定的单据付款的书面保证文件。《UCP600》第 2 条对信用证定义为：指一项不可撤销的安排，无论其名称或描述如何，该项安排构成开证行对相符交单予以兑付的确定承诺。信用证开立后，只要出口商严格按照信用证规定的条款执行，做到单证一致、单单一致，就能及时收到货款。

信用证的类型如表 3－1 所示。

表 3－1　信用证的类型

分类标准	信用证的类型	特点
修改或撤销方式	可撤销信用证	开证行开立信用证后，不必征得受益人同意，即可根据开证申请人的要求，随时修改或撤销信用证。开证行在撤销信用证后，甚至可以不必将信用证已撤销的事实通知受益人，但必须通知信用证的通知行，只有在通知行收到有关通知后，才能生效
	不可撤销信用证	信用证一经开出，即使开证申请人提出了修改或撤销的要求，如果未征得开证行、保兑行及受益人的同意，信用证既不能修改也不能撤销
是否加保	保兑信用证	除开证行以外，还有另一家银行对信用证承担保证兑付责任
	不保兑信用证	除开证行以外，没有另一家银行对信用证承担保证兑付责任
兑付方式	议付信用证	开证行在信用证中请其他银行买入汇票及单据，当受益人提交的单据符合信用证条款规定时，议付行扣除利息后将票款付给受益人，是实务中最常见的信用证
	即期付款信用证	开证行或指定行收到符合信用证条款的即期汇票及单据后，立即履行付款义务。然而，即期付款信用证不需要受益人提供汇票，只凭信用证规定的单据付款。付款行凭单付款后，对受益人没有追索权，对受益人极为有利
	延期付款信用证	开证行或指定银行收到符合信用证条款规定的单据后，在将来可确定的日期履行付款责任。在延期付款信用证中，不要求受益人提供汇票，因此，它的实质是不用汇票的远期信用证
	承兑信用证	开证行或指定银行收到符合信用证条款的远期汇票及单据后，不立即付款，而是承兑汇票，待汇票到期时才履行付款责任，是一种需要提供汇票的远期信用证

续前表

分类标准	信用证类型	特点
附加性质	可转让信用证	信用证的受益人（第一受益人）可以要求授权付款、承担延期付款责任、承兑或议付的银行（转让银行），或者当信用证是自由议付时，可以要求信用证中特别授权的转让银行，将信用证全部或部分金额转让给一个或数个受益人（第二受益人）使用
	循环信用证	信用证被全部或部分使用后，仍可恢复原金额再使用，分为按时间循环信用证和按金额循环信用证，有自动循环使用、非自动循环使用、半自动循环使用三种循环方式
	背对背信用证	中间商收到进口商开来的、以其为受益人的信用证后，要求原通知行或其他银行以原证为基础，另外开立一张内容相似的、以其为开证申请人的新的信用证给另一受益人
	对开信用证	是通过相互向对方开立信用证进行结算的方式。主要特点：双方同时开证；第一张信用证的受益人是第二张信用证的申请人；第一张信用证的通知行是第二张信用证的开证行；它们的金额可以相等或不等，可以同时或分别生效

二、信用证的主要内容

（一）电开信用证的主要内容

电开信用证是指以电报、电传或 SWIFT 等电信方式开立的信用证，又可以分为简电本和全电本两种。

简电本（Brief Cable）是将信用证金额、有效期等主要内容用电文预先通知出口商的信用证，目的是使出口商早日备货。但由于内容不完整，简电本不是有效的信用证，在简电本后一般都注有“随寄证实书”字样。

全电本（Full Cable）是以电文形式开出的完整的信用证。开证行一般会在电文中注明“This is an operative instrument，no airmail confirmation to follow”，即全电本后面不注有“随寄证实书”字样。这样的信用证是有效的，可以凭以交单议付。随着现代电信业务的飞速发展，电开信用证在实务中被广泛使用，尤其是 SWIFT 信用证。

1. SWIFT 简介

“SWIFT”是环球银行间金融电讯协会（Society for Worldwide Interbank Financial Telecommunications）的英文缩写，是一个国际银行同业间非营利性的合作组织。该组织于 1973 年在比利时成立，总部设在比利时的布鲁塞尔，并在荷兰阿姆斯特丹和美国纽约设立与总部相互连接的大型计算机操作中心，在各会员银行所在的国家和地区设有与操作中心相连的处理站。会员银行通过专用电脑设备、处理站与操作中心的电脑、数传通信设备连通，构成全球性通信网，开展电信国际银行业务。目前，全球大多数国家和地区的大部分银行已使用 SWIFT 系统。中国银行在 1983 年 2 月正式加入该协会，成为会员银行，

1984 年开始使用该协会的通信系统办理国际业务，1985 年中国银行总行建立了 SWIFT 中国处理站。

凡利用 SWIFT 系统设计的特殊格式，通过 SWIFT 系统传递信用证的信息，即通过 SWIFT 开立或通知的信用证称为 SWIFT 信用证，也称为“环银电协信用证”。

SWIFT 电文表示方式包括：

(1) 项目表示方式。SWIFT 电文由项目（FIELD）组成，项目由两位数字代号（Tag）组成或由两位数字代号加上字母组成，如“44C LATEST DATE OF SHIPMENT”（最迟装船期）。SWIFT 的项目分为必选项目（MANDATORY FIELD）和可选项目（OPTIONAL FIELD）两种类型。

(2) 日期表示方式。SWIFT 电文的日期表示为 YYMMDD（年月日），如 2017 年 10 月 9 日表示为 171009。

(3) 数字表示方式。在 SWIFT 电文中，数字不使用分格号，小数点用半角逗号“,”来表示，如 8 123 286 36 表示为 8123286,36。

2. SWIFT 电文常用项目

表 3-2　　SWIFT 电文常用项目

代号	英文	中文
20	DOC. CREDIT NUMBER	信用证号码（MT700）
27	SEQUENCE OF TOTAL	电文页次
31C	DATE OF ISSUE	开证日期
31D	DATE AND PLACE OF EXPIRY	信用证截止日期和截止地点
32B	CURRENCY CODE, AMOUNT	信用证货币和金额
39A	POS./NEG. TOL. (%)	金额上下浮动允许的最大范围
40A	FORM OF DOCUMENTARY CREDIT	跟单信用证形式
41A	AVAILABLE WITH/BY	指定的有关银行及信用证的兑付方式
42A	DRAWEE	汇票付款人
42C	DRAFTS AT…	汇票付款日期
43P	PARTIAL SHIPMENTS	分批装运
43T	TRANSHIPMENT	转运
44A	LOADING IN CHARGE	装船、发运和接收监管的地点
44B	FOR TRANSPORTATION TO…	货物发运目的地
44C	LATEST DATE OF SHIPMENT	最迟装运日期
44D	SHIPMENT PERIOD	船期
45A	DESCRIPTION OF GOODS	货物描述
46A	DOCUMENTS REQUIRED	单据要求
47A	ADDITIONAL CONDITIONS	附加条款
48	PRESENTATION PERIOD	交单期限
49	CONFIRMATION	保兑指示
50	APPLICANT	开证申请人

续前表

代号	英文	中文
53A	REIMBURSING BANK	偿付行
57A	ADVISE THROUGH BANK	通知行
59A	BENEFICIARY	受益人
71B	DETAILS OF CHARGES	费用负担
72	SENDER TO RECEIVER INFORMATION	附言
78	INSTRUCTION	给付款行、承兑行或议付行的指示

3. SWIFT 信用证实例

表 3-3　　SWIFT 信用证样单

MT700	Issue of a Documentary Credit		Page 00001
BASIC HEADER	F01 BKCHCNBJA400 1253 409337		
APPLICATION HEADER	0 710 1503 050316 BSCHHKHHA 3486 119921 050316 1503 N * NATIONAL AUSTRALIA BANK, SYDNEY * SYDNEY * INTERNATIONAL TRADE PROCESSING		
USER HEADER	SERVICE CODE 103: BANK. PRIORITY 113: MSG USER REF. 108: INFO. FROM CI 115:		
SEQUENCE OF TOTAL	*27 :	1/1	
FORM OF DOC. CREDIT	*40A :	IRREVOCABLE	
DOC. CREDIT NUMBER	*20 :	9052BTY0512004	
DATE OF ISSUE	31C :	190323	
APPLICABLE RULES	*40E :	UCP LATEST VERSION	
DATE AND PLACE OF EXPIRY	*31D :	DATE 190425 PLACE CHINA	
APPLICANT	*50 :	AUSTRALIA INTERNATIONAL TRADING CO. LTD. 3/27-29 RICHARDSON AVENUE, GLENELG NORTH, ADELAIDE, AUSTRALIA	
BENEFICIARY	*59A :	TONGCHUANG WIRE MESH FACTORY 1602 WIRE MESH WORLD BUILDING, ANPING COUNTY, HEBEI, CHINA	
CURRENCY CODE, AMOUNT	*32B :	CURRENCY USD 10654,56	
AVAILABLE WITH…BY…	*41D :	ANY BANK BY NEGOTIATION	
DRAFTS AT…	42C :	SIGHT	
DRAWEE	42A :	CTBAAU2SITS * NATIONAL AUSTRALIA BANK, SYDNEY * SYDNEY	
PARTIAL SHIPMENTS	43P :	NOT ALLOWED	
TRANSHIPMENT	43T :	ALLOWED	
PORT OF LOADING	44E :	QINHUANGDAO, HEBEI	
PORT OF DISCHARGE	44F :	MELBOURNE, AUSTRALIA	
LATEST DATE OF SHIPMENT	44C :	190415	

DESCRIPTION OF GOODS 45A : STAINLESS STEEL WIRE MESH, CIF MELBOURNE
DOCUMENTS REQUIRED 46A :

1) COMMERCIAL INVOICE IN DUPLICATE.
2) PACKING LIST IN DUPLICATE.
3) FUMIGATION CERTIFICATE IN DUPLICATE.
4) INSURANCE POLICIES OR CERTIFICATES ENDORSED IN BLANK, COVERING INSTITUTE CARGO CLAUSES (A), INSTITUTE WAR CLAUSES (CARGO), AND INSTITUTE STRIKES CLAUSES (CARGO), FOR NOT LESS THAN THE FULL INVOICE VALUE PLUS 10 PERCENT.
5) FULL SET OF CLEAN "ON BOARD" BILL OF LADING TO THE ORDER OF SHIPPER ENDORSED IN BLANK MARKED "PREIGHT PREPAID" AND NOTIFY APPLICANT.

ADDITIONAL CONDITIONS 47A :

1) TELEGRAPHIC TRANSFER REIMBURESEMENT CLAIMS ARE SPECIFICALLY PROHIBITED UNDER THIS CREDIT.
2) DISCREPANCY FEE OF USD 35,00 WILL BE DEDUCTED FROM THE PROCEEDS OF EACH PESENTATION OF DISCREPANT DOCUMENT.
3) THE AMOUNT OF EACH DRAFT MUST BE ENDORSED ON THE REVERSE OF THIS CREDIT BY THE NEGOTIATING BANK.

DETAILS OF CHARGES 71B : ALL BANK CHARGES OUTSIDE AUSTRALIA ARE FOR ACCOUNT OF BENEFICIARY.
PRESENTATION PERIOD 48 : DOCUMENTS MUST BE PRESENTED AT PLACE OF EXPIRATION WITHIN 15 DAYS AFTER ON BOARD DATE OF BILL OF LADING.
CONFIRMATION *49 : WITHOUT
REIMBURSING BANK 53A : CTBAAU2SITS
*NATIONAL AUSTRALIA BANK
*SYDNEY
INSTRUCTIONS 78 :

DRAFTS AND DOCUMENTS ARE TO BE SENT IN ONE LOT BY COURIER TO NATIONAL AUSTRALIA BANK PBS TRADE SERVICES, 343 GEORGE ST, SYDNEY NSW 2000, AUSTRALIA. WE HEREBY UNDERTAKE THAT PAYMENT WILL BE MADE, IN ACCORDANCE WITH YOUR INSTRUCTIONS, UPON PRESENTATION OF DRAFTS AND DOCUMENTS DRAWN IN CONFORMITY WITH THE TERMS AND CONDITIONS OF THIS CREDIT.

TRAILER : MAC: 48E8293E
CHK: 656F2B15C677

上述信用证由 5 个部分组成：

(1) BASIC HEADER，基本报头；

(2) APPLICATION HEADER，应用报头；

(3) USER HEADER，用户报头；

(4) TEXT，电文正文，即信用证的主要内容；

(5) TRAILER，报尾。

4. 信用证主要内容分析

(1) 27 SEQUENCE OF TOTAL (电文页次)，指本信用证的发报次数，用分数表示，分母表示发报的总次数，分子则表示这是其中的第几次。

(2) 40A FORM OF DOC. CREDIT (信用证类型)，该信用证为不可撤销信用证。

(3) 20 DOC. CREDIT NUMBER（信用证号码），该信用证的号码为 9052BTY0512004。

(4) 31C DATE OF ISSUE（开证日期），该信用证的开证日期为 2019 年 3 月 23 日。

(5) 40E APPLICABLE RULES（适用的规则），该信用证适用于 UCP 最新版本。

(6) 31D DATE AND PLACE OF EXPIRY（信用证截止日期和截止地点），也称到期日和到期地点。截止日期是指信用证生效的最后期限，也就是说超过了这个日期，开证行就不受信用证的约束，不再承担付款责任了。截止地点是指该信用证的截止日期是以哪个地方的日期起算的。另外，截止地点还有一层含义，就是在受益人交单所在地截止。受益人理解这一层含义是非常必要的，因为它涉及受益人向银行提交单据的缓急程度。

(7) 50 APPLICANT（开证申请人），通常为买卖合同的买方。开证申请人的名称和地址是众多银行单据必须填写的内容之一，如发票的抬头人、提单的通知人、产地证的收货人等。

(8) 59A BENEFICIARY（受益人），通常为买卖合同的卖方。受益人的名称和地址也是众多银行单据必须填写的内容之一。值得注意的是，受益人的名称不能出现与实际英文名称不符的现象，哪怕只是个别字母拼写笔误，也必须要求申请人指示开证行修改信用证，否则极易出现单证不符，造成收汇困难。

(9) 32B CURRENCY CODE，AMOUNT（信用证货币和金额），该信用证为 10 654.56 美元。如果信用证金额前有“ABOUT”“APPROXIMATELY”等，则相关的汇票和发票金额可以有不超过 10%的增减幅度；如果信用证没有特别说明，则相关的汇票和发票金额就可以有不超过 5%的减少幅度；如果金额前后有“NOT EXCEEDING”的字眼，则相关的汇票和发票金额既不能多于也不能少于信用证规定的金额。

(10) 41D AVAILABLE WITH… BY… 该信用证可以在任何银行兑用，兑用方式为议付。兑用方式一般有四种：即期付款（BY SIGHT PAYMENT）、延期付款（BY DEFERRED PAYMENT）、承兑（BY ACCEPTANCE）和议付（BY NEGOTIATION）。

(11) 42C DRAFTS AT…（汇票付款日期），凭“见票即付”的即期汇票。

(12) 42A DRAWEE（汇票的受票人即付款人），该信用证付款人为“NATIONAL AUSTRALIA BANK，SYDNEY”。信用证项下汇票的“付款人”多为开证行。

(13) 43P PARTIAL SHIPMENTS（分批装运），该信用证不允许分批装运。允许分批装运有两层含义：一是把一份信用证项下的货物的一部分而不是全部装运；二是把一份信用证项下的货物按照受益人的意愿分数次分期分批装运。也就是说，既可以一次性装运，也可以安排数次装运，信用证对此不做限制。

(14) 43T TRANSHIPMENT（转运），该信用证允许转运。

(15) 44E PORT OF LOADING（装运港），该信用证为“秦皇岛，河北”。

(16) 44F PORT OF DISCHARGE（目的港），该信用证为“墨尔本，澳大利亚”。

(17) 44C LATEST DATE OF SHIPMENT（最迟装运日期），该信用证最迟装运日

期为 2019 年 4 月 15 日。

(18) 45A DESCRIPTION OF GOODS（货物描述），该信用证为“不锈钢丝网，CIF 墨尔本”。本条款可以包括商品的详细情况，也可以有参照语句。关于商品的描述，根据《UCP600》第 18 条 c 款的规定，商业发票上的描述必须与信用证描述相符。其他单据（如提单、保险单、产地证、装箱单等）则可以使用统称。

(19) 46A DOCUMENTS REQUIRED（单据要求），该信用证要求商业发票一式两份；装箱单一式两份；熏蒸检验证书一式两份；保险单或保险凭证经空白背书，按照“伦敦保险协会海运货物险条款”投保“ICC（A）”险、战争险和罢工险，保险金额不得低于发票金额的 110%；全套清洁已装船海运提单，托运人指示抬头，空白背书，显示“运费预付”并通知开证申请人。

(20) 47A ADDITIONAL CONDITIONS（附加条款），常见的附加条款有英文单据、第三方单据是否接受、某些具体内容需要在全部或几种单据中显示、关于不符单据的扣费和处理问题等。某些国家开来的信用证把 46A 和 47A 全部条款混在一起，给制单带来一定难度，这种情况下更要求单证员细心地把握每个细节。该信用证附加条款规定：不允许电汇索偿；如果提交的单据出现不符点，每套单据将扣除 USD 35.00 的费用；每张汇票的金额必须由议付行在此信用证的背面注明。

(21) 71B DETAILS OF CHARGES（费用负担），该信用证规定“在澳大利亚以外的银行费用由受益人承担”。如果信用证没有特别说明，按照《UCP600》第 37 条 a 款和 c 款的规定，相关银行费用应该由申请人（买方）和开证行承担。

(22) 48 PRESENTATION PERIOD（交单期限），受益人必须在装船日期后 15 天之内将单据提交给到期地银行。

(23) 49 CONFIRMATION（保兑指示），该信用证为非保兑信用证。

(24) 53A REIMBURSING BANK（偿付行），该信用证偿付行就是开证行。

(25) 78 INSTRUCTIONS（给付款行、承兑行或议付行的指示）。该信用证规定“请用特快专递将汇票和单据一次性寄给我行”“我行保证：如果汇票和单据是按照本信用证内条款开出的，我行即根据您的指示付款”。

（二）信开信用证的主要内容

信开信用证是指开证行根据开证申请人的要求，将信用证的全部内容用信函方式开出并邮寄给通知行，请其通知受益人的信用证。开证行与通知行应事先建立代理行关系，互换签字样本和密押，以便通知行凭样本核对信开信用证上开证行的签字。另外，开证行也可将信用证开出后直接邮寄给受益人，在这种情况下，受益人应请自己的往来银行进行鉴别，而不应直接使用。

信开信用证样单如表 3－4 所示。

表 3-4 信开信用证样单

STANDARD CHARTERED BANK
NEW YORK AGENCY
MADISON AVENUE, NEW YORK, NY, UNITED STATES

Date: Feb. 15, 2010

Irrevocable documentary credit	Credit number 002/9803668	Of advising bank
Advising Bank Pre-Advised By: Airmail Through Bank of China Qingdao, China	Applicant Blue Bird Trading No. 80, Mosque Road, Montreal, Quebec	
Beneficiary China National Textiles Imp. & Exp. Corp. No. 78 Jiangxi Road, Qingdao, China	Amount Abt. CAD 174,000.00 (About Canadian dollars one hundred seventy four thousand and 00/100) Expiry date and place For negotiation on Apr. 1, 2010, China	

Dear Sirs,

We hereby issue the Irrevocable Documentary Letter of Credit which is available by beneficiary's drafts on us for full invoice value at sight bearing the credit number and date of issue, and accompanied by the following documents:

Signed Commercial Invoice in quintuplicate;

Canadian Customs Invoice in quintuplicate;

Packing list in quintuplicate;

Weight and Measurement Certificate in quintuplicate;

Full set of clean on board Bills of Lading issued to order of shipper marked "freight prepaid" and notify accountee.

Evidencing shipment of:

About 300,000 yards of 65% Polyester, 35% Cotton Grey Lawn as per buyer's order No. S-0578, CFR Montreal.

We are informed insurance is to be covered by buyer.

Shipment from China to Montreal Latest Mar. 15, 2010	Partial shipments permitted Transhipment permitted

All other bank charges are for the account of applicant.

Documents must be presented to negotiating bank or paying bank within 15 days after the on board date of Bills of Lading, but within validity of letter of credit.

Special Conditions:

Two sets of non-negotiable shipping documents must be airmailed direct to Kanematsu-Gosho (Canada) Inc., Montreal and beneficiary's certificate to this effect is required.

Special instructions for reimbursement:

We will pay the negotiating bank as per their instructions upon receipt of documents.

The amount of any draft drawn under this credit must, concurrently with negotiation, be endorsed on the reverse hereof, and the presentment of any such draft shall be a warranty by the negotiating bank that such endorsement has been made and that documents have been forwarded as herein required.

We hereby engage with the drawers, endorsers and bona fide holders of drafts drawn and negotiated under and in compliance with the terms of this credit that the same shall be duly honored on due presentation to the drawee.

The advising bank is requested to notify the beneficiary without adding their confirmation.

Yours faithfully,

STANDARD CHARTERED BANK

任务2 审核信用证

买卖双方签订合同后，都将受到合同条款的约束。如果双方采用信用证方式结算，则开证行依据合同开出信用证，在受益人做到相符交单的前提下承担付款责任，从而使卖方又受到开证行开出的信用证的约束。因此，受益人收到信用证后，在通知行审单的基础上，应对照买卖合同逐条审核信用证条款，与合同不符的要争取修改。对于卖方来说，如何找出信用证中与合同规定不一致的条款，或者信用证中卖方无法控制或接受的条款，以尽量规避风险呢?

一、信用证的审核流程

信用证的审核流程如图3－1所示。

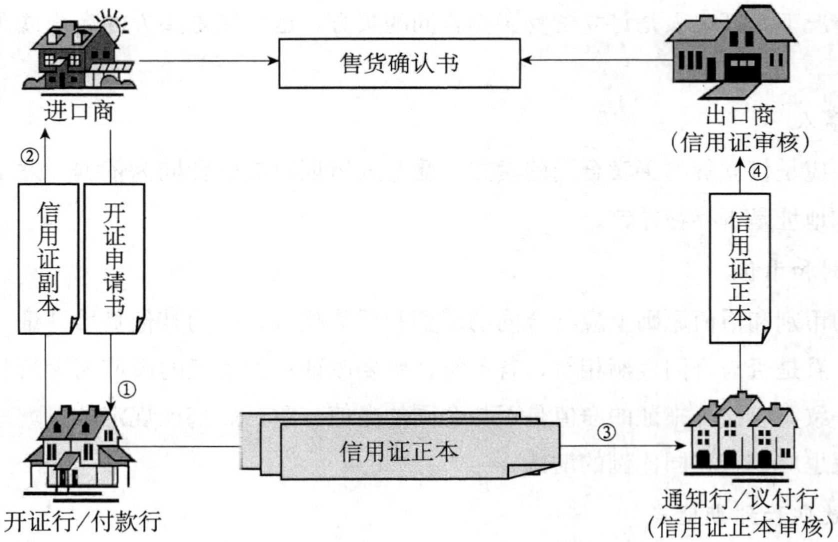

图3－1 信用证的审核流程

解读:

(1) 进口商按照合同规定的内容填写开证申请书，向开证行申请开立信用证。

(2) 开证行根据进口商填写的开证申请书开立信用证，正本寄送通知行，副本交给进口商。

(3) 通知行收到信用证后，审核开证行的资信能力、付款责任和索汇路线，并鉴别信用证的真伪。

(4) 出口商收到通知行寄来的信用证，并对信用证进行审核。

二、信用证主要条款及软条款的审核

(一) 信用证主要条款的审核

1. 开证行

开证行的政治背景及资信状况、印鉴及密押是否相符、索汇路线是否正确、是否符合支付协定、是否要加具保兑或由偿付行确认偿付。

2. 信用证的类型

不论是即期、远期、保兑、可转让、循环或备用的信用证，都应该有“Irrevocable”字样。根据《UCP600》的规定，若信用证没有明示是否可撤销，应理解为不可撤销。当合同规定开出的是保兑信用证或可转让信用证时，应检查信用证内是否有注明“Confirmed”字样或“Transferable”字样。

3. 开证人

一般情况下，开证人是订立货物买卖合同的买方，也可能是买方的客户或买方委托的开证人。

4. 受益人

受益人应是订立货物买卖合同的卖方。受益人审证时应以合同为依据，逐字查核受益人的名称和地址是否存在差错。

5. 币别和币值

来证的币别和币值原则上应与合同的币别和币值相符。如用其他货币开证，应按相应汇率折算，看是否与合同金额相符，若不符，则要改证；如来证的币值因含折扣或佣金而与合同不一致，应核算来证的净值是否与合同的净值一致；如来证规定数量增减，应注意来证的币值也应该有相同比例的增减。

6. 有效期和到期地点

来证应规定有效期和到期地点在我国国内。根据《UCP600》的规定，若信用证没有规定有效期，则视为无效信用证。如来证规定的有效期的最后1天适逢接受单据的银行因不可抗力以外的原因而停止营业，该期限可顺延至下一个营业日。

7. 汇票条款

若信用证为即期付款，其汇票条款一般为“Credit available by your draft (s) at sight for 100 percent of invoice value drawn on…”。

若信用证为远期付款，要分清是真远期还是假远期。真远期信用证的汇票条款一般为“Available by your draft (s) at 30 days sight drawn on the issuing bank for 100% of Invoice value”。假远期信用证的一般条款为“The negotiating bank in authorized to negotiate the usance drafts on sight basis; discount charges, acceptance commission are for buyer's account"。

在信用证支付方式下，作为金融单据，汇票付款人应是银行，而不是开证申请人。

8. 分批装运及转运

根据《UCP600》第 31 条 b 款的规定，运输单据表明货物是使用同一运输工具并经由同次航程运输的，即使每套运输单据注明的发运日期不同或装运港、接管地、发货地不同，只要运输单据注明的目的地相同，也不视为分批装运。同时规定，如果交单由数套运输单据构成，其中最晚的一个发运日将被视为发运日。

根据《UCP600》的规定，除非信用证另有规定，允许分批装运和转船。

根据《UCP600》第 32 条的规定，除非信用证特别授权，如信用证规定在指定时间段内分期支款或分期发运，其中任何一期未按信用证规定的期限支取或发运时，则信用证对该期和以后各期均告失效。

如果来证不准分批，又没有数量增减条款，则实际装运数量不得少装。但根据《UCP600》第 30 条 b 款规定，在信用证未以包装单位件数或货物自身件数的方式规定货物数量时，货物数量允许有 5%的增减幅度，只要总支取金额不超过信用证金额。

来证不准转运的，要确定能否取得直达提单，否则必须改证。

来证规定在某个港口转船，或指定由某个船公司接转，或指定在某港口转装集装箱的，收证后都要核实能否按来证要求办理，避免额外费用（如 ORC、THC）的大量增加。

9. 启运港和目的港

来证规定海运的启运港可以为中国港口（Chinese ports）或当地的港口，甚至可以为亚洲口岸（Asian ports），但不能是一个内陆城市，如乌鲁木齐、拉萨或北京等。来证笼统规定目的港为欧洲主要口岸，只需按合同或买方通知的港口发货即可，不必改证。

10. 装运期

信用证的装运期一般应规定为最迟（Latest）某月某日。根据惯例，如来证没有规定装运期，可理解为双到期。但根据《UCP600》第 29 条 c 款规定，最迟发运日不因信用证的截止日或最迟交单日适逢接受交单的银行因节假日等原因歇业顺延而跟着顺延。

11. 货物描述

来证的品名、货号、规格、包装和合同号码等必须与合同一致，来证所列单价和数量应与合同一致。

12. 单据要求

（1）商业发票（Commercial Invoice）。来证要求出具两份买主名称不同的商业发票时，应要求改证。

（2）装箱单（Packing List）。来证要求提供中性装箱单（Neutral Packing List），只需装箱单上不显示受益人名称和地址即可，不必改证。

（3）提单（Bill of Lading，B/L）。以 FOB 交易，提单应注明“FREIGHT COLLECT”，如来证误开为“FREIGHT PREPAID”，应要求改证。来证要求提单上列出集装箱号和铅封号，则必须以集装箱船装运并在提单上列出集装箱号和铅封号。

（4）保险单（Insurance Policy）。来证要求保险单中的保险条款、险别、保险加成、保险人和理赔人等方面内容应与合同一致。除非信用证另有规定，否则保险单据必须以与信用证相同的货币开立。保险公司一般可承保加成到 30%，如来证规定加成高于 30%且不是投保关税险，则要取得保险公司同意，否则应该改证。

（5）产地证（Certificate of Origin）。来证指定由出入境检验检疫局或中国国际贸易促进委员会（简称贸促会）出具产地证均可以接受，但要求这两家机构互相加具证明的则不能接受。

（6）普惠制产地证格式 A。出入境检验检疫局是我国签发普惠制产地证的唯一机构，如来证指定由其他机构如贸促会签发普惠制产地证，应要求改证。

（7）品质证（Certificate of Quality）和检验证（Inspection Certificate）。如来证要求由贸促会出证，应要求改证。

（8）受益人证明（Beneficiary's Certificate）。受益人证明主要包括寄单证明、电抄本和履约证明等。来证要求出具的受益人证明应是受益人实际已完成或受益人力所能及的任务的证明。

（9）装船通知（Advice of Shipment）。如来证规定在装运前若干天发装船通知并且要列明装运日期，应要求改证。

（10）海关发票（Customs Invoice）。如来证指定某种格式或编号的海关发票，应核查能否提供，否则应改证。

13. 交单期限

来证一般应规定装运后的交单期限，如来证没有要求，根据《UCP600》第 14 条 c 款的规定，受益人或其代表须在不迟于本惯例所指的发运日之后的 21 个日历日内交单，但是在任何情况下都不得迟于信用证规定的截止日。

14. 跟单信用证统一惯例文句

来证一般规定有依照惯例声明，例如：“This credit is subject to the Uniform Customs and Practice for Documentary Credit（2007 Revision），International Chamber of Commerce，Publication No. 600.”［本信用证是根据国际商会 600 号出版物（2007 年修订版）《跟单信用证统一惯例》而开出的］。

对于 SWIFT 信用证，可以省略依照惯例的声明。

（二）信用证软条款的审核

（1）不是有效的信用证文件或信用证中包括生效条件的条款。如信用证中有“详情后告”“随寄证实书”“待获得有关当局签发的进口许可证后才能生效”或“待收到货样或函电确认后生效”等。

（2）做到信用证项下的相符交单取决于开证申请人行为的条款。例如：只有在收到进口许可证后，信用证才能生效，而这种生效还须经开证申请人的授权；发货须等申请人通知，申请人的通知作为结汇单据之一；运输工具和启运港或目的港须申请人确认，确认文件作为结汇单据之一；客检证书作为议付单据之一；保险声明书的确认件作为议付单据之一等。

（3）信用证中对银行的承付或议付责任设置了超出“相符交单”若干前提条件的条款。如要求受益人提交开证申请人验货证明，则须待申请人确认后，开证行方可将款项贷记有关账户。

（4）信用证的规定前后矛盾致使受益人不可能做到“相符交单”的条款。如 FOB 或 FCA 成交方式中要求在提单上注明“FREIGHT PREPAID”；CFR 或 CPT 成交方式中要求受益人提交保险单等。

（5）受益人若按信用证的规定行事将会失去对货物所有权的控制的条款。如要求将提单做成以开证申请人为抬头的记名提单；要求将正本提单全部或部分直接寄交开证申请人。

实战演练

解析

1. 填制信用证分析单

受益人收到客户提供的信用证后，将全面和仔细地审核信用证。如果发现问题，需要受益人对外交涉修改或澄清的，应当参照国际上的习惯做法，根据情况由银行或受益人分别出面办理；若信用证已经被确认，则受益人可填制信用证分析单，把复杂的信用证内容归类，从而方便以后制作单证，提高单证制作的完整性和准确性。

根据表 3-3 中的 SWIFT 信用证填制的信用证分析单如表 3-5 所示。

2. 审核信用证

审核信用证，将其中内容的不符点指出来并加以改正。销售合同及买方开来的信用证分别如表 3-6、表 3-7 所示。

表 3-5　　　　**信用证分析单**

1. 信用证文本格式	☐信开	☐电开		☒ SWIFT
2. 信用证号码		9052BTY0512004		
3. 通知银行编号				☒未注明
4. 开证日期		2019 年 3 月 23 日		
5. 到期日		2019 年 4 月 25 日		
6. 到期地点		中国		☐未注明
7. 付款方式	☐付款	☐承兑		☒议付
8. 货币		美元		
9. 金额（具体数额）		USD 10,654.56		
10. 最高限额规定（具体数额）				☒未注明
11. 金额允许增减幅度				☒未注明
12. 交单期（中文）		信用证有效期内，提单签发日后 15 天内		
13. 开证申请人（名称）		AUSTRALIA INTERNATIONAL TRADING CO.，LTD.		
14. 受益人（名称）		TONGCHUANG WIRE MESH FACTORY		
15. 开证行（名称）		NATIONAL AUSTRALIA BANK，SYDNEY		
16. 通知行（名称）				☒未注明
17. 议付行（名称）				☒未注明
18. 付款/偿付行（名称）		NATIONAL AUSTRALIA BANK，SYDNEY		
19. 货物名称		STAINLESS STEEL WIRE MESH，CIF MELBOURNE		
20. 合同/订单/形式发票号码				☒未注明
21. 合同/订单/形式发票日期				☒未注明
22. 价格/交货/贸易术语		CIF MELBOURNE		☐未注明
23. 最迟装运日期		2019 年 4 月 15 日		
24. 装运港		河北秦皇岛		
25. 目的港		澳大利亚墨尔本		
26. 分批装运		☐允许		☒不允许
27. 转运		☒允许		☐不允许
28. 运输标志				☒未注明
29. 运输方式		☒海运	☐空运	☐陆运
30. 向银行提交单据列表（用阿拉伯数字表示）				

名称	汇票	发票	装箱单	重量单	尺码单	承运人证明	船公司证明	船程证明	受益人证明	寄单证明	装船通知
份数	即期 1 份	2 份	2 份								
名称	海运提单	空运提单	产地证	贸促会产地证	普惠制产地证	熏蒸检验证书	官方商检证	商会商检证	保险单	投保通知	寄单快件收据
份数	全套					2 份			1 份		

表 3-6 销售合同

SALES CONTRACT

Sellers: SHANGHAI IMPORT & EXPORT CO., LTD. Contact No.: RT05342
Address: 31, GANGXIANG ROAD, SHANGHAI, CHINA Signed at: SHANGHAI
Buyers: MAMUT ENTERPRISE SA Date: APR. 22, 2018
Address: TARRAGONA 75-3ER, BARCELONA, SPAIN

This sales contract is made by and between the sellers and the buyers, whereby the sellers agree to sell and the buyers agree to buy the under-mentioned goods according to the terms and conditions stipulated below:

(1) Name of commodity and specification	(2) Quantity	(3) Unit	(4) Unit price	(5) Amount
HALOGEN FITTING W500 10% more or less both in amount and quantity allowed	9,600 PCS	PC	FOB SHANGHAI USD 3.80/PC	USD 36,480.00
	Total amount			USD 36,480.00

(6) Packing: CARTON

(7) Delivery from: SHANGHAI to BARCELONA

(8) Shipping marks: N/M

(9) Time of shipment: Within 30 days after receipt of L/C, allowing transhipment and partial shipments.

(10) Term of payment: By 100% confirmed irrevocable letter of credit in favor of the sellers to be available by sight draft to be opened and to reach China before MAY 1, 2018 and to remain valid for negotiation in China until the 15th day after the foresaid time of shipment. L/C must mention this contract number. L/C advised by BANK OF CHINA, SHANGHAI BRANCH. All banking charges outside China (the mainland of China) are for account of the Drawee.

(11) Insurance: To be effected by the buyers.

(12) Arbitration: All disputes arising from the execution of or in connection with this contract shall be settled amicable by negotiation. In case of settlement can be reached through negotiation the case shall then be submitted to China International Economic & Trade Arbitration Commission. In Shenzhen (or in Beijing) for arbitration in act with its sure of procedures. The arbitral award is final and binding both parties for setting the dispute. The fee, for arbitration shall be borne by the losing party unless otherwise awarded.

The Seller: SHANGHAI IMPORT & EXPORT CO., LTD. The Buyer: MAMUT ENTERPRISE SA

李立 JANE

表 3-7 跟单信用证

ISSUING BANK	CREDIT ANDORRA ANDORRA LA VELLA, ANDORRA
FORM OF DOC. CREDIT	REVOCABLE
DOC. CREDIT NUMBER	LRT9806457
DATE OF ISSUE	180428
APPLICABLE RULES	UCP LATEST VERSION
DATE AND PLACE OF EXPIRY	DATE 180616 PLACE SPAIN
APPLICANT	MAMUT ENTERPRISE SA TARRAGONA 75-3ER, BARCELONA, SPAIN
BENEFICIARY	SHANGHAI IMPORT & EXPORT CO., LTD. 31, GANXIANG ROAD, SHANGHAI, CHINA
CURRENCY CODE, AMOUNT	USD 3,648.00 (SAY U. S. DOLLARS THIRTY SIX THOUSAND FOUR HUNDRED AND EIGHTY ONLY.)
AVAILABLE WITH… BY…	ANY BANK IN ADVISING COUNTRY BY NEGOTIATION
DRAFTS AT…	DRAFTS AT 20 DAYS' SIGHT FOR FULL INVOICE VALUE
DRAWEE	CTBAAU2SITS
PARTIAL SHIPMENTS	NOT ALLOWED
TRANSHIPMENT	ALLOWED
PORT OF LOADING	SHANGHAI
PORT OF DISCHARGE	BARCELONA (SPAIN)
LATEST DATE OF SHIPMENT	MAY 30, 2018
DESCRIPTION OF GOODS	960 PCS OF HALOGEN FITTING W500. USD 3.80 PER PC AS PER SALES CONTRACT RT05234 DD22.4.2018. FOB BARCELONA
DOCUMENTS REQUIRED	* COMMERCIAL INVOICE 1 SIGNED ORIGINAL AND 5 COPIES * PACKING LIST IN 2 COPIES * FULL SET OF CLEAN ON BOARD MARINE BILLS OF LADING, MADE OUT TO ORDER, MARKED "FREIGHT PREPAID" AND NOTIFY APPLICANT (AS INDICATE ABOVE) * GSP CERTIFICATE OF ORIGIN FORM A, CERTIFYING GOODS OF ORIGIN IN CHINA, ISSUED BY COMPETENT AUTHORITIES * SHIPPING ADVICES MUST BE SENT TO APPLICANT WITHIN 2 DAYS AFTER SHIPMENT ADVISING NUMBER OF PACKAGE, GROSS & NET WEIGHT, VESSEL NAME, BILL OF LADING No. AND DATE, CONTRACT No., VALUE
PRESENTATION PERIOD	6 DAYS AFTER ISSUANCE DATE OF SHIPPING DOCUMENT
CONFIRMATION	WITHOUT
INSTRUCTIONS	THE NEGOTIATING BANK MUST FORWARD THE DRAFTS AND ALL DOCUMENTS BY REGISTERED AIRMAIL DIRECT TO US IN TWO CONSEQUTIVE LOTS, UPON RECEIPT OF THE DRAFTS AND DOCUMENTS IN ORDER, WE WILL REMIT THE PROCEEDS AS INSTRUCTED BY THE NEGOTIATING BANK.

巩固练习

解析

1. 分析信用证

分析表 3－4 的信开信用证，完成表 3－8 信用证分析单的填制。

表 3－8　　信用证分析单

1. 信用证文本格式	□信开	□电开	□SWIFT
2. 信用证号码			
3. 通知银行编号			□未注明
4. 开证日期			
5. 到期日			
6. 到期地点			□未注明
7. 付款方式	□付款	□承兑	□议付
8. 货币			
9. 金额（具体数额）			
10. 最高限额规定（具体数额）			□未注明
11. 金额允许增减幅度			□未注明
12. 交单期（中文）			
13. 开证申请人（名称）			
14. 受益人（名称）			
15. 开证行（名称）			
16. 通知行（名称）			□未注明
17. 议付行（名称）			□未注明
18. 付款/偿付行（名称）			
19. 货物名称			
20. 合同/订单/形式发票号码			□未注明
21. 合同/订单/形式发票日期			□未注明
22. 价格/交货/贸易术语			□未注明
23. 最迟装运日期			
24. 装运港			
25. 目的港			
26. 分批装运	□允许		□不允许
27. 转运	□允许		□不允许
28. 运输标志			□未注明
29. 运输方式	□海运	□空运	□陆运
30. 向银行提交单据列表（用阿拉伯数字表示）			

名称	汇票	发票	装箱单	重量单	尺码单	承运人证明	船公司证明	船程证明	受益人证明	寄单证明	装船通知
份数											
名称	海运提单	空运提单	产地证	贸促会产地证	普惠制产地证	熏蒸检验证书	官方商检证	商会商检证	保险单	投保通知	寄单快件收据
份数											

2. 审核信用证

根据下列合同（见表3－9）审核信用证（见表3－10），将其中内容的不符点指出来并加以改正。

表3－9 销售合同

SALES CONTRACT

The seller：SHANGHAI SHENGDA CO.，LTD.
UNIT C 5/F JINGMAO TOWER，
SHANGHAI，CHINA

No.：SD180215

The buyer：ALFAGA ENTERPRISE
28，IMAMGONJ
DHAKA，BANGLADESH

Date：FEB. 15，2018

Signed at：SHANGHAI，CHINA

The undersigned Seller and Buyer have agreed to close the following transactions according to the terms and conditions stipulated below：

Commodity & Specification	Quantity	Price Terms	
		Unit Price	Amount
STEEL TAPE RULES JH-392W 3M×16MM JH-380W 3M×16MM	 2,000 DOZ PAIR 500 DOZ PAIR	CFR CHITTAGONG USD 3.60 / DOZ PAIR USD 4.20 / DOZ PAIR	 USD 7,200.00 USD 2,100.00 USD 9,300.00
TOTAL AMOUNT：U. S. DOLLARS NINE THOUSAND THREE HUNDRED ONLY			

Packing：in Cartons

Shipping mark：
A. E. /CHITTAGONG

Time of shipment：During May，2018

Loading Port and Destination：from Shanghai to Chittagong

Partial Shipments and Transhipment are allowed

Insurance：To be effected by the Buyer

Terms of payment：the Buyer shall open through a bank acceptable to the Seller an Irrevocable Sight Letter of Credit to reach the Seller 30 days before the month of shipment. Valid for negotiation in China until the 15th day after the month of shipment.

The Seller
SHANGHAI SHENGDA CO.，LTD.

The Buyer
ALFAGA ENTERPRISE

表 3-10 **信用证**

SEQUENCE OF TOTAL	*27 :	1/1
FORM OF DOC. CREDIT	*40A :	IRREVOCABLE
DOC. CREDIT NUMBER	*20 :	06660810
DATE OF ISSUE	31C :	FEB. 24, 2018
APPLICABLE RULES	*40E :	UCP LATEST VERSION
DATE AND PLACE OF EXPIRY	*31D :	MAY 23, 2018 IN BANGLADESH
APPLICANT	*50 :	ALFAGA ENTERPRISE 26, IMAMGONJ DHAKA, BANGLADESH
ISSUING BANK	52A :	AB BANK LIMITED IMAMGANJ BRANCH 40 IMAMGANJ, DHAKA-1211, BANGLADESH
BENEFICIARY	*59A :	SHANGHAI DA SENG CO., LTD. UNIT C 5/F JINGMAO TOWER, SHANGHAI, CHINA
CURRENCY CODE, AMOUNT	*32B :	CURRENCY HKD 9800,00
AVAILABLE WITH…BY…	*41D :	ANY BANK IN CHINA BY NEGOTIATION
DRAFTS AT…	42C :	DRAFTS AT 60 DAYS SIGHT FOR 100 PCT INVOICE VALUE
DRAWEE	42A :	AB BANK LIMITED, IMAMGANJ BRANCH
PARTIAL SHIPMENTS	43P :	NOT ALLOWED
TRANSHIPMENT	43T :	NOT ALLOWED
LOADING/DISPATCHING/TAKING	44B :	ANY CHINESE PORTS
TRANSPORTATION TO…	44F :	CHITTAGONG SEA PORT, BANGLADESH
LATEST DATE OF SHIPMENT	44C :	MAY 2, 2018
DESCRIPTION OF GOODS	45A :	TAPE RULES (1) 2000 DOZ PAIR MODEL: JH-3952 SIZE: 3M × 16M @ HKD 3,60 PER DOZEN CIF CHITTAGONG (2) 500 DOZ PAIR MODEL: JH-386W SIZE: 3M × 16M @ HKD 4,20 PER DOZEN CIF CHITTAGONG PACKING: EXPORT STANDARD SEAWORTHY PACKING
DOCUMENTS REQUIRED	46A :	

+SIGNED COMMERCIAL INVOICE IN TRIPLICATE

+SIGNED PACKING LIST IN TRIPLICATE

+G. S. P. CERTIFICATE OF ORIGIN FORM A

+BENEFICIARY'S CERTIFICATE STATING THAT ONE SET OF ORIGINAL SHIPPING DOCUMENTS INCLUDING ORIGINAL "FORM A" HAS BEEN SENT DIRECTLY TO THE APPLICANT AFTER THE SHIPMENT

+INSURANCE POLICY OR CERTIFICATE ENDORSED IN BLANK FOR 110% OF CIF VALUE, COVERING W. P. A RISK AND WAR RISK

+3/3 PLUS ONE COPY OF CLEAN "ON BOARD" OCEAN BILLS OF LADING MADE OUT TO ORDER AND BLANK ENDORSED MARKED "FREIGHT COLLECT" AND NOTIFY APPLICANT

ADDITIONAL COND.	47A	:	
+ALL DRAFTS DRAWN HEREUNDER MUST BE MARKED "DRAWN UNDER AB BANK LIMITED, IMAMGANJ BRANCH CREDIT NO. 06660801 DATED FEB. 24, 2018" +T/T REIMBURSEMENT IS NOT ACCEPTABLE			
DETAILS OF CHARGES	71B	:	ALL BANK CHARGES OUTSIDE BANGLADESH ARE FOR ACCOUNT OF BENEFICIARY.
PRESENTATION PERIOD	48	:	DOCUMENTS MUST BE PRESENTED WITHIN 15 DAYS AFTER THE DATE OF ISSUANCE OF THE SHIPPING DOCUMENTS BUT WITHIN THE VALIDITY OF THE CREDIT.
CONFIRMATION	*49	:	WITHOUT
INSTRUCTIONS	78	:	DRAFTS AND DOCUMENTS ARE TO BE SENT IN ONE LOT BY COURIER TO US. WE HEREBY UNDERTAKE THAT PAYMENT WILL BE MADE, IN ACCORDANCE WITH YOUR INSTRUCTIONS, UPON PRSENTATION OF DRAFTS AND DOCUMENTS DRAWN IN CONFORMITY WITH THE TERMS AND CONDITIONS OF THIS CREDIT.

学习评价

表 3-11　　学习评价

任务要求	技术要求	分值	评分细则	评分记录
读懂信用证条款	了解信用证各条款的主要内容及含义	20分	对信用证条款的翻译是否正确、全面，不能说出其中一个条款者扣5分	
填制信用证分析单	完整性、准确性	20分	能否准确填制分析单中的项目，填制不正确或不完整者每项扣2分	
读懂合同条款	了解合同各条款的主要内容	20分	对合同条款的翻译是否正确、全面，不能说出其中一个条款者扣6分	
读懂信用证条款	完整性、准确性	20分	对信用证条款的翻译是否正确、全面，不能说出其中一个条款者扣6分	
完成信用证审核	找出信用证与合同的不符点，找出信用证软条款	20分	能否正确审核信用证，漏掉一个不符点或软条款者扣5分	

项目小结

信用证是指一项不可撤销的安排，无论其名称或描述如何，该安排构成开证行对相符交单予以承兑或付款的确定承诺。如果信用证为议付信用证，则在买入汇票及单据时付款；如果信用证为即期付款信用证，则即期付款；如果信用证为延期付款信用证，则承诺延期付款并在承诺到期日付款；如果信用证为承兑信用证，则承兑受益人开出汇票并在汇票到期日付款。出口商收到信用证后，除了要明确银行的付款时间，还要对信用证进行分析，填制信用证分析单。

为了确保收汇安全，信用证业务的受益人在收到信用证后，应立即对其进行认真的核对和审查，发现问题后应及时修改。审核信用证是银行和出口企业的共同职责：银行着重审核有关开证行资信、付款责任及索汇路线等方面的条款和规定；出口企业则着重审核信用证的条款是否与买卖合同的规定相一致、信用证条款的可操作性和可接受性及是否有收汇保证、货权的控制情况等。通过对信用证的全面审核，如发现问题，应根据不同的情况及时处理，对于影响安全收汇、难以接受或难以做到的信用证条款，必须要求国外客户修改。

项目四 制作租船订舱单证

知识目标

了解出口运输的操作方式和订舱的基本程序；掌握托运单和了解进口运输的操作方式和订舱、保险的基本程序。

课件：制作租船订舱单证

能力目标

能够根据合同及信用证相关信息填制出口租船订舱单证；能够根据合同相关信息缮制与进口货物运输有关的单证。

项目导入

国外客户 M 向 B 外贸公司订购 1×40’货柜台灯，准备销往巴拿马，FOB 上海，目的港科隆（Colon）。M 客户委托 B 外贸公司租船订舱，运杂费由客户支付。B 外贸公司按照合同在 2019 年 4 月 7 日发货。数日之后，客户打电话称：运费涨价 1 000 美元，我方承担不起，请贵公司与船公司协商降低运费。基于双方多年合作关系，而且客户也知道老运价，与船公司并无合同关系，于是，B 外贸公司勉为其难地找到船公司协商，但船公司坚决不肯给予优惠。

任务 1　制作出口租船订舱单证

出口租船订舱单证在某种程度上来说是托运人草拟的一份“运输合同”，用以明确和规范托运人与承运人各自应该享有的权利和承担的义务。那么，如何填制出口租船订舱单证，才能使其起到明确权利和义务、确保货物的运输环节顺利完成的作用呢？

一、出口货物订舱业务流程

在 CIF 和 CFR 条件下，出口商应在合同和信用证规定的装运时间内办理好货物的运输手续。出口货物订舱业务流程如图 4－1 所示。

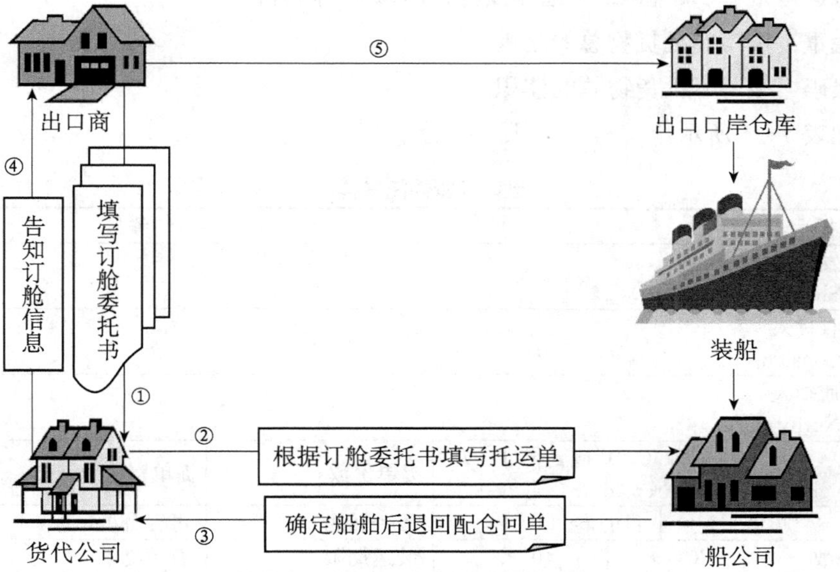

图 4－1 出口货物订舱业务流程

解读：

(1) 出口商缮制订舱委托书随附商业发票和装箱单，委托货运代理公司（简称货代公司）向船公司办理订舱。

(2) 货代公司缮制托运单向船公司订舱。

(3) 船公司确定船舶后，向货代公司签发配仓回单。

(4) 货代公司将订舱信息告知出口商，通知装货时间。

(5) 货代公司或出口商按指定装货时间将出口货物送到码头指定仓库。

二、出口订舱委托书的缮制方法

订舱委托书是出口企业和货代公司之间委托代理关系的证明文件，无统一格式，各货代公司制作的内容大致相同。

订舱委托书的主要内容及缮制方法如下：

(1) 经营单位：填写出口商名称，并与发票同项内容一致。

(2) 编号：由货代公司提供，并由其填写。

(3) 发货人：填写实际发货人的名称。

（4）收货人：应根据信用证的规定填写。

（5）通知人：通知人是指货到目的港后及时接受船方发出的到货通知的人，其职责是及时转告真实收货人接货。在国际贸易中，通知人有时是买方本人，有时也可能是其代理人。应注意通知人的填写必须严格依照信用证的规定，并注明通信地址和号码。

（6）海运运费：CIF 和 CFR 选择预付，FOB 选择到付。

（7）毛重：填写本批货物总的毛重。

（8）尺码：填写本批货物总的体积。

样单如表 4－1 所示：

表 4－1　　出口订舱委托书样单

<table>
<tr><td colspan="3">经营单位（托运人）</td><td colspan="4"></td><td>编号</td><td></td></tr>
<tr><td rowspan="3">提单 B/L
项目要求</td><td colspan="8">发货人
Shipper</td></tr>
<tr><td colspan="8">收货人
Consignee</td></tr>
<tr><td colspan="8">通知人
Notify Party</td></tr>
<tr><td colspan="2">海运运费（ ）
Sea Freight</td><td colspan="2">预付（ ）或到付（ ）
Prepaid or Collect</td><td>提单份数</td><td></td><td>提单寄送地址</td><td colspan="2"></td></tr>
<tr><td>启运港</td><td></td><td>目的港</td><td></td><td>可否转船</td><td></td><td>可否分批</td><td colspan="2"></td></tr>
<tr><td colspan="2">集装箱预配数</td><td>20’ ×</td><td>40’ ×</td><td>装运期限</td><td></td><td>有效期限</td><td colspan="2"></td></tr>
<tr><td colspan="2">标记唛头</td><td>包装件数</td><td>中英文货号
Description of Goods</td><td>毛重</td><td>尺码</td><td colspan="3">成交条件</td></tr>
<tr><td colspan="3" rowspan="2"></td><td rowspan="2"></td><td colspan="5"></td></tr>
<tr><td colspan="2">特种货物
□冷藏货
□危险品</td><td colspan="3">重件：每件重量
大件
（长×宽×高）</td></tr>
<tr><td colspan="2">内装箱（CFS）地址</td><td colspan="2"></td><td colspan="2">特种集装箱</td><td colspan="3"></td></tr>
<tr><td colspan="2">门对门装箱地址</td><td colspan="2"></td><td colspan="2">物资备妥日期</td><td colspan="3"></td></tr>
<tr><td colspan="2">外币结算账号</td><td colspan="2"></td><td colspan="5">物资进栈：自送（ ）或派送（ ）</td></tr>
<tr><td colspan="2">声明事项</td><td colspan="2"></td><td colspan="5">人民币结算单位账号</td></tr>
<tr><td colspan="4" rowspan="6"></td><td colspan="5">托运人签章</td></tr>
<tr><td colspan="5">电话</td></tr>
<tr><td colspan="5">传真</td></tr>
<tr><td colspan="5">联系人</td></tr>
<tr><td colspan="5">地址</td></tr>
<tr><td colspan="5">制单日期</td></tr>
</table>

三、集装箱托运单的缮制方法

托运单俗称“下货纸”，是托运人根据贸易合同和信用证条款填制的，向承运人或其代理办理货物托运的单证。承运人根据托运单内容，并结合船舶的航线、挂靠港、船期和舱位等条件，认为合适后即接受托运。下面以集装箱托运单为例说明其缮制方法。

（1）托运人（Shipper）：填写托运人的全称、地址、电话号码、传真号码。

（2）收货人（Consignee）：在信用证方式下，一般有以下两种表示方法。

1）记名收货人：直接将收货人的名称、地址表示出来，此收货人常是合同买方。此单据不可直接转让，故不常用。

2）指示收货人：空白指示，填“to order”，单据的持有人可自由转让单据；记名指示，填“to order of ××”，记名人有权控制和转让单据。

（3）通知人（Notify Party）：填通知人的全称、地址、电话号码、传真号码。在信用证支付方式下，必须严格按照信用证的相关规定填写通知人的名称和地址等信息；在其他支付方式下，如果买方没有特殊要求，一般填写进口商的名称和地址等信息。

（4）装运港（Port of Loading）：填写实际货物被装船所在的港口全称。

（5）卸货港（Port of Discharge）：填写实际货物被最后卸离船舶所在的港口全称。

（6）目的地（Final Destination for Merchant's Reference）：填写货物最终交货地的城市或地区名称。

（7）包装种类与货物名称（Kind of Packages；Description of Goods）：填写符合信用证或合同的，与实际货物的名称、规格、型号、成分、品牌等一致的包装种类与货物名称。不同种类的商品应分别写明。

（8）箱数或件数（No. of Containers or Packages）：按最大包装的件数填写。

（9）铅封号与唛码（Seal No. /Marks & Nos.）：填报的标记应与实际货物外包装上正面唛头的全部内容相符。若信用证给定，则按规定写，若未给定，一般由卖方自行设计。

（10）毛重（Gross Weight）：填报实际货物的毛重，以千克为计量单位。

（11）体积（Measurement）：填报实际货物的体积，一般以立方米为计量单位。

（12）运费支付（Payment of Freight）：“FREIGHT PREPAID”为装运港托运人支付；“FREIGHT COLLECT”为目的港收货人支付。

（13）要求签发的正本提单份数［Number of Original B(s)/L］：填写托运人要求签发正本提单的份数。

（14）要求签发的提单日期和地点（Place and Date of Issue）：填写提单签发的时间和地点。

（15）货物的交接方式：

整箱交接——FCL/FCL；

整箱接、拼箱交——FCL/LCL；

拼箱接、整箱交——LCL/FCL；

拼箱交接——LCL/LCL。

（16）特殊条款：信用证、合同有关运输方面的特殊要求、配货要求等，如货物不能倒置、立即装运、电放提单、分批条款对每批数量的具体规定等。

（17）托运人签字、盖章：托运人在完成上述内容的填写后，必须盖章、签字以生效。

样单如表 4－2 所示：

表 4－2　　集装箱托运单样单

<table>
<tr><td colspan="3">Shipper（托运人）</td><td colspan="2">D/R No.（编号）</td><td rowspan="4">第一联</td></tr>
<tr><td colspan="3">Consignee（收货人）</td><td colspan="2" rowspan="3">集装箱货物托运单
货主留底</td></tr>
<tr><td colspan="3">Notify Party（通知人）</td></tr>
<tr><td>Pre Carriage by（前程运输）</td><td colspan="2">Place of Receipt（收货地点）</td></tr>
<tr><td>Ocean Vessel（船名）</td><td>Voy. No.（航次）</td><td colspan="2">Port of Loading（装运港）</td><td colspan="2" rowspan="2">Final Destination for Merchant's Reference（目的地）</td></tr>
<tr><td colspan="2">Port of Discharge（卸货港）</td><td colspan="2">Place of Delivery（交货地）</td></tr>
<tr><td>Container No.（集装箱号）</td><td>Seal No. Marks & Nos.（铅封号与唛码）</td><td>No. of Containers or Packages（箱数或件数）</td><td>Kind of Package; Description of Goods（包装种类与货物名称）</td><td>Gross Weight 毛重（千克）</td><td>Measurement 尺码（立方米）</td></tr>
<tr><td></td><td></td><td></td><td></td><td></td><td></td></tr>
<tr><td colspan="2">Total Number of Containers or Packages (in words) 集装箱数或件数合计（大写）</td><td colspan="4"></td></tr>
<tr><td>Freight & Charges（运费与附加费）</td><td>Revenue Tons（运费吨）</td><td>Rate（运费率） Per（每）</td><td>Prepaid（运费预付）</td><td colspan="2">Collect（运费到付）</td></tr>
<tr><td></td><td></td><td></td><td></td><td colspan="2"></td></tr>
<tr><td colspan="2">Service Type on Receiving
□—CY，□—CFS，□—DOOR</td><td colspan="2">Service Type on Delivery
□—CY，□—CFS，□—DOOR</td><td>Reefer Temperature Required（冷藏温度）</td><td>°F　°C</td></tr>
<tr><td>TYPE OF GOODS（种类）</td><td colspan="3">□Ordinary（普通）　□Reefer（冷藏）　□Dangerous（危险品）　□Auto（裸装车辆）
□Liquid（液体）　□Live Animal（活动物）　□ Bulk（散装）</td><td>危险品</td><td>IMCO Class:
UN No.:
IMDG Code page:
Property:</td></tr>
<tr><td>可否转船：</td><td>可否分批：</td><td colspan="2">装期：</td><td colspan="2" rowspan="3"></td></tr>
<tr><td>货价：</td><td>信用证号码：</td><td colspan="2">No. of Original B(s)/L</td></tr>
<tr><td>特约事项：</td><td>合同号码：</td><td colspan="2">托运人盖章：</td></tr>
</table>

任务 2　制作进口租船订舱单证

进口业务中，如采用 FOB 等贸易术语，则由进口商负责安排货物运输，业务操作从租船订舱开始，安排船舶在国外装运货物，运至国内后安排卸货，直至货物被进口商接收为止。在这一过程中，作为进口商如何办理进口订舱手续和保险，并正确填制相关单证以保证船货顺利衔接并防范运输风险呢？

一、进口货物订舱业务流程

在 FOB 条件下，由进口商办理货物运输和保险手续，也可委托货运代理公司办理。进口订舱、保险业务流程如图 4－2 所示。

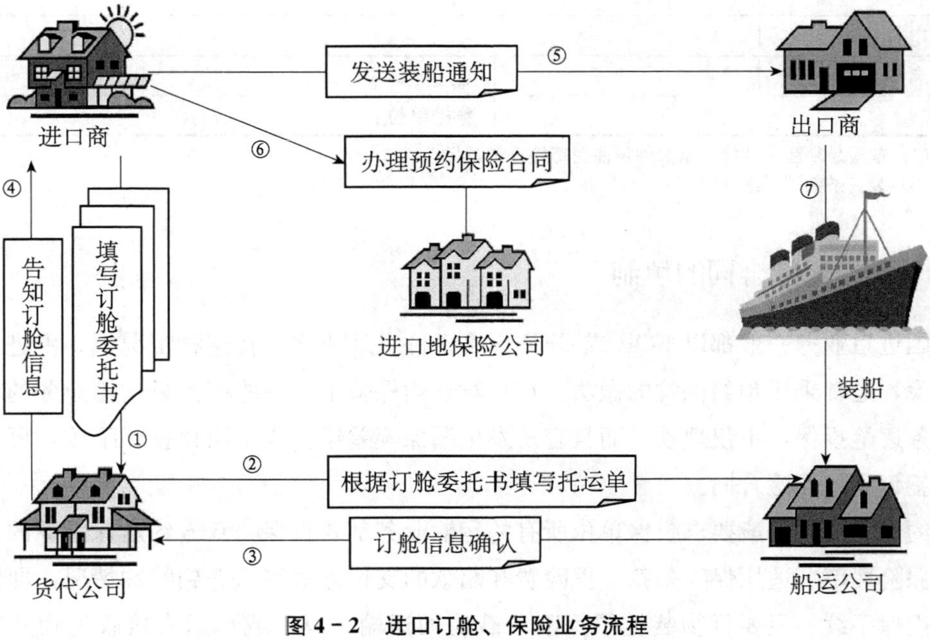

图 4－2　进口订舱、保险业务流程

解读：

(1) 进口商缮制订舱委托书，委托货代公司向船运公司办理订舱手续。

(2) 货代公司向船运公司递交货物托运单代办订舱。

(3) 货代公司获知订舱确认后告知进口商相关信息。

(4) 进口商与保险公司签订进口货物预约保险合同，并通知出口商装船信息。

二、进口订舱委托书的缮制方法

进口商通常在本地委托本国货代公司承办进口货物的运输。按照海运运输的业务要求，必须由委托人（进口商）填写进口订舱委托书。进口订舱委托书的样单如表4-3所示：

表4-3　　进口订舱委托书样单

编号：　　日期：

货名（英文）			
重量		尺码	
合同号		包装	
装运港		交货期	
装货条款			
发货人名称、地址			
发货人电挂			
订妥船名		抵达港口	
备注		委托单位：	

注：(1) 危险品须注明性能，重大件须注明每件重量及尺码。
(2) 装货条款须详细注明。

三、预约保险合同的填制

我国进口业务一般都以FOB或CFR价格条件对外成交，在这种情况下，由进口企业办理保险，通常采用预约保险的做法。在货物运输保险中，一些有大量运输业务的单位如果对业务逐笔投保，不仅烦琐，而且容易发生漏保等差错。为了简化投保手续，可以与保险公司签订预约保险合同。

预约保险合同一般要求投保单位所有的运输业务都要投保，双方约定保险标的、保险险别、保险费率、适用保险条款、保险费和赔款的支付方法等。遇到特殊情况，即使未及时办理投保手续，只要货物装上了保险单载明的运输工具，或承运人接收货物并签发运单，保险公司就自动承担被保险人货物的风险。但这并不意味着可以不办投保手续，被保险人仍须向保险公司逐笔办理投保，只不过投保时限没有那么严格。同时，保险公司也会经常核查投保单位的账目，一旦发现漏保或未投保的货物，无论是否发生保险事故，即使货物已经安全运抵，都会要求补办投保手续并收取相应的保险费。预约保险合同样单如表4-4所示：

表 4-4　　预约保险合同样单

中国人民财产保险股份有限公司
进口货物运输预约保险合同

合同号：TX 201823　　　　日期：2018 年 9 月 15 日

甲方：林海进出口贸易公司

乙方：中国人民财产保险股份有限公司上海分公司

双方就进口货物的运输预约保险拟定各条以资共同遵守。

1. 保险范围

甲方从国外进口的全部货物，不论运输方式，凡贸易条款规定由买方办理保险的，都属于本合同范围之内。甲方应根据本合同规定，向乙方办理投保手续并支付保险费。

乙方对上述保险范围内的货物负有自动承保的责任，在发生本合同规定范围内的损失时，均按本合同的规定负责赔偿。

2. 保险金额

保险金额以货物的到岸价（CIF）即货价加运费加保险费为准（运费可用实际运费，亦可由双方协定一个平均运费率计算）。

3. 保险险别和费率

各种货物需要投保的险别由甲方选定并在投保单中填明。乙方根据不同的险别规定不同的费率。现暂定如下：

货物种类	运输方式	保险险别	保险费率
轴承	江海运输	一切险、战争险	按约定

4. 保险责任

各种险别的责任范围，以中国人民保险公司制定的“海洋运输保险条款”“海洋运输货物战争险条款”“海运进口货物国内转运期间保险责任扩展条款”“航空运输一切险条款”和其他有关条款的规定为准。

5. 投保手续

甲方一经掌握货物发运情况，即应向乙方寄送启运通知书，办理投保。启运通知书一式五份，由保险公司签认后，退回一份。如不办理投保，货物发生损失，乙方不予赔偿。

6. 保险费

乙方根据甲方寄送的启运通知书并依照前列相应的费率逐笔计收保费，甲方应及时付费。

7. 索赔手续和期限

本合同所保货物发生保险责任范围内的损失时，乙方应按制定的《关于海运进口保险货物残损检验的赔款给付办法》和《进口货物施救整理费用支付办法》迅速处理。甲方应尽力采取防止货物扩大受损的措施，对已遭受损失的货物必须积极抢救，尽量减少货物的损失。向乙方办理索赔的有效期限以保险货物卸离海港之日起满一年终止。如有特殊需要可向乙方提出延长索赔期。

8. 合同期限

本合同自 2018 年 9 月 15 日起开始生效。

四、装船通知的缮制方法

进口商办妥租船订舱手续后，应及时向出口商发装船通知，将船名、航次、舱位信息、船期、预期到达时间和船籍等有关内容告知出口商，以便出口商根据船期调整生产进度及备货，保证船货衔接得当。在执行 FOB 术语时，应特别注意船货衔接的问题，并且在合同的具体操作过程中，买卖双方应加强沟通，以降低损失发生的可能性。

装船通知没有固定的内容和格式，可根据进口商的要求自行拟定。装船通知样单如表 4－5 所示。

表 4－5　　装船通知样单

Shipping Advice

From:

To:　　　　　　　　　　　　　　　　　　　　Date:

Re: Shipment of Contract No.　　　　　　　　Letter of Credit No. :

Dear Sirs,

We wish to advise that the following stipulated vessel will arrive at ________ port.

On/about ________ Vessel's name ________ Voy No. ________ .

We'll appreciate to see that the covering goods would be shipped on the above vessel on the date of L/C called.

实战演练

1. 根据信用证有关内容制作订舱委托书及托运单

下列信用证（见表 4－6）项下货物的交接方式为 CY-CY，整批货被装在 2 个 20 英尺，编号分别为 EASU982341、EART520142 的集装箱内，由 YINHU A3032 号船于 8 月 31 日装运出海，转运港为美国长滩。该批货物的合同号为 BEIT0112，体积为 66.4 CBM，每个纸箱重 0.15 KGS，共 2 834 箱，唛头由受益人自行设计。

制作的订舱委托书如表 4－7 所示。

制作的托运单如表 4－8 所示。

解析

表 4-6 信用证相关内容

ISSUING BANK：	ROYAL BANK OF CANADA 9 BROAD STREET，SELMA，AL 36701，UNITED STATES
BENEFICIARY：	XIAMEN OCEAN IMPORT AND EXPORT DEVELOPMENT CO.，LTD. 5F GYMNASTICS CENTER OFFICE BLDG.，408 EAST HUBIN ROAD XIAMEN，CHINA（厦门欧翔进出口有限公司） TEL：+86-592-5102977 FAX：+86-592-5103977
APPLICANT：	FROTUNA SEA PRODUCTS INC. SUITE＃7 S. SAN GABRIEL CA 91770 USA
ADVISING BANK：	THE BANK OF EAST ASIA LIMITED XIAMEN BRANCH G/F & 1/F HUICHENG BUILDING 837 XIAHE ROAD，XIAMEN，CHINA TELEX：93132 BEAXM CN FAX：+86-592-5064980
DATE：	AUG. 1，2018
DATE AND PLACE OF EXPIRY：	SEP. 15，2018
FORM OF DC：	IRREVOCABLE L/C AT SIGHT
AMOUNT：	USD 170,450.00
PARTIAL SHIPMENTS：	PERMITTED
TRANSHIPMENT：	PERMITTED ONLY FROM XIAMEN CHINA FOR TRANSPORTATION TO LONG BEACH，CA，USA. WITH FINAL PORT OF DESTINATION TAMPA，FL USA
SHIPMENT CONSISTS OF：	34,000 KGS CHINESE SAND SHRIMP OR BIG HARD SHELL SHRIMP. BLOCK FROZEN SHRIMP（PTO），PACKED 12 KGS/CTN.（RAW，PEELED，TAIL ON）

CONSISTING OF：

KGS	SIZE（MM）	UNIT PRICE（/KGS）	TOTAL
3,000	71/90	USD 6.60	USD 19,800.00
5,000	91/110	USD 6.35	USD 31,750.00
6,000	111/130	USD 5.45	USD 32,700.00
8,000	131/150	USD 4.55	USD 36,400.00
12,000	151/200	USD 4.15	USD 49,800.00

TOTAL AMOUNT OF USD 170,450.00 CFR TAMPA USA

THE LATEST SHIPMENT DATE IS AUG. 31，2018

DOCUMENTARY REQUIREMENTS：

1）FULL SET（3/3）CLEAN ON BOARD COMBINED TRANSPORT BILLS OF LADING，CONSIGNED TO THE ORDER OF FROTUNA SEA PRODUCTS INC.，SUITE＃7 S. SAN GABRIEL CA 91770 USA.，MARKED "FREIGHT PREPAID" NOTIFYING WILLIAMS CLARKE，INC.，603 NORTH FRIES AVENUE，WILMINGTON，CA 90744，USA. AND MUST INDICATE CONTAINER（S）NUMBER AND STATE THAT CONTAINER（S）HAVE BEEN MAINTAINED AT ZERO DEGREES FAHRENHEIT OR BELOW. IF COMBINED TRANSPORT BILL OF LADING IS PRESENTED，MUST BE INDICATE VESSEL NAME.

2）BILLS OF LADING MUST ALL FREIGHT CHARGES PREPAID，INCLUDING FUEL ADJUSTMENT FEES（FAF）.

表 4-7 **订舱委托书**

经营单位（托运人）	厦门欧翔进出口有限公司	编号	

提单 B/L 项目要求	发货人 Shipper	厦门欧翔进出口有限公司
	收货人 Consignee	TO THE ORDER OF FROTUNA SEA PRODUCTS INC.
提单 B/L 项目要求	通知人 Notify Party	WILLIAMS CLARKE，INC. 603 NORTH FRIES AVENUE，WILMINGTON，CA 90744，USA

海洋运费（√）Sea Freight	预付（√）或到付（ ）Prepaid or Collect	提单份数	3	提单寄送地址	厦门东湖滨路408号

启运港	XIAMEN	目的港	TAMPA，USA	可否转船	只允许在 LONG BEACH，CA，USA	可否分批	允许

集装箱预配数	20’×2	40’×	装运期限	2018.8.31	有效期限	2018.9.15

标记唛头	包装件数	中英文货号 Description of Goods	毛重	尺码	成交条件（总价）
FROTUNA SEA Beit0112 Tampa C/No. 1-2834	2,834ctns	SHRIMP	34,425.1KGS	66.4CBM	USD 170,450.00
			特种货物 ☑冷藏货 □危险品	重件：每件重量 大件（长×宽×高）	

内装箱（CFS）地址	厦门市湖里区现代物流园区横二路	特种集装箱	冷藏集装箱
门对门装箱地址	厦门鹭江路176号	物资备妥日期	2018年8月20号
外币结算账号		物资进栈：自送（ ）或派送（√）	
声明事项		人民币结算单位账号：	

1. 提单须显示集装箱号并标明集装箱温度保持在华氏0度以下。如果提交联合运输单据，提单须显示船名。 2. 装箱方式为门到门。	托运人签章	厦门欧翔进出口有限公司
	电话	592-5102977
	传真	592-5103977
	联系人	陈红
	地址	厦门东湖滨路408号
	制单日期	2018年8月10日

表 4-8 **托运单**

SHIPPER（发货人） XIAMEN OCEAN IMPORT AND EXPORT DEVELOPMENT CO.，LTD. 5F GYMNASTICS CENTER OFFICE BLDG.，408 EAST HUBIN ROAD XIAMEN，CHINA		D/R No.（编号） 上海中货	
CONSIGNEE（收货人） TO THE ORDER OF FROTUNA SEA PRODUCTS INC. SUITE＃7 S. SAN GABRIEL CA 91770 USA		**集装箱货物托运单** 船代留底	第二联
NOTIFY PARTY（通知人） WILLIAMS CLARKE，INC. 603 NORTH FRIES AVENUE，WILMINGTON，CA 90744，USA			
PRE-CARRIAGE BY（前程运输）	PLACE OF RECEIPT（收货地点） XIAMEN		
OCEAN VESSEL（船名） YINHU A3032	VOY No.（航次）	PORT OF LOADING（装货港） LONG BEACH，CA，USA	

PORT OF DISCHARGE（卸货港）	PLACE OF DELIVERY（交货地点）	FINAL DESTINATION FOR MERCHANT'S REFERENCE（目的地）
TAMPA，FL，USA		

Container No. 集装箱号	Seal No. 铅封号 Marks &Nos. 唛码	No. of Containers or Packages 箱数或件数	Kind of Packages; Description of Goods 包装种类与货名	Gross Weight 毛重（千克）	Measurement 尺码（立方米）
EASU982341 EART520142	FROTUNA SEA Beit0112 C/No. 1-2834	2,834 CTNS	SHRIMP	34,425.1 KGS	66.4 CBM

TOTAL NUMBER OF CONTAINERS OR PACKAGES（IN WORDS） 集装箱数或件数合计（大写）	SAY TWO THOUSAND EIGHT HUNDRED AND THIRTY FOUR CARTONS（TWO CONTAINERS）ONLY

Freight &Charges（运费与附加费）	Revenue Tons（运费吨）	Rate（运费率）	Per（每）	Prepaid（运费预付）	Collect（运费到付）
FREIGHT PREPAID					

Ex. Rate（兑换率）	Prepaid at（预付地点）	Payable at（到付地点）	Place of Issue（签发地点）
	XIAMEN		XIAMEN
Total Prepaid（预付总额）	No. of Original B（s）/L（正本提单份数） THREE（3）		

Service Type on Receiving	Service Type on Delivery	Reefer-Temperature required（冷藏温度）	°F	°C
☑—CY ☐—CFS ☐—DOOR	☑—CY ☐—CFS ☐—DOOR		≤0	

TYPE OF GOODS（种类）			危险品	
	☐Ordinary 普通	☑Reefer 冷藏		Class:
	☐Dangerous 危险品	☐Auto 裸装车辆		Property:
	☐Liquid 液体	☐Live Animal 活动物		IMDG Code Page:
	☐Bulk 散货	☐______		UN No.:

可否转船：可以	可否分批：可以	金额：USD 170,450.00	制单日期：2018.8.20
装期：2018.8.31 之前	效期：2018.9.15		

2. 根据进口贸易合同，制作订舱委托书、预约保险合同和装船通知

进口贸易合同如表 4－9 所示。

表 4－9　　进口贸易合同

PURCHASE CONTRACT

TEL：021-56082266　　No.：TX 201723

FAX：021-56082265　　DATE：AUG. 25，2017

BUYERS：PUXI IMPORT & EXPORT TRADE CORPORATION
98 FENGHE ROAD PUDONG，SHANGHAI，CHINA

SELLERS：KYOSHIN CO.，LTD.
2-7-11 HYAKUNINCHO SHINJUKU-KU TOKYO 169-0073，JAPAN
TEL：028-33621191　FAX：028-33672398

THIS CONTRACT IS MADE BY AND BETWEEN THE BUYERS AND THE SELLERS，WHEREBY THE BUYERS AGREE TO BUY AND THE SELLERS AGREE TO SELL THE UNDERMENTIONED COMMODITY ACCORDING TO THE TERMS AND CONDITIONS STIPULATED BELOW：

DESCRIPTION OF GOODS	QUANTITY	UNIT PRICE	AMOUNT
WRENCH		FOB TOKYO	
HEX DEYS WRENCH	1,000 SETS	USD 10.00	USD 10,000.00
DOUBLE RING OFFSET WRENCH	1,500 SETS	USD 10.00	USD 15,000.00
COMBINATION WRENCH	2,000 SETS	USD 20.00	USD 40,000.00
ADJUSTABLE WRENCH	1,500 SETS	USD 20.00	USD 30,000.00
TOTAL：	6,000 SETS		USD 95,000.00

1. COUNTRY OF ORIGIN AND MANUFACTURER：TOKYO IMPORT & EXPORT CORPORATION JAPAN
2. PACKING：PACKED IN 1 CARTON OF 100 PCS EACH
3. TERMS OF PAYMENT：100% PAYMENT BY IRREVOCABLE DOCUMENTARY CREDIT AT 30 DAYS AFTER SIGHT
4. PORT OF LOADING：TOKYO，JAPAN
5. PORT OF DESTINATION：SHANGHAI，CHINA
6. SHIPMENT：SHIPMENT TO BE EFFECTED NOT LATER THAN OCT. 31ST，2017
7. PARTIAL SHIPMENTS：ALLOWED
8. TRANSHIPMENT：ALLOWED
9. INSURANCE：FOR 110 PERCENT OF THE INVOICE VALUE COVERING ALL RISKS AND WAR RISK BY THE BUYER
10. DOCUMENTS：

(1) THREE COPIES OF SIGNED COMMERCIAL INVOICE INDICATING CONTRACT NUMBER.

(2) THREE COPIES OF PACKING LIST.

(3) TWO COPIES OF CERTIFICATE OF QUALITY/QUANTITY ISSUED BY MANUFACTURE.

(4) WITHIN 12 HOURS AFTER THE GOODS ARE COMPLETELY LOADED，THE SELLER SHALL FAX TO NOTIFY THE BUYER OF THE CONTRACT NUMBER，NAME OF COMMODITY，QUANTITY，GROSS WEIGHT，B/L NO. AND THE DATE OF DELIVERY.

11. INSPECTION AND CLAIMS：

IF THE QUALITY/WEIGHT AND/OR THE SPECIFICATIONS OF THE GOODS SHOULD BE FOUND NOT IN LINE WITH THE CONTRACTED STIPULATIONS，OR SHOULD THE GOODS PROVE DEFECTIVE FOR ANY REASONS，INCLUDING LATENT DEFECT OR THE USE OF UNSUITABLE MATERIALS，THE BUYER WOULD ARRANGE AN INSPECTION TO BE CARRIED OUT BY THE INSPECTION BUREAU AND HAVE THE RIGHT TO CLAIM AGAINST THE SELLERS ON THE STRENGTH OF THE INSPECTION CERTIFICATE ISSUED BY THE BUREAU. ALL CLAIMS SHALL BE REGARDED AS ACCEPTED IF THE SELLERS FAIL TO REPLY WITHIN 30 DAYS AFTER RECEIPT OF THE BUYERS CLAIM.

根据上述合同制作的进口订舱委托书、预约保险合同和装船通知分别如表 4－10 至表 4－12 所示。

表 4－10　　进口订舱委托书

编号：XT 051147　　日期：2017 年 8 月 31 日

货名 （英文）	扳手 WRENCH		
重量	175kgs	尺码	$7m^3$
合同号	TX 201723	包装	60 箱
装运港	东京港	交货期	2017 年 10 月 20 日
装货条款	（1）2017 年 10 月 19 日抵达东京港装运		
	（2）允许转船		
	（3）允许分批装运		
发货人名称、地址	KYOSHIN CO.，LTD. 2-7-11 HYAKUNINCHO SHINJUKU-KU TOKYO 169-0073，JAPAN		
发货人电挂	028-33621191		
订妥船名	COSCO V. 861	抵达港口	东京港
备注		委托单位：浦西进出口贸易公司	

注：（1）危险品须注明性能，重大件须注明每件重量及尺码。
（2）装货条款须详细注明。

表 4-11 预约保险合同

中国人民财产保险股份有限公司

进口货物运输预约保险合同

合同号：TX201723　　日期：2017 年 9 月 15 日

甲方：浦西进出口贸易公司

乙方：中国人民财产保险股份有限公司上海分公司

双方就进口货物的运输预约保险拟定各条以资共同遵守。

1. 保险范围

甲方从国外进口的全部货物，不论运输方式，凡贸易条款规定由买方办理保险的，都属于本合同范围之内。甲方应根据本合同规定，向乙方办理投保手续并支付保险费。

乙方对上述保险范围内的货物负有自动承保的责任，在发生本合同规定范围内的损失时，均按本合同的规定负责赔偿。

2. 保险金额

保险金额以货物的到岸价（CIF）即货价加运费加保险费为准（运费可用实际运费，也可由双方协定一个平均运费率计算）。

3. 保险险别和费率

各种货物需要投保的险别由甲方选定并在投保单中填明。乙方根据不同的险别规定不同的费率。现暂定如下：

货物种类	运输方式	保险险别	保险费率
扳手	江海运输	一切险、战争险	按约定

4. 保险责任

各种险别的责任范围，按照中国人民保险公司制定的“海洋运输保险条款”“海洋运输货物战争险条款”“海运进口货物国内转运期间保险责任扩展条款”“航空运输一切险条款”和其他有关条款的规定为准。

5. 投保手续

甲方一经掌握货物发运情况，即应向乙方寄送启运通知书，办理投保。启运通知书一式五份，由保险公司签认后，退回一份。如不办理投保，货物发生损失，乙方不予赔偿。

6. 保险费

乙方根据甲方寄送的启运通知书并依照前列相应的费率逐笔计收保费，甲方应及时付费。

7. 索赔手续和期限

本合同所保货物发生保险责任范围内的损失时，乙方应按制定的《关于海运进口保险货物残损检验的赔款给付办法》和《进口货物施救整理费用支付办法》迅速处理。甲方应尽力采取防止货物扩大受损的措施，对已遭受损失的货物必须积极抢救，尽量减少货物的损失。向乙方办理索赔的有效期限以保险货物卸离海港之日起满一年终止。如有特殊需要可向乙方提出延长索赔期。

8. 合同期限

本合同自 2017 年 9 月 15 日起开始生效。

表 4-12 装船通知

Shipping Advice	
	Date: Oct. 10, 2017
To: KYOSHIN CO., LTD.	
Re: Shipment of Contract No. TX 201723	Letter of Credit No.: IR05458954
Dear Sirs, We wish to advise that the following stipulated vessel will arrive at TOKYO port. On/about OCT. 19, 2017 Vessel's name COSCO Voy No. V. 861 . We'll appreciate to see that the covering goods would be shipped on the above vessel on the date of L/C called. PUXI IMPORT & EXPORT TRADE CORPORATION	

巩固练习

解析

1. 填制集装箱货物托运单

根据信用证有关内容（见表 4-13），填制集装箱货物托运单（见表 4-14）。

表 4-13 信用证

L/C No.: 1-01-F-05776 DATED 190810

BENEFICIARY: CHINA NATIONAL LIGHT PORDUCTS I/E CORP. JIANGSU (GROUP). QIAOGUANG ROAD, GUANGZHOU.

SHIPMENT: PARTIAL SHIPMENTS ARE ALLOWED, TRANSHIPMENT IS ALLOWED. SHIPMENT FROM SHANGHAI TO DUBLIN, IRELAND, LATEST 190731.

COVERING: 1,100 PIECES "HELM" BRAND WALL CLOCKS

SHIPPING MARKS: EVES
DUBLIN

DOCUMENTS REQUIRED:

FULL SET ORIGINAL CLEAN ON BOARD OCEAN BILLS OF LADING MADE OUT TC ORDER ENDORSED IN BLANK, MARKED "FREIGHT PREPAID", NOTIFY:

1) EVES DISTRIBUTORS LTD., 2C SUNBURY INDUSTRIAL ESTATE, WALKIN STOWN DUBLIN 12, IRELAND.

2) FIDELITY MERCANTILE CO., LTD., G. P. O. BOX 890, HONG KONG.

THE GOODS ARE PACKED IN 110 CASES,

NET WEIGHT: 1,105 KGS GROSS WEIGHT: 1,895 KGS MEAS: 6.55 CBM

VESSEL: CHANGHONG V565

表 4-14　　集装箱货物托运单

Shipper（发货人）		D/R No.（编号） **集装箱货物托运单** 货主留底 第一联
Consignee（收货人）		
Notify Party（通知人）		
Pre-Carriage by （前程运输）	Place of Receipt （收货地点）	

Ocean Vessel（船名）	Voy. No.（航次）	Port of Loading（装货港）	Final Destination for Merchant's Reference（目的地）
Port of Discharge（卸货港）	Place of Delivery（交货地）		

Container No.（集装箱号）	Seal No. Marks & Nos.（铅封号与唛码）	No. of Containers or Packages（箱数或件数）	Kind of Package; Description of Goods（包装种类与货物名称）	Gross Weight 毛重（千克）	Measurement 尺码（立方米）

Total Number of Containers or Packages (in words) 集装箱数或件数合计（大写）	

Freight& Charges（运费与附加费）	Revenue Tons（运费吨）	Rate（运费率）Per（每）	Prepaid（运费预付）	Collect（运费到付）

Service Type on Receiving □—CY □—CFS □—DOOR	Service Type on Delivery □—CY □—CFS □—DOOR	Reefer Temperature Required（冷藏温度）	°F	°C

TYPE OF GOODS（种类）	□Ordinary（普通） □Reefer（冷藏） □Dangerous（危险品） □Auto（裸装车辆） □Liquid（液体） □Live animal（活动物） □Bulk（散装）	危险品	Class: UN No.: IMDG Code Page: Property:

可否转船:	可否分批:	装期:	
货价:	信用证号码:	No. of Original B (s) /L	
特约事项:	合同号码:	托运人盖章:	

2. 填制货物出口订舱委托书

根据下列销售确认书（见表4－15）及信用证（见表4－16）、补充资料（见表4－17）的有关内容，填制货物出口订舱委托书（见表4－18）。

表4－15　　销售确认书

现代贸易有限公司

XIANDAI TRADING CO.，LTD.

RM. 2-8，55 ZHEJIANG ROAD，SHANGHAI，CHINA

销售确认书

（邮政编码）Post Code：200032　　（编号）No.：90TJ04—12

（传真）Fax：(21) 65788876　　（日期）Date：Aug. 1，2019

（电话）Tel：(21) 65788877　　（签约地点）Signed at：SHANGHAI

（买方）Buyer：TONNY PRODUCTS PLC.

（地址）Address：BERSTOFSGADE 48，ROTTERDAM，NETHERLANDS

买卖双方同意按下列条款由卖方出售且买方购进下列货物：

The seller agrees to sell and the buyer agrees to buy the undermentioned goods on the terms and conditions stated below.

唛头 Shipping Mark	货物描述 Description of Good	数量 Quantity	单价 Unit Price	总值 Amount
	COTTON TEA TOWELS		CIF ROTTERDAM	
T. P. P	10'×10'	16,000 DOZS	USD 1.31	USD 20,960.00
ROTTERDAM	20'×20'	6,000 DOZS	USD 2.51	USD 15,060.00
C/No. 1－330	30'×30'	11,000 DOZS	USD 4.70	USD 51,700.00
	PACKING IN 330 CARTONS			

（装运期限）Time of Shipment：NOT LATER THAN OCT. 31，2019

（装运口岸）Port of Loading：SHANGHAI

（目的口岸）Port of Destination：ROTTERDAM

（分批装运）Partial Shipments：ALLOWED

（转运）Transhipment：ALLOWED

（保险）Insurance：FOR 110% OF INVOICE VALUE COVERING ALL RISKS

（付款条件）Term of Payment：60% BY L/C AT SIGHT，40% BY D/P AT SIGHT

付款：

买方应通过为卖方所接受的银行于装运前30日开出并送达卖方不可撤销即期信用证，规定60%发票金额凭即期光票信用证支付，40%用托收即期付款交单。100%发票金额的全套装运单据随附于托收项下，于买方付清全部发票金额后交单。

Payment:

The buyer shall open through a bank acceptable to the seller an irrevocable sight letter of credit to reach the seller 30 days before the month of shipment, stipulating that 60% of the invoice value against clean draft at sight while the remaining 40% on documents against payment at sight on collection basis. The full set of the shipping documents of 100% invoice value shall accompany the collection item and shall only be released after full payment of the invoice value.

普惠制产地证书 FORM A 和卫生检验证书由国家出入境检验检疫局签发。

Certificate of origin GSP CHINA FORM A and inspection certificate of sanitary, issuing by ENTRY-EXIT INSPECTION AND QUARANTINE BUREAU.

品质与数量的异议与索赔:

如买方提出索赔，凡属品质异议需于货到目的地口岸之 60 天内提出，凡属数量异议需于货到目的地口岸之 40 天内提出，对所装货物所提出的任何异议属于保险公司、轮船公司等其他有关运输或邮递机构，卖方不负任何责任。

Quality/Quantity Discrepancy and Claim:

In case of quality discrepancy, claim should be filed by the buyer within 60 days after the arrival of the goods at port of destination; while for quantity discrepancy, claim should be filed by the buyer within 40 days after the arrival of the goods at port of destination. It is understood that the seller shall not be liable for any discrepancy of the goods shipped due to causes for which the Insurance Company, Shipped Company other transportation organization or Post Office are liable.

人力不可抗拒因素:

由于水灾、火灾、地震、干旱、战争或协议一方无法预见、控制、避免和克服的其他事件导致不能或暂时不能全部或部分履行本协议，任何一方均不负责任。但是，受不可抗力事件影响的一方须尽快将发生的事件通知另一方，并在不可抗力事件发生 15 天内将有关机构出具的不可抗力事件的证明寄交对方。

Force Majeure:

Either party shall not be held responsible for failure or delay to perform all or any part of this agreement due to flood, fire, earthquake, draught, war or any other events which could not be predicted, controlled, avoided or overcome by the relative party. However, the party affected by the event of Force Majeure shall inform the other party of its occurrence in writing as soon as possible and thereafter send a certificate of the event issued by the relevant authorities to the other party within 15 days after its occurrence.

仲裁:

在履行协议过程中，如产生争议，双方应友好协商解决。若通过友好协商未能达成协议，则提交中国国际贸易促进委员会对外贸易仲裁委员会，根据该会仲裁程序暂行规定进行仲裁。该委员会的决定是终局的，对双方均有约束力。除另有规定外，仲裁费用由败诉一方负担。

Arbitration:

All disputes arising from the execution of this agreement shall be settled through friendly consultations. In case no settlement can be reached, the case in dispute shall then be submitted to the Foreign Trade Arbitration Commission of the China Council for the Promotion of International Trade for Arbitration in accordance with its Provisional Rules of Procedure. The decision made by this commission shall be regarded as final and binding upon both parties. Arbitration fees shall be borne by the losing party, unless otherwise awarded.

（卖方）The Seller:	（买方）The Buyer:
XIANDAI TRADING CO., LTD.	TONNY PRODUCTS PLC.
吴红	TONNY

表 4－16 信用证

SEQUENCE OF TOTAL	*27	:	1/1
FORM OF DOC. CREDIT	*40A	:	CLEAN
DOC. CREDIT NUMBER	*20	:	TH2019
DATE OF ISSUE	31C	:	190828
APPLICABLE RULES	*40E	:	UCP LATEST VERSION
DATE AND PLACE OF EXPIRY	*31D	:	DATE 190930 PLACE CHINA
APPLICANT	*50	:	TONNY PRODUCTS PLC. BERSTOFSGADE 48，ROTTERDAM，NETHERLANDS
BENEFICIARY	*59A	:	XIANDAI TRADING CO.，LTD. RM. 2－8，55 ZHEJIANG ROAD，SHANGHAI，CHINA
CURRENCY CODE，AMOUNT	*32B	:	CURRENCY USD 87720,00
AVAILABLE WITH…BY…	*41D	:	ANY BANK BY NEGOTIATION
DRAFTS AT…	42C	:	SIGHT
DRAWEE	42A	:	NATIONAL PARIS BANK
PARTIAL SHIPMENTS	43P	:	ALLOWED
TRANSHIPMENT	43T	:	ALLOWED
PORT OF LOADING	44E	:	SHANGHAI
PORT OF DISCHARGE	44F	:	ROTTERDAM
LATEST DATE OF SHIPMENT	44C	:	191031
DESCRIPTION OF GOODS	45A	:	COTTON TEATOWELS 10’×10’ 16,000 DOZS U/PRICE USD 1,31 20’×20’ 6,000 DOZS U/PRICE USD 2,51 30’×30’ 11,000 DOZS U/PRICE USD 4,70 CIF ROTTERDAM
DETAILS OF CHARGES	71B	:	ALL BANK CHARGES OUTSIDE NETHERLANDS ARE FOR ACCOUNT OF BENEFICIARY.

表 4－17 补充资料

INVOICE NO.：XH051111

INVOICE DATE：OCT. 1，2019

PACKING：G. W：2.5 KGS/CTN

N. W：2.0 KGS/CTN

MEAS：0.02 CBM/CTN

PACKED IN ONE CTN OF 100 DOZS

TOTAL LESS THAN ONE 20’ CONTAINER NO. COSU112244

人民币账号：RMB061222

外币账号：WB68432144

境内货源地：上海

货物存放地址：上海逸仙路 2960 号 3 号门，电话：68206820

生产厂家：上海毛巾厂

表 4-18　　货物出口订舱委托书

经营单位（托运人）				编号	
提单 B/L 项目要求	发货人 Shipper				
	收货人 Consignee				
	通知人 Notify Party				
海洋运费（ ） Sea Freight	预付（ ）或到付（ ） Prepaid or Collect	提单份数		提单寄送地址	
启运港		目的港		可否转船	可否分批
集装箱预配数	20’×	40’×		装运期限	有效期限
标记唛头	包装件数	中英文货号 Description of Goods	毛重	尺码	成交条件（总价）
			特种货物 □冷藏货 □危险品	重件：每件重量	
				大件（长×宽×高）	
内装箱（CFS）地址			特种集装箱		
门对门装箱地址			物资备妥日期		
外币结算账号			物资进栈：自送（ ）或派送（ ）		
声明事项			人民币结算单位账号：		
			托运人签章		
			电话		
			传真		
			联系人		
			地址		
			制单日期		

3. 填制进口订舱委托书

根据下列资料（见表 4－19）填写进口订舱委托书（见表 4－20），并向卖方发装船通知（见表 4－21）。

表 4－19　　相关资料

进口商：上海环龙进出口有限公司
　　99 号，天目西路，闸北区，上海
电话：021-63497528
出口商：Europa Import & Export Ltd.
　　Flat 35，3-8 Porchester Gate，Bayswater Rd，London W2 3HP，United Kingdom
电话：020-72213449
货名：女士针织衫

货号	毛重	净重	体积
ART No. 1	7 kg/set	6.5 kg/set	0.2 m^3/carton
ART No. 2	7 kg/set	6.5 kg/set	0.2 m^3/carton
ART No. 3	7 kg/set	6.5 kg/set	0.2 m^3/carton

包装：每 20 套装一纸箱，共 20 纸箱　　总金额：4 万美元
运费支付情况：运费到付　　信用证号：DHTLC568
装运地：伦敦　　目的地：上海
装运期限：最迟不晚于 2017 年 12 月 31 日　　船名：东风号 V120
合同号：DHTSC26　　订舱编号：15698

表 4－20　　进口订舱委托书

编号：　　日期：

货名（英文）			
重量		尺码	
合同号		包装	
装运港		交货期	
装货条款			
发货人名称、地址			
发货人电挂			
订妥船名		抵达港口	
备注		委托单位	

表 4-21 装船通知

Shipping Advice
From: Date:
To:
Re: Shipment of Contract No. Letter of Credit No.:
Dear Sirs,
We wish to advise that the following stipulated vessel will arrive at ________ port.
On/about ______ Vessel's name ________ Voy No. ________.
We'll appreciate to see that the covering goods would be shipped on the above vessel on the date of L/C called.

学习评价

表 4-22 学习评价

任务要求	技术要求	分值	评分细则	评分记录
了解出口货物订舱的基本程序	能绘制出口货物订舱流程图并口述流程	20 分	流程图不准确，每项扣 4 分；口述流程错误或漏项，每项扣 4 分	
读懂合同及信用证	了解合同及信用证的主要内容及运输条款内容	20 分	对合同及信用证主要条款及运输证条款的翻译是否正确、全面，不能说出其中一个条款者扣 5 分	
完成出口订舱委托书及托运单的缮制	出口订舱委托书及托运单内容填制的准确性	30 分	项目内容填制不准确或错误的，每项扣 5 分	
完成进口订舱委托书及装船通知的缮制	进口订舱委托书及装船通知内容填制的准确性	30 分	项目内容填制不准确或错误的，每项扣 4 分	

项目小结

出口商备齐出口货物，在信用证支付方式下审证确认无误后，即可办理货物出口运输手续。海洋运输货物必须根据货物托运手续，首先填写出口订舱委托书或货物托运单，待货代公司将订舱信息告知后，将出口货物在指定装货时间之前送到码头仓库。不同公司所使用的订舱委托书和托运单样式各不相同，要求各异，因而需要区别对待，认真缮制。

进口货物的订舱，进口商一般也是委托给货代公司来办理的，进口商制作进口订舱委托书委托货代公司办理进口订舱，待获得订舱信息后马上办理货物的预约保险合同，并通知出口商装船信息以便出口商做好装船准备，其中涉及的单证包括：进口订舱委托书、预约保险合同、装船通知。

项目五 制作报检报关单证

知识目标

了解出口报检的基本程序；了解出口报关的基本程序。

课件：制作报检报关单证

能力目标

能够根据合同及信用证相关信息填制相关单证。

项目导入

2018年10月15日，英国某银行开给我国A农产品出口公司（以下称A公司）一张L/C，部分条款如下："…inspection certificate of quality in triplicate，inspected at the time of shipment，issued by China Customs…"（"……中国海关签发的品质检验证书一式三份，在装运时检验……"）。

A公司接到L/C后即备货，全部货物于10月25日装运完毕，并备妥包括品质检验证书在内的单据向议付行交单办理议付。议付行向开证行寄单后，开证行于11月10日提出L/C项下的单证不符："关于品质检验证书，L/C规定'inspected at the time of shipment'（于装运时检验）。你方提交的品质证书上并无上述文句的表明。提单上表明的装运日期为10月25日，品质检验证书的签发日期为10月23日，说明你方检验时间不是装运时间。单据暂保留，速告处理意见。"

A公司提出反驳："本批货物实际于10月23日开始装上船，10月25日全部装运完毕，中国出入境检验检疫局于10月23日对本批货物进行全面检验，认为合格后才装运上船，所以我方品质检验证书于10月23日签发。已符合你L/C规定的'于装运时检验'要求。"

11 月 18 日开证行又来电："根据《UCP500》第 23 条 a 款规定，你方提交的是已装船提单，出单日为 10 月 25 日，则 10 月 25 日应为本批货物的装运日期。按你方说法，于 23 日检验，25 日装运，怎能符合 L/C 要求的'于装运时检验'的规定呢？"

最后，A 公司与买方协商，不得不大幅降价，以承担损失 USD 37 080 而结案。

2018 年 6 月 1 日起，全面取消入境/出境货物通关单。8 月 1 日起，海关进出口货物实行整合申报，企业报关报检合并为一张报关单、一套随附单证、一套通关参数。企业通过"中国国际贸易单一窗口"或"互联网+海关"，使用一个界面、一次申报，实现一号到底、一单到底；出口申报由信息化系统自动核对出口检验检疫电子底账数据，录入报关和报检信息，点击"一次申报"就可以完成。

经过梳理整合，原报关、报检共 229 个申报项目合并精简至 105 个，统一了国别（地区）、港口、币制等 8 个原报关、报检共有项的代码，其中 7 个采用国家标准代码或与国家标准建立对应关系。海关简化整合进口申报随附单证，将原报关、报检 74 项随附单据合并整合成 10 项，102 项监管证件合并简化成 64 项。

任务 1　制作出口报检单证

我国大多数进出口商品都属于"法定检验"商品，在海关验关放行之前，必须进行检验或检疫，认定为"合格"后，海关才能凭以办理通关放行手续。那么，出口商应如何正确填写报检单以使检验检疫机构顺利接受报检并在检验合格后拿到检验证书及通关单呢？

一、报检的含义

报检是指进出口商品的有关当事人根据有关法律、行政法规的规定、对外贸易合同的约定或证明履约的需要，向检验检疫机构申请检验、检疫、鉴定，以获准出入境或取得销售使用的合法凭证及某种公证证明所必须履行的法定程序和手续。

根据《中华人民共和国进出口商品检验法》及其实施条例、《中华人民共和国国境卫生检疫法》及其实施细则、《中华人民共和国食品卫生法》和《中华人民共和国海关法》的规定，凡列入《出入境检验检疫机构实施检验检疫的进出境商品目录》的进出口商品，必须经出入境检验检疫机构实施检验检疫，海关自 2000 年 1 月 1 日起，一律凭货物报关口岸出入境检验检疫机构签发的出入境通关单验放，实施"先报检，后报关"的货物出入境制度。

二、报检的范围

（1）国家法律规定必须由检验检疫机构检验检疫的；

（2）入境国家或地区规定必须凭检验检疫机构出具的证书方准入境的；

（3）有关国际条约规定必须要检验检疫的；

（4）申请签发普惠制产地证或一般原产地证的；

（5）对外贸易关系人申请鉴定业务和委托检验的；

（6）对外贸易合同、信用证规定由检验检疫机构或官方机构出具证书的；

（7）报检单位对检验检疫机构出具的检验检疫结果有异议的，可申请复验。

三、报检的时限和地点

（1）出境货物最迟在出口报关或装运前7天报检，个别检验检疫周期长的货物，应留有相应的检验检疫时间。

（2）需隔离检疫的出境动物在出境前60天预报，隔离前7天报检。

（3）法定的检验检疫货物，除了活动物由口岸检验检疫外，原则上应在产地检验检疫。

（4）法律法规允许在市场采购的货物应向采购地的检验检疫机构办理报检手续。

（5）异地报关的货物在报关地检验检疫机构办理换证报检，实施出口直通放行制度的货物除外。

四、换证凭单与检验证书

（一）出境货物换证凭单

按照我国有关部门的规定，凡属法定检验商品的出口，必须经过其生产所在地和出口通关所在地的省、自治区或直辖市的出入境检验检疫机构的检验检疫，合格以后才能给予通关放行。样单如表5－1所示。

（二）检验证书

进出口商品的检验分为“法定检验”和“委托检验”两种。前一种是强制性的，后一种是自愿性的。对于后一种检验，检验检疫机构往往要出具各种形式的检验证书。这里对检验证书不做说明和解释，主要展示常用检验证书的基本格式、内容和作用。

数量检验证书样单如表5－2所示。

表 5-1　　出境货物换证凭单样单

中华人民共和国出入境检验检疫
出境货物换证凭单

类别：预检　　　　编号：150400208005123

<table>
<tr><td colspan="3">发货人：宏富食品有限责任公司</td><td rowspan="7">标记及号码
N/M</td></tr>
<tr><td colspan="3">收货人：＊＊＊</td></tr>
<tr><td colspan="3">品名：番茄酱</td></tr>
<tr><td colspan="3">H. S. 编码：2002901000</td></tr>
<tr><td colspan="3">报检数/重量：400 桶/ 97 827.6 千克</td></tr>
<tr><td colspan="3">包装种类及数量：开口钢桶 400</td></tr>
<tr><td colspan="3">申报总值：97 827.6 美元</td></tr>
<tr><td>产地</td><td>内蒙古自治区</td><td>生产单位（注册号）</td><td>1504600321</td></tr>
<tr><td>生产日期</td><td>2018.08.15</td><td>生产批号</td><td>F41－8005</td></tr>
<tr><td rowspan="2">包装性能检验结果单号</td><td rowspan="2">110400308002084－10
150020308000690</td><td>合同/信用证号</td><td>＊＊＊</td></tr>
<tr><td>运输工具名称及号码</td><td>＊＊＊</td></tr>
<tr><td>输往国家及地区</td><td>＊＊＊</td><td>集装箱规格及数量</td><td>＊＊＊</td></tr>
<tr><td>发货日期</td><td>＊＊＊</td><td>检验依据</td><td>SN/T 1036－2002
GB/T 14215－93</td></tr>
<tr><td>检验检疫结果</td><td colspan="3">包装：内为无菌袋，外为开口钢桶包装，经检验该批商品的包装符合出口要求。
品质：依据 SN/T 1036－2002 的标准规定，从本批货物中抽取代表性样品进行检验，结果如下：
一、感官指标：色泽、气味、组织形态均正常
二、理化指标：1. 浓度：28.9％　　2. 番茄红素：66.56mg/100g
3. 黏稠度（12.5％）：6.0cm/30sec　　4. pH 酸碱度：4.20
三、重金属含量：铅 0.090mg/kg，铜 4.86mg/kg，锡 0.0594mg/kg，砷 0.0509mg/kg
四、1. 经商业无菌检验，符合商业无菌要求　　2. 霉菌值：16％阳性视野
五、鉴重：经校准之衡器衡重，结果如下：
共计：400 桶
总净重：97 827.6 千克　总毛重：103 187.6 千克　总皮重：5 360 千克</td></tr>
<tr><td>评定结果</td><td colspan="3">评定结果：品质符合 GB/T 14215－93 标准规定要求
品名：番茄酱　　生产批次号：F41-8005　　生产厂名：宏富食品有限责任公司
生产日期：2018.08.15　厂址：巴彦淖尔市临河农场　卫生注册号：1504600321
检验检疫标志流水号：2070000I04507801－2070000I04508200
规格：20mm　　数量：400 枚
签字：高威　　日期 2018 年 10 月 22 日（检验检疫机构盖章）</td></tr>
<tr><td>本单有效期</td><td colspan="3">截止于 2019 年 8 月 14 日</td></tr>
<tr><td>备注</td><td colspan="3">此批货物适合人类食用，此批货物经检验符合输出国或地区植物检疫要求</td></tr>
</table>

<table>
<tr><td rowspan="3">分批出境核销栏</td><td>日期</td><td>出境数/重量</td><td>结存数/重量</td><td>核销人</td><td>日期</td><td>出境数/重量</td><td>结存数/重量</td><td>核销人</td></tr>
<tr><td></td><td></td><td></td><td></td><td></td><td></td><td></td><td></td></tr>
<tr><td></td><td></td><td></td><td></td><td></td><td></td><td></td><td></td></tr>
</table>

说明：1. 出境时，经口岸检验检疫机关查验货证相符，且符合检验检疫要求的予以签发通关单或换发检验检疫证书；2. 本单不作为国内贸易的品质或其他证明；3. 涂改无效。

表 5-2　数量检验证书样单

中华人民共和国出入境检验检疫
ENTRY-EXIT INSPECTION AND QUARANTINE
OF THE PEOPLE'S REPUBLIC OF CHINA
数量检验证书
QUANTITY CERTIFICATE

编号：
No.：75395182

发货人：
Consignor：GREAT WALL TRADING CO.，LTD.
收货人：
Consignee：YI YANG TRADING CORPORATION
货名：
Description of Goods：
COTTON TEA TOWELS

标记及号码：
Mark & No.：
Y. Y. T. C
ST505
MONTREAL
C/No. 1-367

报验数量/重量：
Quantity/ Weight Declared：　N. W 19 339. 7 KGS
包装种类及数量：
Number and Type of Packages：　367 BALES
运输工具：
Means of Conveyance：　DONGHE V. 098
检验结果：
Results of Inspection：

10'×10'	PACKED IN 80 BALES OF 200 DOZS EACH
20'×20'	PACKED IN 80 BALES OF 200 DOZS EACH
30'×30'	PACKED IN 60 BALES OF 100 DOZS EACH
TOTAL NET WEIGHT：19 339. 7 KGS	
TOTAL：367 BALES	

我们已尽所知和最大能力实施上述检验，不能因我们签发本证书而免除卖方或其他方面根据合同与法律所承担的产品数量责任和其他责任。

All inspections are carried out conscientiously to the best of our knowledge and ability. This certificate does not in any respect absolve the seller and other related parties from his contractual and legal obligations especially when product quantity is concerned.

任务 2　制作出口报关单证

世界各国均规定一切进出国境的货物都必须按海关规定的手续办理申报。而报关单的正确填写是向海关顺利申请报关的关键。本部分内容主要介绍报关的基本知识和如何正确填制报关单。

一、报关的含义

《中华人民共和国海关法》规定，进出境运输工具、货物、物品必须通过设立海关的地点进境或出境。因此，货物的报关是指进出口货物通过设立海关的口岸出入一国国境的包括货主向海关申报货物的详细内容、按规定缴纳关税并请求海关查验放行的全过程。

二、出口报关与装运的衔接

出口报关与装运之间的衔接如图 5-1 所示。

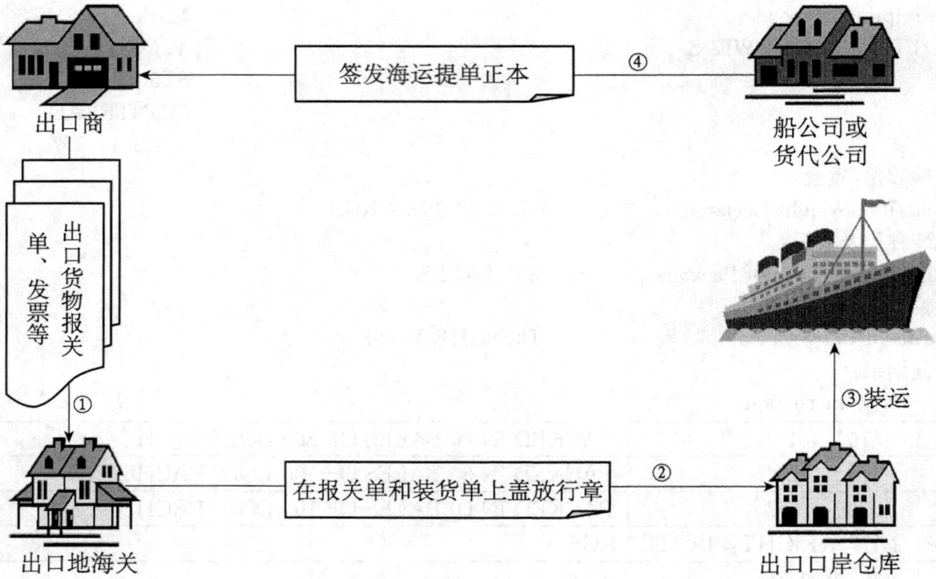

图 5-1 出口报关与装运的衔接

解读：

（1）出口商在货物装运前委托货运代理公司或自行办理报关，填写报关委托书，并随附商业发票、装箱单、合同等有关单据向出口地海关办理出口货物报关手续。

（2）海关核准无误后，收讫关税，在报关单和装货单上盖放行章。

（3）出口地港口凭盖有放行章的装货单进行装运。

（4）船公司或货运代理公司签发海运提单正本。

三、出口报关的程序

出口货物报关一般要经过出口货物的申报、出口货物的查验、缴纳出口关税和海关结关放行四个环节。

（一）出口货物的申报

出口货物的申报是指出口货物的发货人或其代理人向海关办理出境手续的过程，包括提供纸质或电子数据报关单，随附有关货运与商业单据，申请海关查验放行。出口货物的发货人应当在货物运抵海关监管区以后、装货的 24 小时以前向海关申报。出口货物应当在货物的出境地海关办理申报手续。

（二）出口货物的查验

海关查验货物时，出口货物的发货人应到现场，负责搬移货物，开拆或重封货物的包装。海关依据报关单进行查验，通过实际的核查和验证确定货物的性质、成分、规格、用途等，以便准确依法计征关税，进行统计归类，同时，发现海关在审单阶段难以发现的走私违法行为。具体包括查验货物存放处所、检验货物包装唛头、核对件数、指件查验、拆包或开箱、查验货物内容和提取货样等环节。

（三）缴纳出口关税

出口货物经查验情况正常的，出口企业应按规定向海关缴纳关税。目前大多数国家对绝大部分出口商品都不征收出口关税，我国也仅对小部分出口货物征收出口关税。关税由海关依据海关进出口税则征收。对需要征税的货物，应自接受申报 1 日内开出税单，并于纳税后 2 小时内办结通关手续。

（四）海关结关放行

放行是指在发货人完成出口货物的申报、查验并缴清税款后，由海关在货运单据上加盖“放行章”，以便出口企业凭以进入发货装运手续的工作环节。放行一般还包括签发出口退税报关单、签发出口收汇核销单等手续。

四、出口报关应提交的单证

出口报关单证主要包括出口货物报关单和随附单据两类。随附单据又分为四类：商业单据、货运单据、货物进出口证明和补充单证。

（1）商业单据主要指发票，发票是海关审定完税价格的重要依据。

（2）货运单据包括装箱单、装货单，海关检查单证和查验货物后，在货运单据上加盖放行章后还给报关人凭以装运货物。

（3）货物进出口证明指国家有关法律法规规定实行进出口管制的证明，如配额许可证、核销单、减免税证明等。

（4）补充单证指在办理报关手续时需要提供的海关认为必要的其他单据，主要包括合同、原产地证明、营业执照等。

五、出口报关单的缮制方法

出口货物报关单是出口企业在装运前向海关申报出口的单据，也是海关凭以征税的主要凭证。它由我国海关总署统一印制，经过出口地海关审核、签发后生效。因统计和管理的需要，不同业务性质的出口贸易分别使用不同颜色的报关单，如来料加工、补偿贸易专用绿色，进料加工专用粉色，出口退税专用黄色，三资企业专用蓝色，一般贸易专用白色，一般一式六份。

出口货物报关工作由专业报关员负责。报关单只作为海关通关放行的凭证，不是结汇单据。一般情况下，发货人应在发货 24 小时之前同时采用电子和纸质两种报关单向海关进行申报。

出口货物报关单的填制有特别的要求，它必须要符合海关的规定，并全部用中文填制而成，其中预录入编号、海关编号由出口地海关编制。

（一）预录入编号

预录入编号指预录入报关单的编号，一份报关单对应一个预录入编号，由系统自动生成。

报关单预录入编号为 18 位，其中第 1～4 位为接受申报海关的代码（海关规定的《关区代码表》中相应海关代码），第 5～8 位为录入时的公历年份，第 9 位为进出口标志（“1”为进口，“0”为出口；集中申报清单“I”为进口，“E”为出口），后 9 位为顺序编号。

（二）海关编号

海关编号指海关接受申报时给予报关单的编号，一份报关单对应一个海关编号，由系统自动生成。报关单海关编号为 18 位，其中第 1～4 位为接受申报海关的代码（海关规定的《关区代码表》中相应海关代码），第 5～8 位为海关接受申报的公历年份，第 9 位为进出口标志（“1”为进口，“0”为出口；集中申报清单“I”为进口，“E”为出口），后 9 位为顺序编号。

（三）境内发货人

填报在海关备案的对外签订并执行进出口贸易合同的中国境内法人、其他组织名称及编码。编码填报 18 位法人和其他组织统一社会信用代码，没有统一社会信用代码的，填报其在海关的备案编码。

（四）出境关别

根据货物实际出境的口岸海关，填报海关规定的《关区代码表》中相应口岸海关的名称及代码。其他无实际进出境的货物，填报接受申报的海关名称及代码。

（五）出口日期

出口日期指运载出口货物的运输工具办结出境手续的日期，在申报时免予填报。无实际进出境的货物，填报海关接受申报的日期。出口日期为 8 位数字，顺序为年（4 位）、月

(2 位)、日(2 位)。

(六)申报日期

申报日期指海关接受出口货物收发货人、受委托的报关企业申报数据的日期。以电子数据报关单方式申报的，申报日期为海关计算机系统接受申报数据时记录的日期。以纸质报关单方式申报的，申报日期为海关接受纸质报关单并对报关单进行登记处理的日期。本栏目在申报时免予填报。

申报日期为 8 位数字，顺序为年(4 位)、月(2 位)、日(2 位)。

(七)备案号

填报进出口货物收发货人、消费使用单位、生产销售单位在海关办理加工贸易合同备案或征、减、免税审核确认等手续时，海关核发的《加工贸易手册》、海关特殊监管区域和保税监管场所保税账册、《征免税证明》或其他备案审批文件的编号。

一份报关单只允许填报一个备案号。

(八)境外收货人

境外收货人通常指签订并执行出口贸易合同中的买方或合同指定的收货人，境外发货人通常指签订并执行进口贸易合同中的卖方。

填报境外收货人的名称及编码。名称一般填报英文名称，检验检疫要求填报其他外文名称的，在英文名称后填报，以半角括号分隔；对于 AEO 互认国家(地区)企业的，编码填报 AEO 编码，填报样式为："国别(地区)代码＋海关企业编码"。例如，新加坡 AEO 企业 SG123456789012(新加坡国别代码＋12 位企业编码)；非互认国家(地区)AEO 企业等其他情形，编码免予填报。

特殊情况下无境外收货人的，名称及编码填报"NO"。

(九)运输方式

运输方式包括实际运输方式和海关规定的特殊运输方式，前者指货物实际进出境的运输方式，按进出境所使用的运输工具分类；后者指货物无实际进出境的运输方式，按货物在境内的流向分类。

根据货物实际进出境的运输方式或货物在境内流向的类别，按照海关规定的《运输方式代码表》选择填报相应的运输方式。

1. 特殊情况填报要求

非邮件方式进出境的快递货物，按实际运输方式填报。

(1)进口转关运输货物，按载运货物抵达进境地的运输工具填报；出口转关运输货物，按载运货物驶离出境地的运输工具填报。

(2)不复运出(入)境而留在境内(外)销售的进出境展览品、留赠转卖物品等，填报“其他运输”(代码 9)。

(3) 进出境旅客随身携带的货物，填报“旅客携带”(代码 L)。

(4) 以固定设施(包括输油、输水管道和输电网等)运输货物的，填报“固定设施运输”(代码 G)。

2. 无实际进出境货物在境内流转时填报要求

(1) 境内非保税区运入保税区货物和保税区退区货物，填报“非保税区”(代码 0)。

(2) 保税区运往境内非保税区货物，填报“保税区”(代码 7)。

(3) 境内存入出口监管仓库和出口监管仓库退仓货物，填报“监管仓库”(代码 1)。

(4) 保税仓库转内销货物或转加工贸易货物，填报“保税仓库”(代码 8)。

(5) 从境内保税物流中心外运入中心或从中心运往境内中心外的货物，填报“物流中心”(代码 W)。

(6) 从境内保税物流园区外运入园区或从园区内运往境内园区外的货物，填报“物流园区”(代码 X)。

(7) 保税港区、综合保税区与境内(区外)(非海关特殊监管区域、保税监管场所)之间进出的货物，填报“保税港区/综合保税区”(代码 Y)。

(8) 出口加工区、珠澳跨境工业区(珠海园区)、中哈霍尔果斯边境合作中心(中方配套区)与境内(区外)(非海关特殊监管区域、保税监管场所)之间进出的货物，填报“出口加工区”(代码 Z)。

(9) 境内运入深港西部通道港方口岸区的货物以及境内进出中哈霍尔果斯边境合作中心中方区域的货物，填报“边境特殊海关作业区”(代码 H)。

(10) 经横琴新区和平潭综合实验区(以下简称综合试验区)二线指定申报通道运往境内区外或从境内经二线指定申报通道进入综合试验区的货物，以及综合试验区内按选择性征收关税申报的货物，填报“综合试验区”(代码 T)。

(11) 海关特殊监管区域内的流转、调拨货物，海关特殊监管区域、保税监管场所之间的流转货物，海关特殊监管区域与境内区外之间进出的货物，海关特殊监管区域外的加工贸易余料结转、深加工结转、内销货物，以及其他境内流转货物，填报“其他运输”(代码 9)。

(十) 运输工具名称及航次号

填报载运货物进出境的运输工具名称或编号及航次号。填报内容应与运输部门向海关申报的舱单(载货清单)所列相应内容一致。

1. 运输工具名称具体填报要求

(1) 直接在进出境地或采用全国通关一体化通关模式办理报关手续的报关单填报要求如下：

水路运输：填报船舶编号(来往港澳小型船舶为监管簿编号)或者船舶英文名称。

公路运输：启用公路舱单前，填报该跨境运输车辆的国内行驶车牌号，深圳提前报关模式的报关单填报国内行驶车牌号＋“/”＋“提前报关”。启用公路舱单后，免予填报。

铁路运输：填报车厢编号或交接单号。

航空运输：填报航班号。

邮件运输：填报邮政包裹单号。

其他运输：填报具体运输方式名称，如管道、驮畜等。

(2) 转关运输货物的报关单填报要求如下：

1) 进口。

水路运输：直转、提前报关填报“@”＋16 位转关申报单预录入号（或 13 位载货清单号）；中转填报进境英文船名。

铁路运输：直转、提前报关填报“@”＋16 位转关申报单预录入号；中转填报车厢编号。

航空运输：直转、提前报关填报“@”＋16 位转关申报单预录入号（或 13 位载货清单号）；中转填报“@”。

公路及其他运输：填报“@”＋16 位转关申报单预录入号（或 13 位载货清单号）。

以上各种运输方式使用广东地区载货清单转关的提前报关货物填报“@”＋13 位载货清单号。

2) 出口。

水路运输：非中转填报“@”＋16 位转关申报单预录入号（或 13 位载货清单号）。如多张报关单需要通过一张转关单转关的，运输工具名称字段填报“@”。中转货物，境内水路运输填报驳船船名；境内铁路运输填报车名（主管海关 4 位关区代码＋“TRAIN”）；境内公路运输填报车名（主管海关 4 位关区代码＋“TRUCK”）。

铁路运输：填报“@”＋16 位转关申报单预录入号（或 13 位载货清单号），如多张报关单需要通过一张转关单转关的，填报“@”。

航空运输：填报“@”＋16 位转关申报单预录入号（或 13 位载货清单号），如多张报关单需要通过一张转关单转关的，填报“@”。

其他运输方式：填报“@”＋16 位转关申报单预录入号（或 13 位载货清单号）。

(3) 采用“集中申报”通关方式办理报关手续的，报关单填报“集中申报”。

(4) 免税品经营单位经营出口退税国产商品的，免予填报。

(5) 无实际进出境的货物，免予填报。

2. 航次号具体填报要求

(1) 直接在进出境地或采用全国通关一体化通关模式办理报关手续的报关单。

水路运输：填报船舶的航次号。

公路运输：启用公路舱单前，填报运输车辆的 8 位进出境日期［顺序为年（4 位）、月

(2位)、日(2位),下同]。启用公路舱单后,填报货物运输批次号。

铁路运输:填报列车的进出境日期。

航空运输:免予填报。

邮件运输:填报运输工具的进出境日期。

其他运输方式:免予填报。

(2)转关运输货物的报关单。

1)进口。

水路运输:中转转关方式填报“@”+进境干线船舶航次。直转、提前报关免予填报。

公路运输:免予填报。

铁路运输:“@”+8位进境日期。

航空运输:免予填报。

其他运输方式:免予填报。

2)出口。

水路运输:非中转货物免予填报。中转货物:境内水路运输填报驳船航次号;境内铁路、公路运输填报6位启运日期[顺序为年(2位)、月(2位)、日(2位)]。

铁路拼车拼箱捆绑出口:免予填报。

航空运输:免予填报。

其他运输方式:免予填报。

(3)免税品经营单位经营出口退税国产商品的,免予填报。

(4)无实际进出境的货物,免予填报。

(十一)提运单号

填报进出口货物提单或运单的编号。一份报关单只允许填报一个提单或运单号,一票货物对应多个提单或运单时,应分单填报。

具体填报要求如下:

1. 直接在进出境地或采用全国通关一体化通关模式办理报关手续的

水路运输:填报进出口提单号。如有分提单的,填报进出口提单号+“*”+分提单号。

公路运输:启用公路舱单前,免予填报;启用公路舱单后,填报进出口总运单号。

铁路运输:填报运单号。

航空运输:填报总运单号+“_”+分运单号,无分运单的填报总运单号。

邮件运输:填报邮运包裹单号。

2. 转关运输货物的报关单

(1)进口。

水路运输:直转、中转填报提单号。提前报关免予填报。

铁路运输：直转、中转填报铁路运单号。提前报关免予填报。

航空运输：直转、中转货物填报总运单号＋“_”＋分运单号。提前报关免予填报。

其他运输方式：免予填报。

以上运输方式进境货物，在广东省内用公路运输转关的，填报车牌号。

（2）出口。

水路运输：中转货物填报提单号；非中转货物免予填报；广东省内汽车运输提前报关的转关货物，填报承运车辆的车牌号。

其他运输方式：免予填报。广东省内汽车运输提前报关的转关货物，填报承运车辆的车牌号。

3. 采用“集中申报”通关方式办理报关手续的

报关单填报归并的集中申报清单的进出口起止日期［按年（4位）月（2位）日（2位）年（4位）月（2位）日（2位）］。

无实际进出境的货物，免予填报。

（十二）货物存放地点

填报货物进境后存放的场所或地点，包括海关监管作业场所、分拨仓库、定点加工厂、隔离检疫场、企业自有仓库等。

（十三）消费使用单位/生产销售单位

（1）消费使用单位填报已知的进口货物在境内的最终消费、使用单位的名称，包括：自行进口货物的单位；委托进出口企业进口货物的单位。

（2）生产销售单位填报出口货物在境内的生产或销售单位的名称，包括：自行出口货物的单位；委托进出口企业出口货物的单位；免税品经营单位经营出口退税国产商品的，填报该免税品经营单位统一管理的免税店。

（3）减免税货物报关单的消费使用单位/生产销售单位应与《中华人民共和国海关进出口货物征免税证明》（以下简称《征免税证明》）的“减免税申请人”一致；保税监管场所与境外之间的进出境货物，消费使用单位/生产销售单位填报保税监管场所的名称［保税物流中心（B型）填报中心内企业名称］。

（4）海关特殊监管区域的消费使用单位/生产销售单位填报区域内经营企业（“加工单位”或“仓库”）。

（5）编码填报要求：填报18位法人和其他组织统一社会信用代码；无18位统一社会信用代码的，填报“NO”。

（6）进口货物在境内的最终消费或使用以及出口货物在境内的生产或销售的对象为自然人的，填报身份证号、护照号、台胞证号等有效证件号码及姓名。

（十四）监管方式

监管方式是以国际贸易中进出口货物的交易方式为基础，结合海关对进出口货物的征税、统计及监管条件综合设定的海关对进出口货物的管理方式。其代码由 4 位数字构成，前两位是按照海关监管要求和计算机管理需要划分的分类代码，后两位是参照国际标准编制的贸易方式代码。

根据实际对外贸易情况按海关规定的《监管方式代码表》选择填报相应的监管方式简称及代码。一份报关单只允许填报一种监管方式。

特殊情况下加工贸易货物监管方式填报要求如下：

（1）进口少量低值辅料（即 5 000 美元以下，78 种以内的低值辅料）按规定不使用《加工贸易手册》的，填报"低值辅料"。使用《加工贸易手册》的，按《加工贸易手册》上的监管方式填报。

（2）加工贸易料件转内销货物以及按料件办理进口手续的转内销制成品、残次品、未完成品，填制进口报关单，填报"来料料件内销"或"进料料件内销"；加工贸易成品凭《征免税证明》转为减免税进口货物的，分别填制进、出口报关单，出口报关单填报"来料成品减免"或"进料成品减免"，进口报关单按照实际监管方式填报。

（3）加工贸易出口成品因故退运进口及复运出口的，填报"来料成品退换"或"进料成品退换"；加工贸易进口料件因换料退运出口及复运进口的，填报"来料料件退换"或"进料料件退换"；加工贸易过程中产生的剩余料件、边角料退运出口，以及进口料件因品质、规格等原因退运出口且不再更换同类货物进口的，分别填报"来料料件复出""来料边角料复出""进料料件复出""进料边角料复出"。

（4）加工贸易边角料内销和副产品内销，填制进口报关单，填报"来料边角料内销"或"进料边角料内销"。

（5）企业销毁处置加工贸易货物未获得收入，销毁处置货物为料件、残次品的，填报"料件销毁"；销毁处置货物为边角料、副产品的，填报"边角料销毁"。

企业销毁处置加工贸易货物获得收入的，填报为"进料边角料内销"或"来料边角料内销"。

（6）免税品经营单位经营出口退税国产商品的，填报"其他"。

（十五）征免性质

根据实际情况按海关规定的《征免性质代码表》选择填报相应的征免性质简称及代码，持有海关核发的《征免税证明》的，按照《征免税证明》中批注的征免性质填报。一份报关单只允许填报一种征免性质。

加工贸易货物报关单按照海关核发的《加工贸易手册》中批注的征免性质简称及代码填报。特殊情况填报要求如下：

(1) 加工贸易转内销货物，按实际情况填报（如一般征税、科教用品、其他法定等）。

(2) 料件退运出口、成品退运进口货物填报“其他法定”。

(3) 加工贸易结转货物，免予填报。

(4) 免税品经营单位经营出口退税国产商品的，填报“其他法定”。

(十六) 许可证号

填报进（出）口许可证、两用物项和技术进（出）口许可证、两用物项和技术出口许可证（定向）、纺织品临时出口许可证、出口许可证（加工贸易）、出口许可证（边境小额贸易）的编号。免税品经营单位经营出口退税国产商品的，免予填报。一份报关单只允许填报一个许可证号。

(十七) 启运港

填报进口货物在运抵我国关境前的第一个境外装运港。

根据实际情况，按海关规定的《港口代码表》填报相应的港口名称及代码，未在《港口代码表》列明的，填报相应的国家名称及代码。货物从海关特殊监管区域或保税监管场所运至境内区外的，填报《港口代码表》中相应海关特殊监管区域或保税监管场所的名称及代码，未在《港口代码表》中列明的，填报“未列出的特殊监管区”及代码。其他无实际进境的货物，填报“中国境内”及代码。

(十八) 合同协议号

填报进出口货物合同（包括协议或订单）编号。未发生商业性交易的免予填报。

免税品经营单位经营出口退税国产商品的，免予填报。

(十九) 贸易国（地区）

发生商业性交易的进口填报购自国（地区），出口填报售予国（地区）。未发生商业性交易的填报货物所有权拥有者所属的国家（地区）。

按海关规定的《国别（地区）代码表》选择填报相应的贸易国（地区）中文名称及代码。

(二十) 启运国（地区）/运抵国（地区）

启运国（地区）填报进口货物起始发出直接运抵我国或者在运输中转国（地）未发生任何商业性交易的情况下运抵我国的国家（地区）。

运抵国（地区）填报出口货物离开我国关境直接运抵或者在运输中转国（地区）未发生任何商业性交易的情况下最后运抵的国家（地区）。

不经过第三国（地区）转运的直接运输进出口货物，以进口货物的装货港所在国（地区）为启运国（地区），以出口货物的指运港所在国（地区）为运抵国（地区）。

经过第三国（地区）转运的进出口货物，如在中转国（地区）发生商业性交易，则以中转国（地区）作为启运/运抵国（地区）。

按海关规定的《国别（地区）代码表》选择填报相应的启运国（地区）或运抵国（地区）中文名称及代码。

无实际进出境的货物，填报“中国”及代码。

（二十一）经停港/指运港

经停港填报进口货物在运抵我国关境前的最后一个境外装运港。

指运港填报出口货物运往境外的最终目的港；最终目的港不可预知的，按尽可能预知的目的港填报。

根据实际情况，按海关规定的《港口代码表》选择填报相应的港口名称及代码。经停港/指运港在《港口代码表》中无港口名称及代码的，可选择填报相应的国家名称及代码。无实际进出境的货物，填报“中国境内”及代码。

（二十二）入境口岸/离境口岸

入境口岸填报进境货物从跨境运输工具卸离的第一个境内口岸的中文名称及代码；采取多式联运跨境运输的，填报多式联运货物最终卸离的境内口岸中文名称及代码；过境货物填报货物进入境内的第一个口岸的中文名称及代码；从海关特殊监管区域或保税监管场所进境的，填报海关特殊监管区域或保税监管场所的中文名称及代码。其他无实际进境的货物，填报货物所在地的城市名称及代码。

离境口岸填报装运出境货物的跨境运输工具离境的第一个境内口岸的中文名称及代码；采取多式联运跨境运输的，填报多式联运货物最初离境的境内口岸中文名称及代码；过境货物填报货物离境的第一个境内口岸的中文名称及代码；从海关特殊监管区域或保税监管场所离境的，填报海关特殊监管区域或保税监管场所的中文名称及代码。其他无实际出境的货物，填报货物所在地的城市名称及代码。

入境口岸/离境口岸类型包括港口、码头、机场、机场货运通道、边境口岸、火车站、车辆装卸点、车检场、陆路港、坐落在口岸的海关特殊监管区域等。按海关规定的《国内口岸编码表》选择填报相应的境内口岸名称及代码。

（二十三）包装种类

填报进出口货物的所有包装材料，包括运输包装和其他包装，按海关规定的《包装种类代码表》选择填报相应的包装种类名称及代码。运输包装指提运单所列货物件数单位对应的包装，其他包装包括货物的各类包装，以及植物性铺垫材料等。

（二十四）件数

填报进出口货物运输包装的件数（按运输包装计）。特殊情况填报要求如下：

（1）舱单件数为集装箱的，填报集装箱个数。

（2）舱单件数为托盘的，填报托盘数。

不得填报为零，裸装货物填报为“1”。

(二十五)毛重(千克)

填报进出口货物及其包装材料的重量之和,计量单位为千克,不足一千克的填报为“1”。

(二十六)净重(千克)

填报进出口货物的毛重减去外包装材料后的重量,即货物本身的实际重量,计量单位为千克,不足一千克的填报为“1”。

(二十七)成交方式

根据进出口货物实际成交价格条款,按海关规定的《成交方式代码表》选择填报相应的成交方式代码。无实际进出境的货物,进口填报 CIF,出口填报 FOB。

(二十八)运费

填报进口货物运抵我国境内输入地点起卸前的运输费用,出口货物运至我国境内输出地点装载后的运输费用。

运费可按运费单价、总价或运费率三种方式之一填报,注明运费标记(运费标记“1”表示运费率,“2”表示每吨货物的运费单价,“3”表示运费总价),并按海关规定的《货币代码表》选择填报相应的币种代码。

免税品经营单位经营出口退税国产商品的,免予填报。

(二十九)保费

填报进口货物运抵我国境内输入地点起卸前的保险费用,出口货物运至我国境内输出地点装载后的保险费用。

保费可按保险费总价或保险费率两种方式之一填报,注明保险费标记(保险费标记“1”表示保险费率,“3”表示保险费总价),并按海关规定的《货币代码表》选择填报相应的币种代码。免税品经营单位经营出口退税国产商品的,免予填报。

(三十)杂费

填报成交价格以外的、按照《中华人民共和国进出口关税条例》相关规定应计入完税价格或应从完税价格中扣除的费用。可按杂费总价或杂费率两种方式之一填报,注明杂费标记(杂费标记“1”表示杂费率,“3”表示杂费总价),并按海关规定的《货币代码表》选择填报相应的币种代码。应计入完税价格的杂费填报为正值或正率,应从完税价格中扣除的杂费填报为负值或负率。

免税品经营单位经营出口退税国产商品的,免予填报。

(三十一)随附单证及编号

根据海关规定的《监管证件代码表》和《随附单据代码表》选择填报除本规范第十六条规定的许可证件以外的其他进出口许可证件或监管证件、随附单据代码及编号。

本栏目分为随附单证代码和随附单证编号两栏,其中代码栏按海关规定的《监管证件代码表》和《随附单据代码表》选择填报相应证件代码；随附单证编号栏填报证件编号。

（1）加工贸易内销征税报关单（使用金关二期加贸管理系统的除外），随附单证代码栏填报“c”，随附单证编号栏填报海关审核通过的内销征税联系单号。

（2）一般贸易进出口货物，只能使用原产地证书申请享受协定税率或者特惠税率（以下统称优惠税率）的（无原产地声明模式），“随附单证代码”栏填报原产地证书代码“Y”，在“随附单证编号”栏填报“＜优惠贸易协定代码＞”和“原产地证书编号”。可以使用原产地证书或者原产地声明申请享受优惠税率的（有原产地声明模式），“随附单证代码”栏填写“Y”，“随附单证编号”栏填报“＜优惠贸易协定代码＞”“C”（凭原产地证书申报）或“D”（凭原产地声明申报），以及“原产地证书编号（或者原产地声明序列号）”。一份报关单对应一份原产地证书或原产地声明。

海关特殊监管区域和保税监管场所内销货物申请适用优惠税率的，有关货物进出海关特殊监管区域和保税监管场所以及内销时，已通过原产地电子信息交换系统实现电子联网的优惠贸易协定项下货物报关单，按照上述一般贸易要求填报；未实现电子联网的优惠贸易协定项下货物报关单，“随附单证代码”栏填报“Y”，“随附单证编号”栏填报“＜优惠贸易协定代码＞”和“原产地证据文件备案号”。“原产地证据文件备案号”为进出口货物的收发货物人或者其代理人录入原产地证据文件电子信息后，系统自动生成的号码。

向香港或者澳门特别行政区出口用于生产香港 CEPA 或者澳门 CEPA 项下货物的原材料时，按照上述一般贸易填报要求填制报关单，香港或澳门生产厂商在香港工贸署或者澳门经济局登记备案的有关备案号填报在“关联备案”栏。

“单证对应关系表”中填报报关单上的申报商品项与原产地证书（原产地声明）上的商品项之间的对应关系。报关单上的商品序号与原产地证书（原产地声明）上的项目编号应一一对应，不要求顺序对应。同一批次进口货物可以在同一报关单中申报，不享受优惠税率的货物序号不填报在“单证对应关系表”中。

（3）各优惠贸易协定项下，免提交原产地证据文件的小金额进口货物“随附单证代码”栏填报“Y”，“随附单证编号”栏填报“＜优惠贸易协定代码＞XJE00000”，“单证对应关系表”享惠报关单项号按实际填报，对应单证项号与享惠报关单项号相同。

（三十二）标记唛码及备注

填报要求如下：

（1）标记唛码中除图形以外的文字、数字，无标记唛码的填报 N/M。

（2）受外商投资企业委托代理其进口投资设备、物品的进出口企业名称。

（3）与本报关单有关联关系的，同时在业务管理规范方面又要求填报的备案号，填报在电子数据报关单中“关联备案”栏。

保税间流转货物、加工贸易结转货物及凭《征免税证明》转内销货物，其对应的备案号填报在“关联备案”栏。

减免税货物结转进口（转入），“关联备案”栏填报本次减免税货物结转所申请的《中华人民共和国海关进口减免税货物结转联系函》的编号。

减免税货物结转出口（转出），“关联备案”栏填报与其相对应的进口（转入）报关单“备案号”栏中《征免税证明》的编号。

（4）与本报关单有关联关系的，同时在业务管理规范方面又要求填报的报关单号，填报在电子数据报关单中“关联报关单”栏。

保税间流转、加工贸易结转类的报关单，应先办理进口报关，并将进口报关单号填入出口报关单的“关联报关单”栏。

办理进口货物直接退运手续的，除另有规定外，应先填制出口报关单，再填制进口报关单，并将出口报关单号填报在进口报关单的“关联报关单”栏。

减免税货物结转出口（转出），应先办理进口报关，并将进口（转入）报关单号填入出口（转出）报关单的“关联报关单”栏。

（5）办理进口货物直接退运手续的，填报“＜ZT”＋“海关审核联系单号或者《海关责令进口货物直接退运通知书》编号”＋“＞”。办理固体废物直接退运手续的，填报“固体废物，直接退运表××号/责令直接退运通知书××号”。

（6）保税监管场所进出货物，在“保税/监管场所”栏填报本保税监管场所编码（保税物流中心（B型）填报本中心的国内地区代码），其中涉及货物在保税监管场所间流转的，在本栏填报对方保税监管场所代码。

（7）涉及加工贸易货物销毁处置的，填报海关加工贸易货物销毁处置申报表编号。

（8）当监管方式为“暂时进出货物”（代码2600）和“展览品”（代码2700）时，填报要求如下：

1）根据《中华人民共和国海关暂时进出境货物管理办法》（海关总署令第233号，以下简称《管理办法》）第三条第一款所列项目，填报暂时进出境货物类别，如暂进六，暂出九；

2）根据《管理办法》第十条规定，填报复运出境或者复运进境日期，期限应在货物进出境之日起6个月内，如20180815前复运进境，20181020前复运出境；

3）根据《管理办法》第七条，向海关申请对有关货物是否属于暂时进出境货物进行审核确认的，填报《中华人民共和国××海关暂时进出境货物审核确认书》编号，如＜ZS海关审核确认书编号＞，其中英文为大写字母；无此项目的，无须填报。

上述内容依次填报，项目间用“/”分隔，前后均不加空格。

4）收发货人或其代理人申报货物复运进境或者复运出境的：

货物办理过延期的，根据《管理办法》填报《货物暂时进/出境延期办理单》的海关回执编号，如：＜ZS海关回执编号＞，其中英文为大写字母；无此项目的，无需填报。

(9) 跨境电子商务进出口货物，填报“跨境电子商务”。

(10) 加工贸易副产品内销，填报“加工贸易副产品内销”。

(11) 服务外包货物进口，填报“国际服务外包进口货物”。

(12) 公式定价进口货物填报公式定价备案号，格式为：“公式定价”＋备案编号＋“@”。对于同一报关单下有多项商品的，如某项或某几项商品为公式定价备案的，则备注栏内填报为：“公式定价”＋备案编号＋“#”＋商品序号＋“@”。

(13) 进出口与《预裁定决定书》列明情形相同的货物时，按照《预裁定决定书》填报，格式为：“预裁定＋《预裁定决定书》编号”(例如：某份预裁定决定书编号为R-2-0100-2018-0001，则填报为“预裁定R-2-0100-2018-0001”)。

(14) 含归类行政裁定报关单，填报归类行政裁定编号，格式为：“c”＋四位数字编号，如c0001。

(15) 已经在进入特殊监管区时完成检验的货物，在出区入境申报时，填报“预检验”字样，同时在“关联报检单”栏填报实施预检验的报关单号。

(16) 进口直接退运的货物，填报“直接退运”字样。

(17) 企业提供ATA单证册的货物，填报“ATA单证册”字样。

(18) 不含动物源性低风险生物制品，填报“不含动物源性”字样。

(19) 货物自境外进入境内特殊监管区或者保税仓库的，填报“保税入库”或者“境外入区”字样。

(20) 海关特殊监管区域与境内区外之间采用分送集报方式进出的货物，填报“分送集报”字样。

(21) 军事装备出入境的，填报“军品”或“军事装备”字样。

(22) 申报HS为3821000000、3002300000的，属于下列情况的，填报要求为：属于培养基的，填报“培养基”字样；属于化学试剂的，填报“化学试剂”字样；不含动物源性成分的，填报“不含动物源性”字样。

(23) 属于修理物品的，填报“修理物品”字样。

(24) 属于下列情况的，填报“压力容器”“成套设备”“食品添加剂”“成品退换”“旧机电产品”等字样。

(25) 申报HS为2903890020(入境六溴环十二烷)，用途为“其他(99)”的，填报具体用途。

(26) 集装箱箱体信息填报集装箱号(在集装箱箱体上标示的全球唯一编号)、集装箱规格、集装箱商品项号关系(单个集装箱对应的商品项号，半角逗号分隔)、集装箱货重(集装箱箱体自重＋装载货物重量，千克)。

(27) 申报HS为3006300000、3504009000、3507909010、3507909090、3822001000、

3822009000，不属于“特殊物品”的，填报“非特殊物品”字样。“特殊物品”定义见《出入境特殊物品卫生检疫管理规定》（国家质量监督检验检疫总局令第160号公布，根据国家质量监督检验检疫总局令第184号、海关总署令第238号、第240号、第243号修改）。

（28）进出口列入目录的进出口商品及法律、行政法规规定须经出入境检验检疫机构检验的其他进出口商品实施检验的，填报“应检商品”字样。

（29）申报时其他必须说明的事项。

（三十三）项号

分两行填报。第一行填报报关单中的商品顺序编号；第二行填报备案序号，专用于加工贸易及保税、减免税等已备案、审批的货物，填报该项货物在《加工贸易手册》或《征免税证明》等备案、审批单证中的顺序编号。有关优惠贸易协定项下报关单填制要求按照海关总署相关规定执行。其中第二行特殊情况填报要求如下：

（1）深加工结转货物，分别按照《加工贸易手册》中的进口料件项号和出口成品项号填报。

（2）料件结转货物（包括料件、制成品和未完成品折料），出口报关单按照转出《加工贸易手册》中进口料件的项号填报；进口报关单按照转进《加工贸易手册》中进口料件的项号填报。

（3）料件复出货物（包括料件、边角料），出口报关单按照《加工贸易手册》中进口料件的项号填报；如边角料对应一个以上料件项号时，填报主要料件项号。料件退换货物（包括料件、不包括未完成品），进出口报关单按照《加工贸易手册》中进口料件的项号填报。

（4）成品退换货物，退运进境报关单和复运出境报关单按照《加工贸易手册》原出口成品的项号填报。

（5）加工贸易料件转内销货物（以及按料件办理进口手续的转内销制成品、残次品、未完成品）填制进口报关单，填报《加工贸易手册》进口料件的项号；加工贸易边角料、副产品内销，填报《加工贸易手册》中对应的进口料件项号。如边角料或副产品对应一个以上料件项号时，填报主要料件项号。

（6）加工贸易成品凭《征免税证明》转为减免税货物进口的，应先办理进口报关手续。进口报关单填报《征免税证明》中的项号，出口报关单填报《加工贸易手册》原出口成品项号，进、出口报关单货物数量应一致。

（7）加工贸易货物销毁，填报《加工贸易手册》中相应的进口料件项号。

（8）加工贸易副产品退运出口、结转出口，填报《加工贸易手册》中新增成品的出口项号。

（9）经海关批准实行加工贸易联网监管的企业，按海关联网监管要求，企业需申报报关清单的，应在向海关申报进出口（包括形式进出口）报关单前，向海关申报“清单”。

一份报关清单对应一份报关单，报关单上的商品由报关清单归并而得。加工贸易电子账册报关单中项号、品名、规格等栏目的填制规范比照《加工贸易手册》。

（三十四）商品编号

填报由10位数字组成的商品编号。前8位为《中华人民共和国进出口税则》和《中华人民共和国海关统计商品目录》确定的编码；9、10位为监管附加编号。

（三十五）商品名称及规格型号

分两行填报。第一行填报进出口货物规范的中文商品名称，第二行填报规格型号。具体填报要求如下：

(1) 商品名称及规格型号应据实填报，并与进出口货物收发货人或受委托的报关企业所提交的合同、发票等相关单证相符。

(2) 商品名称应当规范，规格型号应当足够详细，以能满足海关归类、审价及许可证件管理要求为准，可参照《中华人民共和国海关进出口商品规范申报目录》中对商品名称、规格型号的要求进行填报。

(3) 已备案的加工贸易及保税货物，填报的内容必须与备案登记中同项号下货物的商品名称一致。

(4) 对需要海关签发《货物进口证明书》的车辆，商品名称栏填报“车辆品牌＋排气量（注明cc）＋车型（如越野车、小轿车等)”。进口汽车底盘不填报排气量。车辆品牌按照《进口机动车辆制造厂名称和车辆品牌中英文对照表》中“签注名称”一栏的要求填报。规格型号栏可填报“汽油型”等。

(5) 由同一运输工具同时运抵同一口岸并且属于同一收货人、使用同一提单的多种进口货物，按照商品归类规则应当归入同一商品编号的，应当将有关商品一并归入该商品编号。商品名称填报一并归类后的商品名称；规格型号填报一并归类后商品的规格型号。

(6) 加工贸易边角料和副产品内销，边角料复出口，填报其报验状态的名称和规格型号。

(7) 进口货物收货人以一般贸易方式申报进口属于《需要详细列名申报的汽车零部件清单》（海关总署2006年第64号公告）范围内的汽车生产件的，按以下要求填报：

1）商品名称填报进口汽车零部件的详细中文商品名称和品牌，中文商品名称与品牌之间用“/”相隔，必要时加注英文商业名称；进口的成套散件或者毛坯件应在品牌后加注“成套散件”“毛坯”等字样，并与品牌之间用“/”相隔。

2）规格型号填报汽车零部件的完整编号。在零部件编号前应当加注“S”字样，并与零部件编号之间用“/”相隔，零部件编号之后应当依次加注该零部件适用的汽车品牌和车型。汽车零部件属于可以适用于多种汽车车型的通用零部件的，零部件编号后应当加注“TY”字样，并用“/”与零部件编号相隔。与进口汽车零部件规格型号相关的其他需要申报的要素，或者海关规定的其他需要申报的要素，如“功率”“排气量”等，应当在车型或“TY”之后填报，并用“/”与之相隔。汽车零部件报验状态是成套散件的，应当在“标记唛码及备注”栏内填报该成套散件装配后的最终完整品的零部件编号。

(8) 进口货物收货人以一般贸易方式申报进口属于《需要详细列名申报的汽车零部件清单》(海关总署 2006 年第 64 号公告) 范围内的汽车维修件的，填报规格型号时，应当在零部件编号前加注“W”，并与零部件编号之间用“/”相隔；进口维修件的品牌与该零部件适用的整车厂牌不一致的，应当在零部件编号前加注“WF”，并与零部件编号之间用“/”相隔。其余申报要求同上条执行。

(9) 品牌类型。品牌类型为必填项目。可选择“无品牌”(代码 0)、“境内自主品牌”(代码 1)、“境内收购品牌”(代码 2)、“境外品牌 (贴牌生产)”(代码 3)、“境外品牌 (其他)”(代码 4) 如实填报。其中，“境内自主品牌”是指由境内企业自主开发、拥有自主知识产权的品牌；“境内收购品牌”是指境内企业收购的原境外品牌；“境外品牌 (贴牌生产)”是指境内企业代工贴牌生产中使用的境外品牌；“境外品牌 (其他)”是指除代工贴牌生产以外使用的境外品牌。上述品牌类型中，除“境外品牌 (贴牌生产)”仅用于出口外，其他类型均可用于进口和出口。

(10) 出口享惠情况。出口享惠情况为出口报关单必填项目。可选择“出口货物在最终目的国 (地区) 不享受优惠关税”“出口货物在最终目的国 (地区) 享受优惠关税”“出口货物不能确定在最终目的国 (地区) 享受优惠关税”如实填报。进口货物报关单不填报该申报项。

(11) 申报进口已获 3C 认证的机动车辆时，填报以下信息：

1) 提运单日期。填报该项货物的提运单签发日期。

2) 质量保质期。填报机动车的质量保证期。

3) 发动机号或电机号。填报机动车的发动机号或电机号，应与机动车上打刻的发动机号或电机号相符。纯电动汽车、插电式混合动力汽车、燃料电池汽车为电机号，其他机动车为发动机号。

4) 车辆识别代码 (VIN)。填报机动车车辆识别代码，须符合国家强制性标准《道路车辆 车辆识别代号 (VIN)》(GB 16735) 的要求。该项目一般与机动车的底盘 (车架号) 相同。

5) 发票所列数量。填报对应发票中所列进口机动车的数量。

6) 品名 (中文名称)。填报机动车中文品名，按《进口机动车辆制造厂名称和车辆品牌中英文对照表》(原质检总局 2004 年 52 号公告) 的要求填报。

7) 品名 (英文名称)。填报机动车英文品名，按《进口机动车辆制造厂名称和车辆品牌中英文对照表》(原质检总局 2004 年 52 号公告) 的要求填报。

8) 型号 (英文)。填报机动车型号，与机动车产品标牌上整车型号一栏相符。

(12) 进口货物收货人申报进口属于实施反倾销反补贴措施货物的，填报“原厂商中文名称”“原厂商英文名称”“反倾销税率”“反补贴税率”和“是否符合价格承诺”等计税必要信息。

格式要求为：“|<><><><><>”。“|”“<”和“>”均为英文半角符号。第一个“|”为在规格型号栏目中已填报的最后一个申报要素后系统自动生成或人工录入的分割符（若相关商品税号无规范申报填报要求，则需要手工录入“|”），“|”后面5个“<>”内容依次为“原厂商中文名称”“原厂商英文名称（如无原厂商英文名称，可填报以原厂商所在国或地区文字标注的名称，具体可参照商务部实施贸易救济措施相关公告中对有关原厂商的外文名称写法）”“反倾销税率”“反补贴税率”“是否符合价格承诺”。其中，“反倾销税率”和“反补贴税率”填写实际值，例如，税率为30%，填写“0.3”。“是否符合价格承诺”填写“1”或者“0”，“1”代表“是”，“0”代表“否”。填报时，5个“<>”不可缺项，如第3、4、5项“<>”中无申报事项，相应的“<>”中内容可以为空，但“<>”需要保留。

(三十六) 数量及单位

分三行填报。

(1) 第一行按进出口货物的法定第一计量单位填报数量及单位，法定计量单位以《中华人民共和国海关统计商品目录》中的计量单位为准。

(2) 凡列明有法定第二计量单位的，在第二行按照法定第二计量单位填报数量及单位。无法定第二计量单位的，第二行为空。

(3) 成交计量单位及数量填报在第三行。

(4) 法定计量单位为“千克”的数量填报，特殊情况下填报要求如下：

1) 装入可重复使用的包装容器的货物，按货物扣除包装容器后的重量填报，如罐装同位素、罐装氧气及类似品等。

2) 使用不可分割包装材料和包装容器的货物，按货物的净重填报（即包括内层直接包装的净重重量），如采用供零售包装的罐头、药品及类似品等。

3) 按照商业惯例以公量重计价的商品，按公量重填报，如未脱脂羊毛、羊毛条等。

4) 采用以毛重作为净重计价的货物，可按毛重填报，如粮食、饲料等大宗散装货物。

5) 采用零售包装的酒类、饮料、化妆品，按照液体/乳状/膏状/粉状部分的重量填报。

(5) 成套设备、减免税货物如需分批进口，货物实际进口时，按照实际报验状态确定数量。

(6) 具有完整品或制成品基本特征的不完整品、未制成品，根据《商品名称及编码协调制度》归类规则按完整品归类的，按照构成完整品的实际数量填报。

(7) 已备案的加工贸易及保税货物，成交计量单位必须与《加工贸易手册》中同项号下货物的计量单位一致，加工贸易边角料和副产品内销、边角料复出口，填报其报验状态的计量单位。

(8) 优惠贸易协定项下进出口商品的成交计量单位必须与原产地证书上对应商品的计量单位一致。

(9) 法定计量单位为立方米的气体货物，折算成标准状况（即摄氏零度及1个标准大气压）下的体积进行填报。

(三十七) 单价

填报同一项号下进出口货物实际成交的商品单位价格。无实际成交价格的，填报单位货值。

(三十八) 总价

填报同一项号下进出口货物实际成交的商品总价格。无实际成交价格的，填报货值。

(三十九) 币制

按海关规定的《货币代码表》选择相应的货币名称及代码填报，如《货币代码表》中无实际成交币种，需将实际成交货币按申报日外汇折算率折算成《货币代码表》列明的货币填报。

(四十) 原产国（地区）

原产国（地区）依据《中华人民共和国进出口货物原产地条例》《中华人民共和国海关关于执行〈非优惠原产地规则中实质性改变标准〉的规定》以及海关总署关于各项优惠贸易协定原产地管理规章规定的原产地确定标准填报。同一批进出口货物的原产地不同的，分别填报原产国（地区）。进出口货物原产国（地区）无法确定的，填报“国别不详”。

按海关规定的《国别（地区）代码表》选择填报相应的国家（地区）名称及代码。

(四十一) 最终目的国（地区）

最终目的国（地区）填报已知的进出口货物的最终实际消费、使用或进一步加工制造国家（地区）。不经过第三国（地区）转运的直接运输货物，以运抵国（地区）为最终目的国（地区）；经过第三国（地区）转运的货物，以最后运往国（地区）为最终目的国（地区）。同一批进出口货物的最终目的国（地区）不同的，分别填报最终目的国（地区）。进出口货物不能确定最终目的国（地区）时，以尽可能预知的最后运往国（地区）为最终目的国（地区）。

按海关规定的《国别（地区）代码表》选择填报相应的国家（地区）名称及代码。

(四十二) 境内目的地/境内货源地

境内目的地填报已知的进口货物在国内的消费、使用地或最终运抵地，其中最终运抵地为最终使用单位所在的地区。最终使用单位难以确定的，填报货物进口时预知的最终收货单位所在地。

境内货源地填报出口货物在国内的产地或原始发货地。出口货物产地难以确定的，填报最早发运该出口货物的单位所在地。

海关特殊监管区域、保税物流中心（B型）与境外之间的进出境货物，境内目的地/境内货源地填报本海关特殊监管区域、保税物流中心（B型）所对应的国内地区。

按海关规定的《国内地区代码表》选择填报相应的国内地区名称及代码。境内目的地还需根据《中华人民共和国行政区划代码》选择填报其对应的县级行政区名称及代码。无下属区县级行政区的，可选择填报地市级行政区。

（四十三）征免

按照海关核发的《征免税证明》或有关政策规定，对报关单所列每项商品选择海关规定的《征减免税方式代码表》中相应的征减免税方式填报。

加工贸易货物报关单根据《加工贸易手册》中备案的征免规定填报；《加工贸易手册》中备案的征免规定为“保金”或“保函”的，填报“全免”。

（四十四）特殊关系确认

根据《中华人民共和国海关审定进出口货物完税价格办法》（以下简称《审价办法》）第十六条，填报确认进出口行为中买卖双方是否存在特殊关系，有下列情形之一的，应当认为买卖双方存在特殊关系，应填报“是”，反之则填报“否”：

（1）买卖双方为同一家族成员的。

（2）买卖双方互为商业上的高级职员或者董事的。

（3）一方直接或者间接地受另一方控制的。

（4）买卖双方都直接或者间接地受第三方控制的。

（5）买卖双方共同直接或者间接地控制第三方的。

（6）一方直接或者间接地拥有、控制或者持有对方5%以上（含5%）公开发行的有表决权的股票或者股份的。

（7）一方是另一方的雇员、高级职员或者董事的。

（8）买卖双方是同一合伙的成员的。

买卖双方在经营上相互有联系，一方是另一方的独家代理、独家经销或者独家受让人，如果符合前款的规定，也应当视为存在特殊关系。

出口货物免予填报，加工贸易及保税监管货物（内销保税货物除外）免予填报。

（四十五）价格影响确认

根据《审价办法》第十七条，填报确认纳税义务人是否可以证明特殊关系未对进口货物的成交价格产生影响，纳税义务人能证明其成交价格与同时或者大约同时发生的下列任何一款价格相近的，应视为特殊关系未对成交价格产生影响，填报“否”，反之则填报“是”：

（1）向境内无特殊关系的买方出售的相同或者类似进口货物的成交价格。

（2）按照《审价办法》第二十三条的规定所确定的相同或者类似进口货物的完税价格。

(3) 按照《审价办法》第二十五条的规定所确定的相同或者类似进口货物的完税价格。

出口货物免予填报，加工贸易及保税监管货物（内销保税货物除外）免予填报。

(四十六) 支付特许权使用费确认

根据《审价办法》第十一条和第十三条，填报确认买方是否存在向卖方或者有关方直接或者间接支付与进口货物有关的特许权使用费，且未包括在进口货物的实付、应付价格中。

买方存在需向卖方或者有关方直接或者间接支付特许权使用费，且未包含在进口货物实付、应付价格中，并且符合《审价办法》第十三条的，在"支付特许权使用费确认"栏目填报"是"。

买方存在需向卖方或者有关方直接或者间接支付特许权使用费，且未包含在进口货物实付、应付价格中，但纳税义务人无法确认是否符合《审价办法》第十三条的，填报"是"。

买方存在需向卖方或者有关方直接或者间接支付特许权使用费且未包含在实付、应付价格中，纳税义务人根据《审价办法》第十三条，可以确认需支付的特许权使用费与进口货物无关的，填报"否"。

买方不存在向卖方或者有关方直接或者间接支付特许权使用费的，或者特许权使用费已经包含在进口货物实付、应付价格中的，填报"否"。

出口货物免予填报，加工贸易及保税监管货物（内销保税货物除外）免予填报。

(四十七) 自报自缴

进出口企业、单位采用"自主申报、自行缴税"（自报自缴）模式向海关申报时，填报"是"；反之则填报"否"。

(四十八) 申报单位

自理报关的，填报进出口企业的名称及编码；委托代理报关的，填报报关企业名称及编码。编码填报18位法人和其他组织统一社会信用代码。

报关人员填报在海关备案的姓名、编码、电话，并加盖申报单位印章。

(四十九) 海关批注及签章

供海关作业时签注。

相关用语的含义：

报关单录入凭单：指申报单位按报关单的格式填写的凭单，用作报关单预录入的依据。该凭单的编号规则由申报单位自行决定。

预录入报关单：指预录入单位按照申报单位填写的报关单凭单录入、打印由申报单位向海关申报，海关尚未接受申报的报关单。

报关单证明联：指海关在核实货物实际进出境后按报关单格式提供的，用作进出口货物收发货人向国税、外汇管理部门办理退税和外汇核销手续的证明文件。

出口货物报关单样单如表5-3所示。

表 5-3

中华人民共和国海关出口货物报关单

预录入编号：　　　　海关编号：（××海关）　　　　页码/页数：

境内发货人	出境关别		出口日期		申报日期		备案号	
境外收货人	运输方式		运输工具名称及航次号		提运单号			
生产销售单位	监管方式		征免性质		许可证号			
合同协议号	贸易国（地区）		运抵国（地区）		指运港		离境口岸	
包装种类	件数	毛重（千克）	净重（千克）	成交方式	运费	保费	杂费	
随附单证及编号								
标记唛码及备注								
项号	商品编号	商品名称及规格型号	数量及单位	单价/总价/币制	原产国（地区）	最终目的国（地区）	境内货源地	征免
特殊关系确认：否		价格影响确认：否		支付特许权使用费确认：否			自报自缴：	
报关人员	报关人员证号	兹声明对以上内容承担如实申报、依法纳税之法律责任			海关批注及签章			
申报单位				申请单位（签章）				

实战演练

1. 填制出口货物报检单

解析

根据销售合同（见表 5－4）和信用证（见表 5－5）内容制作出口货物报检单。

表 5－4　　　　　　　　　　　　销售合同

SALES CONTRACT

No.：MAUR 051229
Date：DEC. 29，2018
Place：WUHAN，CHINA

Sellers：WUHAN VANJOIN IMPORT & EXPORT TRADE CORPORATION

Add：A-301，BUILDING 6，ADVANCED BUSINESS PARK，GUTIAN 2RD，QIAOKOU DISTRICT，WUHAN，HUBEI，CHINA

Buyers：THE MAURITIUS DEVELOPMENT INVESTMENT TRUST CO.，LTD.

Add：7TH FLOOR，ANGLO MAURITIUS HOUSE，PORT LOUIS，MAURITIUS

This contract is made by and between the Buyers and the Sellers，whereby the Buyers agree to buy and the Sellers agree to sell the undermentioned commodity according to the terms and conditions stipulated below：

Description of Goods	Quantity	Unit Price	Amount
CAST IRON MANHOLE COVERS AND FRAMES BLACK BITUMEN COATED 'HB' BRAND SPECIFICATION（SINGLE SEA，LIGHT DUTY）		CIF PORT LOUIS USD/SET	
（1）450 MM×600 MM 23 KG，700 SETS	1,200 SETS	11.50	USD 8,050.00
（2）450 MM×450 MM 15 KG，200 SETS		7.50	USD 1,500.00
（3）375 MM×375 MM 12 KG，100 SETS		6.00	USD 600.00
（4）300 MM×300 MM 7 KG，100 SETS		3.50	USD 350.00
（5）450 MM×600 MM 5 KG，100 SETS		2.50	USD 250.00
TOTAL：　　1,200 SETS 10% more or less allowed on the quantity and total value.			USD 10,750.00

1. Date of Shipment：MARCH，2019
2. Port of Loading：SHANGHAI　　　Port of Destination：PORT LOUIS
3. Shipping Mark：N/M
4. Partial Shipments are Allowed or Not：Yes
5. Transhipment is Allowed or Not：Yes
6. Terms of Payment：

By confirmed and transferable Letter of Credit established before JAN. 2019 in favour of the Sellers，available by the Sellers' documentary draft at sight / at ______________ days after sight，to be valid for negotiation in China until 15 days after the date of shipment.

7. Insurance：

To be covered by the Sellers for 110% of the invoice value against ALL RISKS AND WAR RISK AND STRIKES with PICC subject to THE MARINE CARGO CLAUSES DATE JAN. 1，1981 of CIC or ICC.

8. Inspection：

It is mutually agreed that the Certificate Of Quality And Quantity Or Weight issued by CIQ（Entry-Exit Inspection And Quarantine Bureau of the People's Republic of China）shall be regarded as final and binding upon both parties.

9. Force Majeure：

The Sellers shall not be held responsible for any delay in shipment or non-delivery of the goods due to

Force Majeure, but shall notify the buyers immediately of such occurrence by telex and within 14 days therefrom send by registered airmail, if so requested by the Buyers, a certificate issued by China Chamber of Commerce or any local competent authorities as evidence thereof. Under such circumstances, the Sellers, however, are still under the obligation to hasten delivery of the goods.

10. Arbitration:

All disputes in connection with the execution of this Sales Contract shall be settled through friendly negotiation. In case no settlement can be reached, the disputes shall be submitted for arbitration to the Foreign Trade Arbitration Commission of the China Council for the Promotion of International Trade, Beijing, China, in accordance with its Provisional Rules of Procedure. The arbitration award shall be accepted as final and binding upon both parties. The arbitration expenses shall be borne by the losing Party unless awarded by the arbitration commission.

11. This contract comes into force on the date of signature of both parties.

The original contract is made in duplicate, one for each party.

表 5-5　　信用证

JAN. 13, 2019　　09:36:32

MT: S 700 ISSUE OF DOCUMENTARY CREDIT PAGE 00001

FUNC SWPR3

UMR 00182387

MAGACK DWS7651 AUTH OK, KEY B19604214 FAEA9B2, BKCHCHBJ MCBLMUMU

RECORD BASIC HEADER 0 700 1547 060112 MCBLMUMUAXXX 0863 303752060112 1907 N

USER HEADER	* MAURITIUS COMMERCIAL BANK LTD. * PORT LOUIS BANK. PRIORITY 113: MSG USER REF. 108: INFO. FROM		
SEQUENCE OF TOTAL	* 27	:	1/1
FORM OF DOC. CREDIT	* 40A	:	IRREVOCABLE
DOC. CREDIT NUMBER	* 20	:	ILS06/00060
DATE OF ISSUE	31C	:	190112
DATE AND PLACE OF EXPIRY	* 31D	:	DATE 190331 PLACE CHINA
APPLICANT	* 50	:	THE MAURITIUS DEVELOPMENT INVESTMENT TRUST CO., LTD. 7TH FLOOR, ANGLO MAURITIUS HOUSE, PORT LOUIS, MAURITIUS
BENEFICIARY	* 59	:	WUHAN VANJOIN IMPORT & EXPORT TRADE CORPORATION A-301, BUILDING 6, ADVANCED BUSINESS PARK, GUTIAN 2RD, QIAOKOU DISTRICT, WUHAN, HUBEI, CHINA
AMOUNT	* 32B	:	CURRENCY USD 10750,00
AVAILABLE WITH…BY…	* 41D	:	ANY BANK IN CHINA BY NEGOTIATION
DRAFTS AT…	42C	:	SIGHT
DRAWEE	42A	:	MCBLMUMUXXX

PARTIAL SHIPMENTS	43P :	ALLOWED
TRANSHIPMENT	43T :	ALLOWED
LOADING IN CHARGE	44A :	SHANGHAI, CHINA
FOR TRANSPORT TO	44B :	PORT LOUIS
LATEST DATE OF SHIPMENT	44C :	190310
DESCRIPTING OF GOODS	45A :	

1200 SETS CAST IRON MANHOLE COVERS AND FRAMES TO BS 497/79
BLACK BITUMEN COATED "HB" BRAND AS PER S/C No. MAUR 051229 DD 29/12/2018

DOCUMENTS REQUIRED 46A :

+3 NON-NEGOTIABLE COPIES CLEAN ON BOARD MARINE BILL OF LADING MADE OUT TO THE ORDER OF THE MAURITIUS COMMERCIAL BANK LTD. PORT LOUIS MAURITIUS, MARKED FREIGHT PREPAID, NOTIFY LAI SAN AND CO 121 LOUIS PASTEUR STREET PORT LOUIS MAURITIUS.

+COMMERCIAL INVOICE IN TRIPLICATE DULY STAMPED AND SIGNED SHOWING SEPARATELY FOB VALUE OF GOODS, FREIGHT CHARGES, AND INSURANCE PREMIUM AS WELL AS NET WEIGHTS AND MEASUREMENT OF GOODS, AND MENTIONING "WE HEREBY CERTIFY THAT THE PARTICULARS GIVEN IN THE INVOICE ARE TRUE AND CORRECT AND THAT NO DIFFERENT INVOICE IN RESPECT OF THE GOODS HAS BEEN OR WILL BE ISSUED".

+DETAILED PACKING LIST ORIGINAL +3 FOLDS.

+FUMIGATION CERTIFICATE IN DUPLICATE.

+INSURANCE POLICY / CERTIFICATE DULY ENDORSED IF APPLICABLE COVERING RISKS AS PER INSTITUTE CARGO CLAUSES A WAR AND STRIKES AS PER INSTITUTE CLAUSES UP TO MAURITIUS CLAIMS PAYABLE IN MAURITIUS WITH NO EXCESS.

ADDITIONAL COND. 47A :

(1) DOCUMENTS TO BE ISSUED IN ENGLISH.

(2) INVOICE AND BILL OF LADING TO BEAR OUR L/C REFERENCE.

(3) A COMMISSION OF 5 PERCENT PAYABLE TO WILL BE DEDUCTED FROM CIF VALUE.

(4) IN CASE OF PRESENTATION OF DISCREPANT DOCUMENTS, A DISCREPANCY FEE OF USD 60 PER SET OF DOCUMENTS SHALL BE LEVIED.

(5) ONE EXTRA COPY OF INVCICE AND TRANSPORT DOCUMENT REQUIRED FOR OUR FILE.

DETAILS OF CHARGES	71B :	ALL BANK CHARGES OUTSIDE MAURITIUS INCLUDING REIMBURSEMENT COMMISSIONS ARE FOR ACCOUNT OF BENEFICIARY.
CONFIRMATION	*49 :	WITHOUT
INSTRUCTIONS	78 :	

+PLEASE SEND DOCUMENTS BY COURIER SEVICE TO THE MAURITIUS COMMERCIAL BANK LIMITED, SIR WILLIAM NEWTON STREED, PORT LOUIS, MAURITIUS.

+WE WILL REMIT PROCEEDS AS INSTRUCTED PROVIDED THAT ALL DOCUMENTS ARE IN CONFORMITY WITH L/C TERMS.

TRAILER : MAC: FC832009
CHK: 63CAF9C19
LOGICAL TERMINAL P005

2. 填制出口货物报关单

根据表 5-4 中的合同及表 5-5 中信用证相关资料填制出口货物报关单。

表 5-6

中华人民共和国海关出口货物报关单

预录入编号：　　海关编号：　　（××海关）　　页码/页数：

境内发货人 武汉金俊进出口贸易有限公司 4201910521	出境关别 上海海关		出口日期 2019-02-05		申报日期 2019-02-02	备案号
境外收货人	运输方式 海运		运输工具名称及航次号		提运单号	
生产销售单位 武汉金俊进出口贸易有限公司 4201910521	监管方式 一般贸易		征免性质 一般征税		许可证号	
合同协议号 MAUR051229	贸易国（地区） 毛里求斯		运抵国（地区） 毛里求斯		指运港 路易斯港	离境口岸
包装种类 托盘	件数 21	毛重（千克） 21 210 KG	净重（千克） 21 000 KG	成交方式 CIF	运费 USD 1 600.00	保费 USD 40.00 　杂费
随附单证及编号						
标记唛码及备注 N/M						

项号	商品编号	商品名称及规格型号	数量及单位	单价/总价/币制	原产国（地区）	最终目的国（地区）	境内货源地	征免
1	7325.109	铸铁盖板 450 MM×600 MM	1200sets 23 KG，700 SETS	美元	中国	毛里求斯	深圳市翔达电声器材厂	照章征税（1）
2	7325.109	铸铁盖板 450 MM×450 MM	15 KG，200 SETS	美元	中国	毛里求斯	深圳市翔达电声器材厂	照章征税（1）
3	7325.109	铸铁盖板 375 MM×375 MM	12 KG，100 SETS	美元	中国	毛里求斯	深圳市翔达电声器材厂	照章征税（1）
4	7325.109	铸铁盖板 300 MM×300 MM	7 KG，100 SETS	美元	中国	毛里求斯	深圳市翔达电声器材厂	照章征税（1）
5	7325.109	铸铁盖饭 450 MM×600 MM	5 KG，100 SETS	美元	中国	毛里求斯	深圳市翔达电声器材厂	照章征税（1）
6								

特殊关系确认：否	价格影响确认：否	支付特许权使用费确认：否	自报自缴：
报关人员　报关人员证号	兹申明对以上内容承担如实申报、依法纳税责任		海关批注及签章
申报单位　武汉金俊进出口贸易有限公司 4201910521	申报单位（签章）		

巩固练习

1. 填制出境货物报检单

根据合同（见表 5－7）、信用证（见表 5－8）和补充资料（见表 5－9）填制出境货物报检单，要求出具品质检验证明书。

解析

表 5－7　　合同

SHANGHAI TOOL IMPORT & EXPORT CO., LTD.
31, GANXIANG ROAD, SHANGHAI, CHINA

SALES CONTRACT

TEL: 021-65756156　　S/C No.: RT05342
FAX: 021-65756155　　DATE: MAR. 20, 2019
E-MAIL: STI@168. COM　　P/I No.: 2019032
TO: MAMUT ENTERPRISE SA
TARRAGONA75-3ER, BARCELONA, SPAIN

Dear sirs,

We hereby confirm having sold to you the following goods on terms and conditions as specified below:

Marks & No.	Description of Goods	Quantity	Unit Price	Amount
M. E BARCELONA C/No. 1-515	HAND TOOLS		FOB SHANGHAI USD/SET	
	(1) 9 pc extra long hex key set Packing: plastic carton	1,200 SETS	1.76	USD 2,112
	(2) 8 pc double offset ring spanner Packing: plastic carton	1,200 SETS	3.10	USD 3,720
	(3) 12 pc double offset ring spanner Packing: plastic carton	800 SETS	7.50	USD 6,000
	(4) 12 pc combination spanner Packing: plastic carton	1,200 SETS	3.55	USD 4,260
	(5) 10 pc combination spanner Packing: plastic carton	1,000 SETS	5.80	USD 5,800

Payment: IRREVOCABLE L/C 30 DAYS AFTER SIGHT.
Our bank information is as follows:
1. Beneficiary: SHANGHAI TOOL IMPORT & EXPORT CO., LTD.
2. Bank Name: BANK OF CHINA SHANGHAI BRANCH
3. Account No.: 97148090235684
4. Swift Code: BKCHCNBJ300

The buyer:　　The seller:
MAMUT ENTERPRISE SA　　SHANGHAI TOOL IMPORT & EXPORT CO., LTD.

表 5-8　　　　　　信用证

SEQUENCE OF TOTAL	*27 :	1/1
FORM OF DOC. CREDIT	*40A :	IRREVOCABLE
DOC. CREDIT NUMBER	*20 :	31173
DATE OF ISSUE	31C :	190401
DATE AND PLACE OF EXPIRY	*31D :	DATE 190531 PLACE CHINA
APPLICANT	*50 :	MAMUT ENTERPRISE SA TARRAGONA75-3ER BARCELONA, SPAIN
ISSUING BANK	52A :	CREDIT ANDORRA ANDORRALA VELLA, ANDORRA
BENEFICIARY	*59 :	SHANGHAI TOOL IMPORT & EXPORT CO., LTD. 31, GANXIANG ROAD, SHANGHAI, CHINA
AMOUNT	*32B :	CURRENCY USD 21892,00
AVAILABLE WITH… BY…	*41D :	ANY BANK IN CHINA BY NEGOTIATION
DRAFTS AT…	42C :	30 DAYS AFTER SIGHT
DRAWEE	42A :	CREDIT ANDORRA ANDORRALA VELLA, ANDORRA
PARTIAL SHIPMENTS	43P :	NOT ALLOWED
TRANSHIPMENT	43T :	ALLOWED
LOADING IN CHARGE	44A :	SHANGHAI
FOR TRANSPORT TO	44B :	BARCELONA (SPAIN)
LATEST DATE OF SHIPMENT	44C :	190510
DESCRIPTION OF GOODS	45A :	HAND TOOLS AS PER PROFORMA INVOICE No. 2019032 DATED MARCH 10, 2019 FOB SHANGHAI
DOCUMENTS REQUIRED	46A :	

+FULL SET OF B/L, (2 ORIGINAL AND 5 COPIES) CLEAN ON BOARD, MARKED "FREIGHT COLLECT", CONSIGNED TO: MAMUT ENTERPRISE SA, TARRAGONA75-3ER, BARCELONA, SPAIN, TEL+376-823-323, FAX+376-860-914～860-807, NOTIFY: BLUE WATER SHIPPING ESPANA, ER 2NA, A, 08003 BARCELONA (SPAIN) TEL+34-93-295-4848, FAX+34-93-268-1681.

+SIGNED COMMERCIAL INVOICE, 1 ORIGINAL AND 4 COPIES.

+PACKING LIST, 1 ORIGINAL AND 4 COPIES.

+CERTIFICATE OF ORIGIN GSP CHINA FORM A, ISSUED BY THE CHAMBER OF COMMERCE OR OTHER AUTHORITY DULY ENTITLED FOR THIS PURPOSE.		
DETAILS OF CHARGES	71B :	ALL BANK CHARGES OUTSIDE SPAIN ARE FOR ACCOUNT OF BENEFICIARY.
PERIOD FOR PRESENTATION	48 :	DOCUMENTS MUST BE PRESENTED WITHIN 15 DAYS AFTER THE DATE OF SHIPMENT BUT WITHIN THE VALIDITY OF THE CREDIT.

表 5-9 **补充资料**

1.

PACKING	G. W	N. W	MEAS
(1) 9 pc extra long hex key set Packed in 1 plastic carton of 10 sets each	20 KGS/CTN	18 KGS/CTN	0.2 CBM/CTN
(2) 8 pc double offset ring spanner Packed in 1 plastic carton of 16 sets each	20 KGS/CTN	18 KGS/CTN	0.2 CBM/CTN
(3) 12 pc double offset ring spanner Packed in 1 plastic carton of 8 sets each	19 KGS/CTN	17 KGS/CTN	0.2 CBM/CTN
(4) 12 pc combination spanner Packed in 1 plastic carton of 10 sets each	19 KGS/CTN	17 KGS/CTN	0.2 CBM/CTN
(5) 10 pc combination spanner Packed in 1 plastic carton of 10 sets each	18 KGS/CTN	16 KGS/CTN	0.2 CBM/CTN

2. Invoice No.: TY034
3. H. S. CODE: 8204110000
4. 注册号: 66778W
5. CERTIFICATE No.: 1283890096
6. B/L No.: CSC04118
7. B/L DATE: MAY. 10, 2019
8. VESSEL: DONGFAN V. 112
9. 集装箱号: COSU1234501; COSU1234502; COSU1234503
10. 报检单位登记号: 1361845216
11. 报检单编号: ST5216
12. 生产单位注册号: 1377886611
13. 上海工具进出口公司海关注册号: 1387124675

2. 填制出口货物报关单

根据表 5-7 中的合同及表 5-8 中信用证填制出口货物报关单（见表 5-10）。

表 5－10

中华人民共和国海关出口货物报关单

预录入编号：　　海关编号：（××海关）　　页码/页数：

境内发货人	出境关别		出口日期		申报日期		备案号
境外收货人	运输方式		运输工具名称及航次号		提运单号		
生产销售单位	监管方式		征免性质		许可证号		
合同协议号	贸易国（地区）		运抵国（地区）		指运港		离境口岸
包装种类	件数	毛重（千克）	净重（千克）	成交方式	运费	保费	杂费
随附单证及编号							
标记唛码及备注							

项号	商品编号	商品名称及规格型号	数量及单位	单价/总价/币制	原产国（地区）	最终目的国（地区）	境内货源地	征免

特殊关系确认：否　　价格影响确认：否　　支付特许权使用费确认：否　　自报自缴：

报关人员　报关人员证号　兹声明对以上内容承担如实申报、依法纳税之法律责任 申报单位　申请单位（签章）	海关批注及签章

学习评价

表 5－11　学习评价

任务要求	技术要求	分值	评分细则	评分记录
读懂合同及信用证	了解合同及信用证的主要内容及进出口货物报检条款内容	20 分	对合同及信用证主要条款及进出口货物报检条款的翻译是否正确、全面，不能说出其中一个条款者扣 5 分	
了解货物报关的基本程序	能画出货物报关流程图并口述流程	20 分	流程图不准确，每项扣 4 分，口述流程错误或漏项，每项扣 4 分	
读懂合同及信用证	了解合同及信用证的主要内容及进出口货物报关条款内容	20 分	对合同及信用证主要条款及进出口货物报关条款的翻译是否正确、全面，不能说出其中一个条款者扣 5 分	
完成货物报关单的缮制	货物进出口报关单内容填制的准确性	40 分	项目内容填制不准确或错误，每项扣 4 分	

项目小结

法定检验检疫的出境货物应当在规定的地点和期限向出入境检验检疫机构报检，报检时须持填制合格的报检单及随附单证。

出口货物的发货人在货物抵达海关监管区后，在装货的 24 小时前须向出境地海关进行申报，交验相关的单证，配合海关检验，办理出境手续。一般贸易出口货物通关的基本程序为申报、查验、征税、放行。为使出口货物能够顺利通关，出口货物的发货人必须准备好各种交验的单证文件，主要包括五类：出口货物报关单、商业单据、货运单据、货物进出口证明和补充单证。

项目六 制作结汇单证

知识目标

熟练理解信用证中有关商业发票、装箱单、汇票、海运提单、保险单、产地证及其他结汇单据的条款；了解国际货物运输保险的投保方式和投保程序；了解普惠制产地证的作用、填制要求及申请签证程序；掌握商业发票、装箱单、汇票、海运提单、保险单、产地证及其他结汇单据的主要内容及制作要点。

能力目标

能读懂外贸合同和信用证中关于商业发票、装箱单、汇票、海运提单、保险单、产地证及其他结汇单据的条款；能根据要求正确制作商业发票、装箱单、汇票、海运提单、保险单、产地证及其他结汇单据。

项目导入

我方对外发盘售轴承 800 套，分别为：101 号/200 套、102 号/100 套、103 号/200 套、104 号/300 套，限 9 月 20 日复到有效。对方在发盘的有效期内来电表示接受，并附第 1080 号订单一份。订单内表明的规格为：101 号/200 套、102 号/200 套、103 号/300 套、104 号/100 套。我方对来电未做处理。数天后收到对方开来的信用证，证内对规格未做详细规定，仅注明："as per our order No. 1080." 我方凭证按原发盘的规格、数量装运出口，商业发票上注明："as per order No. 1080."

交单结汇业务流程如图 6-1 所示。

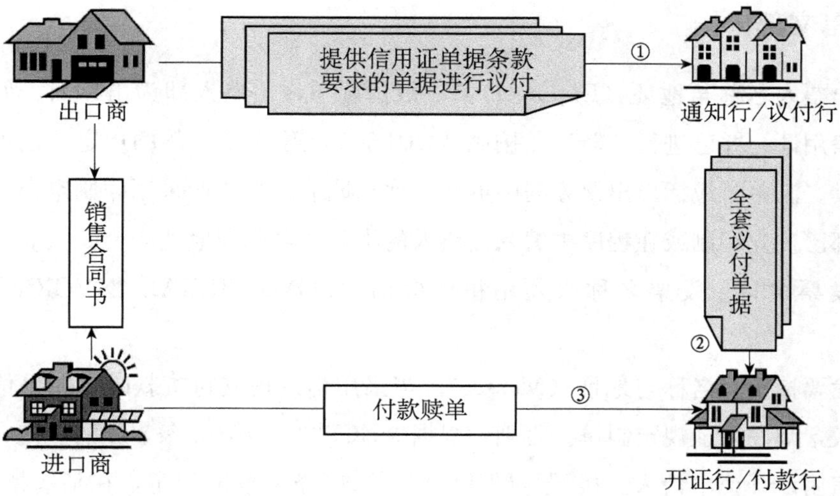

图6-1　交单结汇业务流程

解读：

(1) 出口商缮制商业汇票并持信用证规定的全套单据至议付行进行议付，在此过程中只有做到单证一致、单单一致和单同一致，才能顺利结汇。

(2) 议付行对议付单据进行审核，核准无误后给予议付，如有不符点，出口商必须修正。

(3) 开证行对议付单据进行审核，核准无误后按照信用证规定的索偿路线付款，如有不符点，可以拒付。

(4) 进口商审核单据无误后付款赎单，然后办理进口货物报检、报关及提货手续。

课件：制作商业发票

任务1　制作商业发票

商业发票是全套出口单据的核心，列示了货物的详细情况。只有掌握货物的详细情况才能安排运输，而且货物在报检报关时，海关需要发票作为原始审验凭证。那么，如何在销售合同和信用证的基础上，准确制作商业发票使之成为制作其他单据的核心呢？

商业发票是对已装运货物的详细说明，是货物价目总清单。商业发票无统一格式，一般都由出口商自行设计，但内容必须符合信用证或合同的要求。其基本内容包括三部分：

一、首文部分

(1) 出票人名称与地址 (Exporter)。一般情况下，出票人即为出口商。如果信用证为可转让信用证，并已进行了转让，按照《UCP600》第 38 条 i 款的规定，也可以由第二受益人出具。制单时应标出出票人的中英文名称和地址。当企业采用印刷空白发票或电脑制单时，都已预先印制或在程序中编入出票人的中英文名称和地址。

(2) 发票名称。发票名称必须用粗体标出"COMMERCIAL INVOICE"或"INVOICE"。

(3) 发票抬头人名称与地址 (Messrs)。当采用信用证支付货款时，如果信用证上有指定抬头人，则按来证规定制单。否则，根据《UCP600》第 18 条 a 款的规定，发票抬头人必须为信用证开证申请人。按照《UCP600》第 38 条 g 款的规定，在某些特殊情况下，如信用证已经转让，商业发票的"抬头人"一栏可以用第一受益人的名称和地址替换原信用证开证申请人的名称和地址。当采用托收方式支付货款时，则填写合同买方的名称和地址，填写时名称和地址不应同行放置。

(4) 发票号码 (Invoice No.)。发票号码由出口商根据本公司的实际情况自行编制。为了方便存档和查询，发票号码要按照一定的规律和顺序编写，不可无目的、无秩序地随意编号。

(5) 发票日期 (Invoice Date)。在所有结汇单据中，发票是签发日期最早的单据，该日期可以早于开证日期，但不得迟于信用证的议付有效期 (Expiry Date)。在实际操作中，发票日期一般规定"在信用证的开立日期至信用证中的装运日期之间"。

(6) 信用证号码 (L/C No.)。当采用信用证支付货款时，填写信用证号码。

(7) 开证日期 (L/C Date)。填写信用证的开证日期。

(8) 开证行 (Opening Bank)。填写开证行的名称。

(9) 合同号码 (S/C No.)。合同号码应与信用证上列明的一致，一笔交易涉及几个合同的，应在发票上表示出来。

(10) 运输资料 (Transport Details)。填写货物实际的启运港 (地)、目的港 (地) 以及运输方式。如果货物需经转运，应把转运港的名称表示出来，如 FROM GUANGZHOU TO HELSINKI W/T HONGKONG BY VESSEL。

(11) 支付方式 (Terms of Payment)。填写该笔业务的付款方式，如 L/C、T/T 等。

(12) 唛头及件号 (Marks and Number)。发票的唛头应按信用证或合同的规定填写，并与托运单、提单等单据唛头保持严格一致。若为裸装货或散装货，可填写"N/M" (No Mark 的缩写)。如信用证或合同没有指定唛头，出口商可自行设计唛头。某些情况下，进口商会要求唛头具有某种几何图形，但在信用证中仅用文字表示，例如："SIEMENS" in diamond；"PHILIPS" in square。在这种情况下，制单人应该按照进口商要求的几何图形制作唛头，而不是机械地按照信用证的原文照打。

二、本文部分

（1）货物描述（Description of Goods）。货物描述一般包括货物的名称、规格、数量、单价、贸易术语、包装等项目，制单时应与信用证的内容严格一致，虽然可以分几部分描述，但必须在发票上能够找出全部描述的相关文字，省略或增加货名的字句都会造成单证不符，开证行有权拖延或拒付货款。

（2）商品的包装、件数（Packing & Quantity）。填写实际装运的货物数量及包装单位，并与其他单据相一致。

（3）单价（Unit Price）。完整的单价由计价货币、计量单位、单位金额、价格术语 4 个部分组成。根据《UCP600》第 18 条 a 款的规定，发票中显示的币种必须与信用证的要求一致。

（4）总值（Amount）。实际装运时，如信用证金额有余额，在开证申请人和开证行同意接受的情况下，可用发票金额制单结汇。如信用证金额不够，可做如下处理：

1）发票金额比信用证金额多一点（如 8.20 美元）。可以在发票上加注"Written off USD 8.20，net proceed USD 10,000.00"。意为，实收货款 10 000 美元，少收 8.20 美元，以保证发票与信用证金额相一致。

2）发票金额比信用证金额多一些（如 80.20 美元）。可在发票上加注"Less USD 80.20 to be paid by D/D later，net proceed USD 10,000.00"。意为，实收货款 10 000 美元，80.20 美元通过以后的汇票收取，以保证二者金额一致。

3）发票金额比信用证金额多很多（如 300 美元）。这种情况要事先征得进口商和开证行同意，方可按发票的实际金额制单。具体可由议付行电询开证行，得到开证行同意后制单结汇。

（5）价格术语（Trade Terms）。价格术语涉及买卖双方的责任、费用和风险的划分问题，也是进口地海关核定关税的依据，因此，商业发票必须标出价格术语。信用证中的价格术语一般在货物内容的单价中标示出来。

三、结文部分

（1）出单人签名或盖章。商业发票只能由信用证中规定的受益人出具。如果是以影印、计算机处理或复写方法制作的发票，除非信用证另有规定，作为正本者，应在发票上注明“正本”（ORIGINAL）字样，并由出单人签字。

（2）声明文句。信用证要求在发票内特别加列船名、原产地、进口许可证号码等声明文句，制单时必须一一详列。常用的声明文句有：

1）证明所到货物与合同或订单所列货物相符。We certify that the goods named have been supplied in conformity with Order No. 888. 意为，兹证明本发票所列货物与第 888 号合同相符。

2）证明原产地。We hereby certify that the above mentioned goods are of Chinese Origin. /This is to certify that the goods named herein are of Chinese Origin. 意为，兹证明所列货物系中国产。

3）证明不装载于可能有停靠限制的船只。We certify that the goods mentioned in this invoice have not been shipped on board of any vessel flying Israeli flag or due to call at any Israeli port. 意为，兹证明本发票所列货物不装载于悬挂以色列国旗或驶靠任何以色列港口的船只。

4）证明货真价实。We certify that this invoice is in all respects true and correct both as regards to the price and description of the goods referred herein. 意为，兹证明本发票所列货物在价格、品质、规格各方面均真实无误。

5）证明已经航邮有关单据。This is to certify that two copies of invoice and packing list have been airmailed directly to applicant immediate after shipment. 意为，兹证明发票、装箱单各两份，已于装运后立即直接航邮开证申请人。

任务 2　制作装箱单

课件：制作装箱单

装箱单是包装单据中一种重要的单据，它作为商业发票内容的补充和辅助单据，对发票起着不可替代的补充作用。它与商业发票一样，都是填写其他国际贸易单据内容的信息资源和重要依据。那么，如何制作装箱单才能够达到便于承运人装卸货物并安排运输、便于商检和海关查验核实货物、便于进口商清点和销售货物的目的呢？

装箱单是记载和描述商品包装情况的单据，是商业发票内容的补充。海关和进口商为了了解包装情况和核验货物，或便于进口商对货物进行分拨转售，往往要求出口商提供详细的装箱单。

装箱单的基本格式及缮制方法如下：

一、单据名称

填写装箱单的中英文字样。中英文字样用粗体标出。常见的单据名称有“Packing List”“Packing Specification”“Detailed Packing List”，单据名称应与信用证要求相一致。如果来证要求用中性装箱单（Neutral Packing List），则装箱单名称打“Packing List”，但装箱单内不能打卖方名称，不能签章。

二、出口企业名称和地址

出口企业的名称、地址应与发票内容一致。

三、发票号码及日期

装箱单属于商业发票的附属单据，因而可以不用编号，其号码可以与发票保持一致。

四、唛头

唛头制作要符合信用证的规定，并与发票相一致。

五、品名和包装方式

品名和包装方式必须与信用证的描述相符。包装方式举例如下：

(1) 只注明包装方式。PACKED IN CARTON（箱装）；PACKED IN BAG（袋装）；若为散装货，只注“IN BULK”。

(2) 加注包装材料。PACKED IN WOODEN CASE（木箱装）；PACKED IN GUNNY BAG（麻袋装）。

(3) 包装方式和货物数量或重量。EACH CARTON CONTAINS 2 SETS（每箱装 2 套）；ONE DOZEN PER BAG（每袋一打）；2 KGS/CASE（每箱 2 千克）。

(4) 注明包装件数及每件内含量。PACKED IN 100 CARTONS OF 2 PIECES EACH（装 100 箱，每箱 2 件）；200 SETS＝2 SETS/CTN×100 CTNS（200 套＝每箱 2 套×100 箱）；PACKED IN 160 EXPORT CARTONS EACH CONTAINING 5 PIECE OF 56×20 YARDS（装于 160 个出口包装箱，每箱 5 件，每件 56×20 码）。

(5) 带附带说明的包装。25 KGS NET IN POLY WOVEN CLOTH LAMINATED WITH OUTER 1－PLY KRAFT PAPER BAG（每个聚乙烯塑料袋内净装 25 千克，外套单层牛皮纸袋）。

(6) 包装相同，货物和货量不同的表示方法（见表 6－1）：

表 6-1 货物和货量不同的表示方法

Art No.	Description of Goods	Quantity	G. W.	N. W.
SW0520	DINNER SET	300 CTNS 2 SETS/CTN	@18 KGS 5,400 KGS	@14.5 KGS 4,350 KGS
TS0450	TEA SET	450 CTNS 4 SETS/CTN	@15 KGS 6,750 KGS	@12 KGS 5,400 KGS
		TOTAL 750 CTNS	12,150 KGS	9,750 KGS

（7）信用证规定包装要求。有的信用证规定“SEAWORTHY PACKING”（适于海运的包装），“PACKING SUITABLE FOR LONG DISTANT TRANSPORTATION”（适于长途运输的包装）或“STRONG WOODEN CASE PACKING”（坚固木箱装）等。发票和装箱单应照抄。

六、数量

填写实际件数，如品质规格不同应分别列出，并累计总数。

七、单位

填写外包装的包装单位，如包、箱、桶等。

八、毛重

填写外包装每件重量，规格不同要分别列出并累计其重量。

九、净重

填写每件货物的实际重量并累计其总量。

十、尺码

填写每件包装的体积，并标明总尺码。

十一、签章

出单人签章应与商业发票相符，如果信用证要求中性包装，则不签章。

装箱单样单如表 6-2 所示：

知识拓展

除了常用的装箱单，还有一些其他常用的包装单据，主要有：包装说明（Packing Specification）；详细装箱单（Detailed Packing List）；重量单（Weight Memo）；重量证明书（Weight Certificate）；尺码单（Measurement List）；花色搭配单（Assortment List）等。根据信用证的要求制作相应的包装单据。

表 6-2　装箱单样单

PACKING LIST

EXPORTER: NINGBO TEXTILES IMP. AND EXP. CORPORATION 12 GUOYI STREET, NINGBO, CHINA	INVOICE No.:	GD04—017
	INVOICE DATE:	MAY 23, 2019
	FROM: NINGBO, CHINA	TO: LONDON, BRITISH
	SHIPPED BY BILLJIE V. 998	
TO: CHR TRADING CO., LTD. 39 TOTTENHAM COURT ROAD, MARYLEBONE, LONDON W1T 2AR, UNITED KINGDOM	SHIPPING MARK: CHR DE236256 LONDON C/No. 1-140	

C/Nos.	No. AND KINDS OF PKGS.	GOODS & PACKING	QTY.	G. W.	N. W.	MEAS.
		FULL COTTON KNITTED WOMEN TROUSERS	PCS	KGS	KGS	CBM
		ART. No.	@100	@10	@8	@60×50×40
No. 1-60	60 CTNS	88-701	6,000	600	480	7.2
No. 61-140	80 CTNS	88-702	8,000	800	640	9.6
TOTAL:	140	PACKED IN ONE CARTON OF 100 PCS EACH	14,000	1,400	1,120	16.8

TOTAL PACKAGES IN WORDS: SAY ONE HUNDRED AND FORTY CARTONS ONLY.

L/C No.: IM02023502

NINGBO TEXTILES IMP. AND EXP. CORPORATION

刘淑

任务3 制作汇票

课件：制作汇票

汇票是一种金融单据，是出口商凭以向进口商要求付款的收款工具，也是进口商付款的重要凭证。不同支付方式下，汇票的缮制方法有所不同，这里我们着重讲述信用证和托收方式下汇票的不同缮制方法，进而能够独立、准确地缮制各种商业汇票。

一、信用证方式下汇票的缮制方法

汇票是一人向另一人签发的无条件书面支付命令，要求该受票人立即或在一定时间或在一个固定时期支付一定金额给某人、其指定人或来人的书面凭证。它是出口商凭以向进口商要求付款的收款工具，是一种要式的有价证券。

汇票是最常用的支付工具之一，在国际贸易货款结算中，它通常是由出口商签发的。汇票一般都签发一套，一式两份，每份具有同等的法律效力，在使用中通常注明“付一不付二”或者“付二不付一”字样。

外贸业务中通常使用的汇票是商业汇票。托收和信用证方式都有可能使用汇票，在信用证方式下，除即期付款信用证和延期付款信用证不需要汇票，其他情况下都可能使用，而在托收方式下，汇票则必不可少。

信用证方式下汇票的缮制涉及以下内容：

（一）出票依据或出票条款

信用证项下包括开证行名称、信用证号码及开证日期。

（二）年息

填合同规定的利息率。如果合同没有规定，则留空不填。

（三）出票地点及出票日期

出票地点为出口商所在地，出票日期为交单议付期，一般在出口商向银行交单时由银行填写。

（四）汇票编号

填发票号码或其他有利于识别的号码。

（五）汇票金额

汇票金额栏是汇票上的灰色区域，分为小写和大写两部分。小写部分位于“Exchange for”后，填货币代号和阿拉伯数字，大写部分位于“The sum of”后，根据小写金额填写。通常汇票金额与发票金额一致，如信用证规定汇票金额为发票金额的95%或以“贷记通知单”方法扣佣时，应将发票金额扣除上述金额后的余额作为汇票金额。汇票金额不得超过信用证金额，除非信用证另有规定。

（六）付款期限

即期汇票填写“——”“…”或“＊＊＊”，远期汇票根据规定填写。关于远期汇票最常见的规定有：

（1）“at ×× days after sight”，见票后若干天付款，指以持票人向付款人第一次出示汇票，并要求“承兑”的时间算起，过若干天后支付款项。

（2）“at ×× days after date”，出票日期后若干天付款，指远期付款的天数以汇票的开具日期算起，过若干天后，付款人支付款项。

（3）“at ×× days after date of B/L”，提单日后若干天付款，指付款人以相关提单的签发日期算起，过若干天后支付款项。

（七）收款人

在出口业务中，汇票上收款人的填写方法主要有三种：

（1）限制性抬头。“pay ×× Co. only”或“pay ×× Co.，not negotiable”。这种汇票只限定××公司收取货款，不能转让。

（2）持票人或来人抬头。“pay bearer”，付给来人，这种汇票不经过背书就可以转让。

（3）指示性抬头。“pay to the order of ×× Co.”，付给××公司指定的人。这种汇票除××公司可以收取汇票款项外，还可以经过背书转让给第三方。

（八）付款人

信用证项下为开证行或指定的付款行，托收项下为进口商。

（九）出票人

签发汇票的人，应写明出口商名称，并由负责人签字，否则无效。

二、托收方式下汇票的缮制方法

托收方式下汇票缮制的依据是贸易合同。该汇票的表面格式与信用证支付方式的汇票相似，但其主要内容和缮制方法有较大差别。

（一）付款期限

托收支付方式主要有付款交单，其分为 D/P 即期付款交单、D/P 远期付款交单和 D/A 承兑交单三种，因而必须按合同规定填制。如即期付款交单在“At”和“sight”之间打虚线或“＊”号，在“At sight”前加“D/P”；远期付款交单在“D/P at”与“days after sight”之间填入付款的天数，如 D/P at 90 days after sight；承兑交单应在“at”前加“D/A”，在“at”和“sight”之间打上付款天数，如 D/A at 60 days after sight。

（二）收款人

收款人通常是托收行自己的分行或其代理行。

（三）出票条款

应写上合同号（或发票号）、商品件数、商品的总称，以便于核对与查询。

（四）付款人

应将合同的买方名称和地址填入此栏。

任务4　制作海运提单

课件：制作海运提单

海运提单（Ocean Bill of Lading）是重要的物权凭证，是承运人收妥货物的收据，也是其与托运人之间运输合同的证明。对于这样一份重要的单据，如何能够根据信用证对提单的要求来准确缮制是从业者必须掌握的核心技能。

一、海运提单的作用与分类

海运提单是指一种用以证明海上运输合同和货物已由承运人接管或装船以及承运人保证凭以交付货物的单据。

（一）海运提单的作用

（1）货物收据。表明该提单的签发人（承运人或承运人的代理）正式收到了托运人交付的提单上所列明的托运货物。

（2）运输合同的证明。提单条款明确规定了承运人和托运人双方之间的权利与义务、责任与豁免，是处理承运人与托运人运输方面争议、纠纷的法律依据。

（3）货物所有权凭证。海运提单的合法持有人凭海运提单可在目的港向船公司提取货物，也可以在载货船舶到达目的港之前，通过转让海运提单而转移货物所有权，或凭以向银行办理抵押贷款。

（二）海运提单的分类

海运提单的分类见表6-3。

表6-3　海运提单的分类

提单归类方式	提单种类	英文名称
货物是否装船	已装船提单	On Board Bill of Lading
	备运提单	Received for Shipment Bill of Lading
提单上有无不良批注	清洁提单	Clean Bill of Lading
	不清洁提单	Unclean/Foul Bill of Lading

续前表

提单归类方式	提单种类	英文名称
抬头的填写方式	记名提单	Straight Bill of Lading
	不记名提单	Open Bill of Lading
	指示提单	Order Bill of Lading
运输方式	直达提单	Direct Bill of Lading
	转船提单	Transhipment Bill of Lading
	联运提单	Through/ Combined Bill of Lading
	多式联运提单	Multimodal Transport Bill of Lading
提单签发或提交时间	顺签提单	Postdated Bill of Lading
	倒签提单	Anti-dated Bill of Lading
	预借提单	Advanced Bill of Lading
	过期提单	Stale Bill of Lading

二、海运提单的缮制方法

由于对外贸易运输中海运所占比重最大，因此海洋运输单据使用较多。其中，海运提单是最常用的，也是最主要的单据。海运提单正面主要内容的缮制方法如下：

（一）托运人

托运人（Shipper/Consignor）是指委托运输的人，在贸易中是合同的卖方。一般而言，在填写海运提单 Shipper 栏时，如信用证无特殊规定，都填写卖方的名称。在某些情况下，当信用证特别要求特定的其他人作为“托运人”，并且受益人认为对他的利益不构成威胁时，则此栏必须按照信用证的要求填写。

（二）收货人

在信用证支付方式下，收货人（Consignee）栏必须严格按照信用证的相关规定填写；在汇付或托收方式下，如果买方没有特殊要求，一般填写“to order”（凭指示）或“to the order of shipper”（凭托运人指示）。

海运提单的抬头有三种填写方法，不同的填写方法对于出口商的利益和风险有很大影响。

(1) 记名提单（Straight B/L）：指在“收货人”一栏里直接填写收货人名称和地址的提单。这种提单不能转让，只能由提单中指定的收货人提货。

(2) 不记名提单（Open B/L）：指在“收货人”一栏里不填写任何具体的名称和地址，只注明“持有人”或“来人”，或什么都不填。这种提单不需要办理任何法定手续就可以任意转让。

(3) 指示提单（Order B/L）：指在“收货人”一栏里只填写“to order”或“to the order of sb.”的字样。这里的“sb.”一般指开证行或托运人。例如，信用证或合同对提单要求如下：

1）“Full set of B/L consigned to ABC Co.”——记名收货人；

2）“Full set of B/L made out to order”——to order 凭指示，即“空白抬头”；

3）“B/L issued to order of Applicant”——记名指示；

4）“Full set of B/L made out to our order”——记名指示；

5）“Full set of B/L made out to order of shipper”——to order of shipper 与 to order 没有区别。

（三）通知人

通知人（Notify party）栏填写船公司在货物到达目的港（地）后需要通知的人，该栏必须严格按照信用证的相关规定填写。

（四）前程运输

如果货物需转运，在前程运输（Pre-carriage by）栏填写第一程船的名称；如果货物不需转运，这一栏空白。但驳船在此栏填“Lighter”字样。

（五）收货地点

如果货物需转运，收货地点（Place of Receipt）栏填写收货的港口名称或地点；如果货物不需转运，这一栏空白。

（六）海运船只、航次

如果货物需转运，海运船只、航次（Ocean Vessel Voy. No.）栏填写第二程船的船名；如果货物不需转运，填写第一程船的船名。

（七）装运港

填写装运港名称。如果货物需转运，装运港（Port of Loading）栏填写装运港/中转港的名称。例如，货物在广州装运，需在香港转船，则在此栏目填写“GUANGZHOU/HONGKONG”。

（八）卸货港

卸货港（Port of Discharge）栏填写卸货港（指目的港）名称。如货物需转运，装运港后面没有注明中转港，则可在目的港之后加注“WITH TRANSHIPMENT AT...”简写为 W/T...，如“SINGAPORE W/T HONGKONG”（目的港新加坡，在香港转船）。如货运目的港装运内陆某地，或利用邻国港口过境，须在目的港后加注“IN TRANSIT TO 某地”或“IN TRANSIT 某地”，如 KUWAIT IN TRANSIT SAUDI ARABIA（目的港科威特转运沙特阿拉伯）。

（九）交货地点

交货地点（Place of Delivery）栏填写最终目的地名称。如果货物的目的地就是目的港的话，该栏空白。

（十）集装箱号码

集装箱号码（Container No.）栏填写集装箱箱号。海运集装箱号码由箱主代码（四个字母组成，第四位为海运集装箱代号 U）＋顺序号（六位数）＋核对数（一位）组成，如“KHLU620686－7”。

（十一）铅封号和唛头

铅封号和唛头（Seal No. Marks & Nos.）栏填写铅封号和唛头。铅封号一般由五位数组成，如“SEAL 08134”。

（十二）商品描述及数量

（1）商品描述使用文字的一般规定为：

1）在没有特别说明时全部使用英文。

2）来证要求使用中文填写时，应遵守来证规定，用中文填写。

（2）数量是指本海运提单项下的商品总包装件数。

1）对于包装货物，本栏应填写包装数量和单位，如“1,000 BALES”“250 DRUMS”等。提单下面应填写大写数量，大小写数量应一致。

2）如果是散装货，如煤炭、原油等，此栏可填写“IN BULK”，数量无须填写大写。

3）如果是裸装货物，应填写件数，如一台机器或一辆汽车，填“1 UNIT”，两架飞机应填“TWO PLANES”，100 头牛应填“100 HEADS”等，并填写大写数量。

4）如果是集装箱运输，由托运人装箱的整箱货可只填写集装箱数量，如“2 CONTAINERS”等。只要海关已对集装箱封箱，承运人对箱内的内容和数量不负责任，提单内应加注“SHIPPER'S LOAD AND COUNT”（托运人装货并计数）。如需注明集装箱箱内小件数量时，数量前应加“SAID TO CONTAIN…”。

5）如果是托盘装运，此栏应填写托盘数量，同时用括号加注货物的包装件数，如“5 PALLETS（60 CARTONS）”。提单内还应加注“SHIPPER'S LOAD AND COUNT”。

6）如果是两种或多种包装，如“5 CARTONS”“10 BALES”“12 CASES”等，件数栏内要逐项列明，同时下面应注合计数量，如上述包装数量可合计为“27 PACKAGES”，在大写栏内应填写大写合计数量。

7）如果件数栏注有“20 CARTONS”，但同时提单内又注有“SHUT OUT 2 CARTONS”或“SHORT LOADED（SHIPPED）2 CTNS”等，表示少装 2 箱，发票和其他单据应注“18 CARTONS”。

（十三）毛重

毛重（Gross Weight）栏填写承运货物的总毛重，该数据是船公司计算运费的根据之一。

（十四）尺码

尺码（Measurement）栏填写承运货物的总尺码，该数据是船公司计算运费的根据之一。

（十五）特殊条款

提单特殊条款主要根据合同或信用证的要求，填写一般情况下不必填写的内容。提单中出现特殊条款的内容主要有：

（1）指定船名；

（2）强调运费的支付；

（3）不显示发票金额、单价、价格等条款，或强调显示信用证号码、合同号码等条款；

（4）指定承运人的条款。

（十六）运费缴付方式

此项主要填写两方面内容：

（1）运费由哪一方支付。

1）运费预付——FREIGHT PREPAID或FREIGHT PAID，运费由卖方支付。

2）运费到付——FREIGHT COLLECT或FREIGHT PAYABLE AT DESTINATION，运费由买方支付。

（2）承运人的运输范围。

1）“CY/CY”：场到场，即承运人的服务范围是“从装运港的集装箱堆场到目的港的集装箱堆场”。这种批注适用于整箱货物（FCL）运输的情况。

2）“CFS/CFS”：站到站，即承运人的服务范围是“从装运港的集装箱货运站到目的港的集装箱货运站”。这种批注适用于拼箱货物（LCL）运输的情况。

3）“D/D”：门到门，即承运人的服务范围是“从发货人的指定地点到收货人的指定地点”。

（十七）签发地点和时间

签发地点和时间（Place and Date of Issue）栏填制要求：海运提单签发地点为货物实际装运的港口或接受监管的地点，签发时间为货物实际装运的时间或已经接受船方/船代理等有关方面监管的时间。

（十八）正本的签发份数

正本的签发份数（No. of Original B（s）/L）一栏中，如信用证要求出口商提供“全套海运提单”（Full set or Complete set B/L），实务中一般提供三份或两份海运提单正本。

（十九）签章

海运提单必须经装载船只的船长签字才能生效，在没有规定非船长签字不可的情况下，船方代理可以代办。按照这一规定，提单签章（Stamp & Signature）栏应根据签字人的不同情况批注不同内容。例如，

（1）承运人签字。如果承运人为COSCO，则提单签字处显示：

COSCO

As Carrier 或 The Carrier（承运人签字）

（2）代理人签字。

1）代表承运人签署提单。如果承运人为COSCO，代理人为ABC SHIPPING CO.，则提单签字处显示：

ABC SHIPPING CO.

As agent for the Carrier COSCO（代理人签字）

2）代表船长签署提单。如果船长姓名为XYZ，代理人为ABC SHIPPING CO.，则提单签字处显示：

ABC SHIPPING CO.

As agent for the Master XYZ（代理人签字）

（3）船长签字。如果承运人为COSCO，则提单签字处显示：

COSCO（不注或注船名）

As Master 或 The Master（船长签字）

（二十）已装船批注

信用证要求提交"清洁已装船"提单时，如果提单上没有事先印就的"已装船"字样，制单时，应加注"SHIPPED ON BOARD"和实际装船日期。实务中常采用盖"SHIPPED ON BOARD"印章并加注实际装船日期的方式处理。

知识拓展

"电放提单"操作

"电放提单"（Telex Release Bill of Lading）是指货物装船完毕且承运人或代理人已经向托运人签发了书面提单之后，托运人把书面提单退还给提单签发人并声明该提单作废，同时要求承运人或代理人在目的港不凭正本书面提单而凭货主的书面放货通知，直接将货物交给收货人。因承运人或代理人通常是以电传、电子邮件等形式通知目的港代理放货的，故这种放货通知叫作"电放提单"。

电放提单适用于以下两种情况：一是卖方已经收讫全部货款，无须经过银行而只需通过电子方式传递单据；二是在汇付方式下的近洋运输，因货物通常会比书面提单先期到达目的港，故实务中通常的做法是卖方装运货物后立即向买方发出装船通知，买方立即电汇货款，卖方收到汇款后，立即向承运人和买方同时发电放通知。

表 6－4 是一个托运人发给承运人的电放保函样单：

表 6－4　　电放保函样单

电放保函

TO：中国外运集装箱运输有限公司

VSL/VOY No.：（船名/航次）WUJI8168V260LE

DISCHARGE PORT：（目的港）MOJI，JAPAN

WITH REGARDS TO BELOW MENTIONED CARGO：

对于以下所述货物：

B/L No.	CNEE
SNLWHJP6000006	NICHIRYU CO.，LTD. ×××MIYAHARA，TAMANACITY， KUMAMOTO PREF，JAPAN TEL：0081－2－53462799

WE HEREWITH SURRENDER THE FULL SET OF B/L FOR THIS CARGO WITH FIRM GUARANTEE THAT THE ENDORSEMENT (S) ON THE B/L IS ALL CONTINUOUSLY VALID, YOU ARE KINDLY REQUESTED TO RELEASE THIS CARGO TO A/M CNEE. ALL RISKS, LOSSES AND LIABLITIES IN CONNECTION WITH THE RELEASING OR ARISING THEREAFTER WILL BE BORNE BY US.

我公司在此向贵公司呈交该批货物全套正本提单，保证提单的背书全部连续有效，并请贵公司凭船公司电报放货给以上收货人，我公司将承担无正本提单放货而产生的一切风险、责任和损失。

湖北正新进出口有限公司

（签字盖章）

20××年 10 月 12 日

（IN THE EVEN OF ANY DISCREPENCY BETWEEN THE INTERPRETATION OF THE CHINESE AND ENGLISH TEXT，THE CHINESE TEXT SHALL PREVAIL.）

（该保函中如有中英文解释不同时，将以中文为准。）

课件：制作保险单

任务 5　制作保险单

在国际贸易中，货物从卖方到买方手中，通常要经过长途运输、装卸和存储等流转环节，在此期间，货物可能会遇到各种各样的风险，蒙受各种损失。为了在货物受损时能得到经济上的补偿，买方或卖方应在货物启运前，向保险公司办理货物的运输保险。那么，办理货物运输保险的一方应如何缮制保险单据并办理保险呢？

一、出口货物运输保险流程

出口货物运输保险流程如图 6－2 所示。

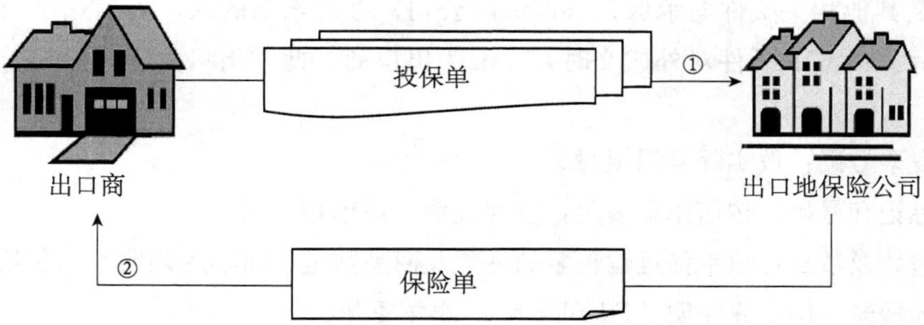

图 6－2　出口货物运输保险流程

解读：

（1）出口商向保险公司申请办理保险，须按信用证规定填制投保单，确定保险金额，并随附发票、装箱单等单据。

（2）保险公司按约定的保险费率收讫保险费后，依据投保单出具保险单并交给出口商。

（3）出口商按信用证规定在保险单上进行背书，便于保险单过户转让。

二、保险单的缮制方法

出口货物在长途运输和装卸过程中，有可能会因自然灾害、意外事故或其他外来因素而受损。为了保障收货人在货物受损后获得经济补偿，一般在货物出运前，出口商都会向保险公司办理有关投保事宜，按合同或信用证要求仔细、认真地填写货物运输险投保单交给保险公司，保险公司若接受投保，则签发给投保人一份承保凭证即保险单（INSURANCE POLICY）。有时，出口商也可以用出口货物明细单或出口发票副本来代替保险单，但必须加注运输工具、开航日期、投保险别、投保金额或投保加成、赔款地、保单份数等内容。

当被保险货物遭受保险责任范围内的损失时，保险单据是索赔和理赔的依据；在 CIF 合同中，保险单据同时又是卖方向买方提供的出口结汇单据之一。保险单据包含保险单、保险凭证和预约保单等。其中保险单俗称“大保单”，背面有保险公司印就的明确规定保险人与被保险人权利和义务的保险条款，保险单是投保人和承保人订立正式保险合同的书面凭证。保险凭证俗称“小保单”，背面没有保险条款，但保险凭证的正面格式、内容及其法律效力等与保险单没有差别。预约保单已在项目四任务 2 制作进口租船订舱单证中详细介绍过，这里从略。

不同的保险公司有自己固有的保险单格式，其基本内容及缮制要点如下：

(1) 被保险人：是指如果保险标的在保险期间发生了承保范围内的风险损失，有权凭保险单及其他相关文件向承保人（即保险公司）办理索赔的人。若信用证有规定，应按规定填写。以 CIF 条件对外成交时，一般为出口商，此时出口商应对保险单进行背书转让。

(2) 发票号码：按实际号码填写。

(3) 标记和号码：按信用证规定，应与发票、提单相一致。

(4) 包装及数量：填单件运输包装的件数及商品数量，而不用列明具体货物的数量及单位。若为散装，则应先注明“IN BULK”，再填重量。

(5) 保险物资项目：仅需列明货物的概括性名称，只要不与信用证中对于货物的描述相矛盾即可，可与提单一致。

(6) 保险金额（小写）：指保险标的发生风险损失后，承保人赔偿被保险人的最高限额。当发票金额为 CIF 或 CIP 价格时，应为发票金额加上投保加成后的金额，并注明币种，币种应与信用证规定相符，或与发票相符。

(7) 总保险金额（大写）：即小写保险金额的英文翻译。

(8) 装载运输工具：要与运输单据一致。可填船名航次、航班号或车次，海运方式下也可填“AS PER B/L”。

(9) 开航日期及起讫地点：可填提单签发日，或填“AS PER B/L”。

(10) 承保险别：按合同或信用证规定的保险险别填写，并注明依据的保险条款名称及其颁布年份。例如，COVERING ALL RISKS AS PER OCEAN MARINE CARGO CLAUSES (1981.1.1) OF THE PICC.

(11) 赔款偿付地点：一般为目的地，并注明使用币种。

(12) 保险勘查代理人：由保险公司自定，但要提供其地址，以便收货人在发生损失时通知其勘查和理赔。

(13) 签发地点和日期：签发日期须早于运输单据，从而证明是在装运前办理的投保。

(14) 保险公司签章：经签章后保险单才能生效。

任务 6 制作产地证

课件：制作产地证

原产地证明是出口商应进口商的要求提供的，并由出口国政府有关机构签发的一种证明货物原产地或制造地的证明文件。它通常用于不需要提供海关发票或领事发票的国家或地区，主要是进口国海关实行差别关税、实施进口税率和进口配额等不同国别政策的依据。原产地证明有多种形式，常用的如表 6－5 所示：

表 6－5 常用的原产地证明

序号	名称	简称	签发机构	产地证格式
1	一般原产地证	CO 产地证	贸促会、海关	统一格式
2	普惠制产地证	GSP 产地证	海关	格式 A，格式 59A，格式 APR
3	欧共体纺织品专用产地证	EEC 产地证	商务部	统一格式
4	对美国出口纺织品声明书	DCO 产地证	出口商	格式 A，格式 B，格式 C

一、一般原产地证书

（一）一般原产地证书申请程序

一般原产地证由中国国际贸易促进委员会（CCPIT）和海关签发。一般原产地证签证是一项政策性和技术性较强的专门工作，其办理程序及要求：

1. 首先由出口企业向发证机构办理注册登记手续；

2. 申请时填写普通产地证申请单和一式三份的普通产地证书，盖章签字，并附交正式商业发票、提单、信用证和买卖合同等；

3. 出口公司声明该产品确系本国出产或制造；

4. 官方出具的原产地证必须由出证机构按规定印制，证书不得涂改和伪造；

5. 出口商和发证机构必须加盖公章，签署人亲笔签名；

6. 每份证书要编制顺序号码，便于区别和查对。

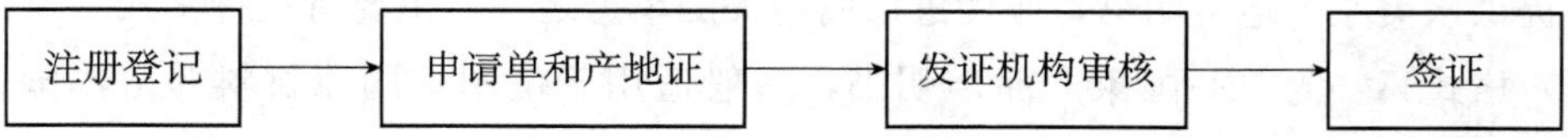

（二）一般原产地证书的缮制方法

第一栏：出口方

第二栏：收货方

第三栏：运输方式和路线

第四栏：目的地国家（地区）

第五栏：检验机构用栏

第六栏：运输标志

第七栏：商品名称、包装数量及种类

第八栏：商品编码

第九栏：数量

第十栏：发票号码及日期

第十一栏：出口方声明

第十二栏：签证机构证明

知识拓展

出国展览中销售的展品和小卖品填证时应注意的几个问题：

1. 第二栏：收货人的名称、地址、国家；

2. 第七栏：包件数量及种类、商品名称；

3. 有些国家规定，要注上展览会的名称、地址，则填在第七栏的最下面；

4. 第5栏、第10栏可以不填。其他各栏按正常要求填写。

二、普惠制产地证书

（一）普惠制产地证书申请程序

普惠制产地证是证明货物原产地的具有法律效力的书面文件。它是供进口国海关实行差别关税、采取不同的国别政策的依据。

普惠制产地证由海关统一签发。普惠制产地证在我国俗称“Form A”。

欧共体纺织品专用产地证专门用于需要配额的纺织品类产品，是欧共体进口国海关控制配额的主要依据。欧共体纺织品产地证与EEC纺织品许可证的内容完全一样，均由出口国有关机构提供，在我国专门由商务部签发。

对美国出口纺织品声明书又称美国产地证，凡是出口到美国的纺织品，出口商必须向进口商提供该类原产地声明书，作为进口商清关的单据之一。主要有三种格式：

（1）格式A：为单一国家产品声明书，一般适用于使用本国原材料并由本国生产的产品。

（2）格式B：为多国产品声明书，一般用于来料加工、来件装配的产品，由多国生产。

（3）格式C：为多种纤维纺织品声明书，一般适用于纺织品原料的主要价值或主要重量是丝、麻类或者其中的羊毛含量不超过17%的纺织品。

原产地证书中，应用最多的是一般原产地证和普惠制产地证，这里着重介绍普惠制产地证。“普惠制”是发达国家承诺对于从发展中国家或地区输入的商品普遍给予关税优惠的制度。“普遍的”“非歧视性的”和“非互惠的”是普惠制的三个基本原则。普遍优惠制度，简称普惠制，是发达国家（给惠国）对发展中国家及地区（受惠国）出口制成品和半制成品给予普遍的、非歧视的、非互惠的关税优惠制度。旨在帮助发展中国家扩大出口，加速其国民经济增长。对自受惠国进口的相关产品给予最惠国税率基础上的关税减让，甚至“零关税”的准入待遇。

目前，全球仍有挪威、新西兰、澳大利亚三国给予中国出口商品普惠制待遇。

为了能够享受“普惠制”优惠进口关税待遇，出口产品必须满足以下条件：

（1）必须是目的地进口国规定有资格享受优惠的产品；

（2）符合目的地进口国的原产地规则；

（3）符合目的地进口国规定的运输条件。

普惠制产地证的申领流程如图 6－3 所示。

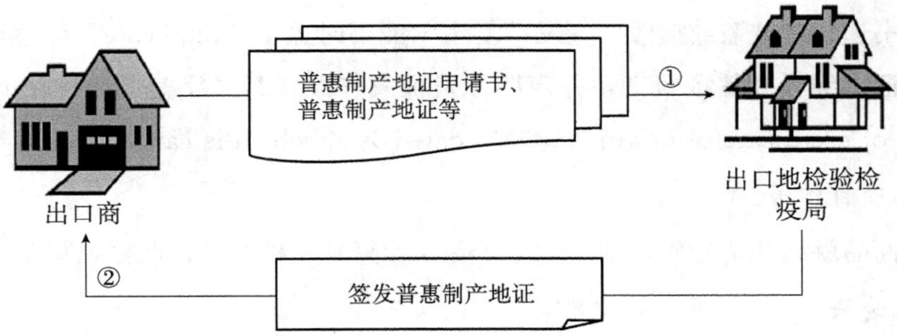

图 6－3　普惠制产地证申领流程

解读：

（1）凡申请办理普惠制产地证的企业，必须持有关批件、营业执照、协议等文件在海关办理注册登记手续。

（2）出口商最迟在货物装运前 5 天向海关申请签发。

（3）申请签发普惠制产地证须提交已填制的普惠制产地证申请书一份、普惠制产地证 Form A 一套和商业发票一份。如果出口商品含有进口成分，申请签发普惠制产地证还应提供“含进口成分产品成本及加工工序明细单”一式两份。

（4）普惠制产地证的手签人员须持有相关资格证，签字与印章不得重叠。

（5）当地海关在接受申请时，要查看单证资料是否齐全，填写是否完整，如符合规定，则予以签发。

（二）普惠制产地证的缮制方法

该证书纹面为绿色纽索形图案，除 6、8、10、11、12 栏不能更改外，其他各栏只能更改一处，并要加盖更正章。其内容及缮制要点如下：

1. 出口商名称、地址及所在国

此栏是强制性的，必须填写出口商的全称和详细地址，包括街道及门牌号码等。

2. 收货人名称、地址、国家

一般为给惠国的收货人名称，不能填中间商名称。

3. 运输方式和路线

按信用证或合同规定填写启运地、目的地及采用的运输方式。

4. 供官方使用

由签证机构根据需要填写。下列特殊情况，签证机构在此加注：

(1) 货物已出口，签证日期迟于出货日期，签发"后发"证书时，在此栏盖上"issued retrospectively"红色印章。

(2) 证书遗失、被盗或损毁，签发"复本"证书时盖上"duplicate"红色印章，并在此栏加注原证书编号和签证日期，并声明原发证书作废，其文字是"this certificate is in replacement of certificate of origin No. ×× dated ×× which is canceled"。

5. 商品项目编号

有几种商品就编几个号码，如1、2、3等。若只有一种商品，此栏填写1。

6. 标记唛头

应按实际填写，若唛头过多，可利用第7、8栏。

7. 品名及包装种类和件数

一般应按商业发票填写，品名要具体，不得概括，包装种类和件数要用阿拉伯数字与英文同时表示，在下行要打上表示结束的符号"* * * *"，以防加添。若货物为散装，则在品名后加注"IN BULK"。

8. 原产地标准

此栏是证书的核心，根据规定填写，要求如下：

(1) 完全自产于出口国的产品：输往给惠国时，填写"P"。对澳大利亚和新西兰出口时，可不必填写。

(2) 经过出口国充分制作或加工的产品，输往下列国家或地区时，其填写要求为：

加拿大：对于在两个或两个以上受惠国内加工或制作且符合原产地标准的产品，填写"G"，其他填写"F"。

日本、挪威、瑞士：填写"W"，其后填明出口产品H. S. 编码的前四位税则号如"W"9618。

白俄罗斯、保加利亚、捷克、匈牙利、哈萨克斯坦、波兰、俄罗斯、乌克兰和斯洛伐克：对于在出口受惠国增值的产品，填写"Y"，其后注明进口原料和部件的价值在出口产品离岸价格中所占的百分比，如"Y"45%；对于在一个受惠国生产而在另一个或数个其他受惠国制作或加工的产品，填写“PK”。

澳大利亚和新西兰：本栏不必填写，在第12栏做出适当申报即可。

美国：对于单一国家产的货物，填写“Y”，对于被认定的国家集体产的货物，填写“Z”，其后填明本国原料的成本或价值加上直接加工成本在该出口货物出厂价中所占的百分比（如“Y”35%或“Z”35%）。

9. 数量或重量

填写出口货物的量值及商品计量单位，若无则只填写重量。

10. 发票号码及日期

如INVOICE No.：FHTC21T INVOICE，DATE：DEC. 10，2019。

11. 出口商声明

已事先印好，由出口商填写签发地点、日期，加盖公章并由专人签字，公章应为中英文对照章，且签字与公章不得重合。

12. 证明

由出入境检验检疫局填写签发地点、日期，盖章并手签。

13. 其他说明

（1）澳大利亚的主要规定是出口商直接在商业发票上做出原产地声明即可，而不需要出具普惠制产地证（Form A）。

（2）新西兰不需要官方证明和签署。

（3）美国不要求提交普惠制产地证（Form A），在地区海关官员要求时，提出列述该商品生产或制造的一切有关详情的声明即可。

（4）在我国出口产品的给惠国中，有两个国家不适用“Form A”，一个是新西兰，另一个是澳大利亚。新西兰采用“Form 59A”，而澳大利亚则不用任何格式，只需要出口商在商业发票上加注指定的原产地文句即可。例如，“We declare that the final process of manufacture of the goods for which special parts are claimed has been performed in China and that no less than one half of the factory cost of the goods is represented by the value of labor and material of China.”兹证明：该产品关键部分的最后加工制作程序是在中国进行的；代表加工成本的劳动力和原材料成本的至少一半来源于中国。

课件：制作其他结汇单证

任务7　制作其他结汇单证

本任务中所指的其他结汇单据主要是装船通知和受益人证明，这两种单据主要是由出口商自己制作的，因而出口商应该审慎根据信用证规定办理，不能疏漏、遗缺。那么，出口商应当如何制作符合信用证要求的装船通知和受益人证明呢？

一、装船通知的缮制方法

按照国际贸易的习惯做法，在装运货物后，发货人应立即（一般在装船后3天内）发送装船通知给买方或其指定的人，从而便于买方办理保险和安排接货等事宜。如卖方未及时发送上述装船通知给买方而使其不能及时办理保险或接货，卖方就应负责赔偿买方由此引起的一切损害及损失。在信用证支付方式下，若信用证有要求，则此项单据成为卖方交单议付的单证之一。

装船通知可采用电报、电传、传真及E-mail等各种形式发送。其内容一般包括订单或合同号、信用证号、货物名称、数量、总值、唛头、装运口岸、装运日期、船名、开船日期及预计到达目的港时间等。在实际业务中，应根据信用证的要求和对客户的习惯做法，将上述项目适当地列明在电文中。

装船通知没有固定的格式，一般由发货人自行设计，主要内容包括：

（1）抬头：可以是买方，或者是买方指定的人或保险公司。若抬头为买方指定的保险公司，则应同时注明预约保单号。

（2）日期：发送装船通知的日期，一般在货物装船后3天内。

（3）提单号及船名：与提单一致。

（4）预计开船日期（ETD）和预计到达日期（ETA）：与船期表所列的日期一致。

（5）装运港、目的港、装运期：按合同或信用证的规定，一般与提单一致。

（6）商品描述部分：包括品名、唛头、数量、发票总值等，可以按商业发票的内容填写。

二、受益人证明的缮制方法

在信用证支付方式下，信用证有时会要求卖方提供某些单据，此时，这类单据就成为卖方议付结汇的单证之一，卖方必须认真对待，否则买方就有可能因此而拒付货款。

受益人证明的形式多种多样，通常是证明货物的品质、唛头、包装标识、装运以及其他寄单事项的单据，由受益人根据信用证的要求来缮制；有关运输方面的证明则是卖方为满足买方对货物在运输方面的特殊要求而开立的证明文件，根据情况既可以由受益人出具，也可以由相关的运输公司来出具。

此类证明一般采用函电形式，格式由出口企业按照信用证规定或买方要求的内容自行设计，制单日期应与证明内容相吻合，而且最迟不得晚于交单日期，如提单日期为4月15日，信用证规定："BENEFICIARY'S CERTIFICATES CERTIFY THAT CABLE COPY OF SHIPPING ADVICE DISPATCHED TO THE APPLICANT IMMEDIATELY AFTER SHIPMENT"，则受益人证明的出单日期只能在4月15日—18日，而不能是其他时间。若为寄单证明，还应列明卖方所寄单据的种类和份数。

几种常见的受益人证明的内容和缮制要求如下：

（一）寄单证明

通常是受益人根据规定，在货物装运前后一定时期内，邮寄、发传真、快递给规定的收受人全套或部分单据副本的证明，证明随其他单据交银行议付。

如信用证规定：BENEFICIARY'S CERTIFICATE EVIDENCING THAT 2/3 B/L MUST BE SENT BY AIRMAIL TO MENINI IMP. & EXP. CORP., NOT LATER THAN DATE OF PRESENTATION OF NEGOTIABLE DOCUMENTS.

（二）寄样证明

CERTIFICATE TO SHOW THAT THE REQUIRED SHIPMENT SAMPLES HAVE BEEN SENT BY DHL TO THE APPLICANT ON JULY 10，2018.（受益人只要按规定出单即可。）

（三）包装和标签证明

A CERTIFICATE FROM THE BENEFICIARY TO THE EFFECT THAT ONE SET OF INVOICE AND PACKING LIST HAS BEEN PLACED ON THE INNER SIDE OF THE DOOR OF EACH CONTAINER IN CASE OF FCL CARGO OR ATTACHED TO THE GOODS OR PACKAGES AT AN OBVIOUS PLACE IN CASE OF LCL CARGO.（受益人应证明已把一套发票和箱单贴在集装箱箱门内侧（整箱货）或拼箱货的显眼的地方。）

BENEFICIARY'S CERTIFICATE IN TRIPLICATE STATING THE SHIPMENT DOES NOT INCLUDE NON-MANUFACTURED WOOD DUNNAGE，PALLETS，CRATING OR OTHER PACKAGING MATERIALS；THE SHIPMENT IS COMPLETELY FREE OF WOOD BARK，VISIBLE PESTS AND SIGNS OF LIVING PESTS.（要求三份单据，证明货物不包括未加工的木制衬垫、托盘、板条箱或其他包装材料，无树皮、无肉眼可见虫害、无活虫。）

实战演练

解析

信用证及补充材料如表 6－6、表 6－7 所示：

表 6－6 **信用证**

APR. 05，2019   09:36:32   LOGICAL TERMINAL P005

MT：S 700 ISSUE OF DOCUMENTARY CREDIT PAGE 00001
FUNC SWPR3
UMR 00182387

MAGACK DWS7651 AUTH OK，KEY B19604214 FAEA9B2，BKCHCHBJ SAIVJPJT
RECORD BASIC HEADER 0 700 1547 970225 SAIBJPJTCXXX3846992024 970315

	* STANDARD CHARTERED BANK	
	* LONDON	
USER HEADER	SERVICE CODE	103：
	BANK. PRIORITY	113：
	MSG USER REF.	108：INFO. FROM
SEQUENCE OF TOTAL	* 27 ：	1/1
FORM OF DOC. CREDIT	* 40A ：	IRREVOCABLE
DOC. CREDIT NUMBER	* 20 ：	IM02023502
DATE OF ISSUE	31C ：	190405
DATE AND PLACE OF EXPIRY	* 31D ：	DATE 190615 AT NEGOTIATING BANK'S COUNTER
APPLICANT	* 50 ：	CHR TRADING CO.，LTD. 39 TOTTENHAM COURT ROAD，MARYLEBONE，LONDON W1T 2AR，UNITED KINGDOM
BENEFICIARY	* 59 ：	NINGBO TEXTILES IMP. AND EXP. CORPORATION 12 GUOYI STREET，NINGBO，CHINA
AMOUNT	* 32B ：	CURRENCY USD 16000,00
AVAILABLE WITH…BY…	* 41D ：	ANY BANK BY NEGOTIATION
DRAFTS AT…	42C ：	AT 30 DAYS AFTER SIGHT FOR FULL INVOICE VALUE
DRAWEE	42A ：	HARMY BANK LTD.，LONDON
PARTIAL SHIPMENTS	43P ：	PROHIBITED
TRANSHIPMENT	43T ：	PERMITTED
LOADING IN CHARGE	44A ：	CHINA
FOR TRANSPORT TO	44B ：	LONDON
LATEST DATE OF SHIPMENT	44C ：	190531
DESCRIPTION OF GOODS	45A ：	

FULL COTTON KNITTED WOMEN TROUSERS AS PER S/C No. DE236256

ART No.	QUANTITY	UNIT PRICE
88－701	6000 PCS	USD 1,00/PC

88-702		8000 PCS	USD 1,25/PC
PRICE TERM:			CIF LONDON
DOCUMENTS REQUIRED	46A :		

+FULL SET (3/3) OF ORIGINAL CLEAN ON BOARD OCEAN BILLS OF LADING MADE OUT TO ORDER AND BLANK ENDORSED AND MARKED "FREIGHT PREPAID", NOTIFY APPLICANT (WITH FULL NAME AND ADDRESS).

+SIGNED COMMERCIAL INVOICE IN 5 FOLDS CERTIFYING THAT THE GOODS ARE CHINESE ORIGIN AND SHOWING H. S. CODE 6104628765.

+BENEFICIARY'S CERTIFICATE STATING THAT ONE SET OF NON-NEGOTIABLE SHIPPING DOCUMENTS HAVE BEEN SENT TO APPLICANT BY AIRMAIL WITHIN 2 DAYS AFTER SHIPMENT.

+DETAILED PACKING LIST IN 3 FOLDS.

+G. S. P. FORM A. ISSUED BY AUTHORITY.

+MARINE INSURANCE POLICY IN DUPLICATE ENDORSED IN BLANK FOR 110% OF THE INVOICE COST INCLUDING: OCEAN MARINE CARGO CLAUSES (ALL RISKS) AND OCEAN MARINE CARGO WAR RISK CLAUSES OF THE PEOPLE'S INSURANCE COMPANY OF CHINA INCLUDING WAREHOUSE TO WAREHOUSE CLAUSE, CLAIMS PAYABLE IN LONDON IN CURRENCY OF DRAFTS.

ADDITIONAL COND. 47A :

1) ALL DOCUMENTS SHOULD MENTION L/C No.

2) AN ADDITIONAL FEE OF USD 50,00 OR EQUIVALENT WILL BE DEDUCTED FROM THE PROCEEDS PAID UNDER ANY DRAWING WHERE DOCUMENTS PRESENTED ARE FOUND NOT TO BE IN STRICT CONFORMITY WITH THE TERMS OF THIS CREDIT.

3) THE GOODS TO BE PACKED IN EXPORT CARTONS.

DETAILS OF CHARGES	71B :	ALL BANK CHARGES OUTSIDE LONDON INCLUDING REIMBURSEMENT COMMISSIONS ARE FOR ACCOUNT OF BENEFICIARY.
PRESENTATION PERIOD	48 :	DOCUMENTS MUST BE PRESENTED WITHIN 10 DAYS AFTER THE DATE OF SHIPMENT, BUT WITHIN THE VALIDITY OF THE CREDIT.
CONFIRMATION	*49 :	WITHOUT
INSTRUCTIONS	78 :	

THE NEGOTIATING BANK MUST FORWARD THE DRAFTS AND ALL DOCUMENTS BY REGISTERED AIRMAIL DIRECT TO US (INTERNATIONAL CENTER MAIL ADDRESS IN TWO CONSECUTIVE LOTS, UPON RECEIPT OF THE DRAFTS AND DOCUMENTS IN ORDER).
WE WILL REMIT THE PROCEEDS AS INSTRUCTED BY THE NEGOTIATING BANK.

TRAILER : MAC: CF6F97BC
CHK: F04138D93C1B

表 6-7　　补充材料

（1）发票号码：GD04－017 （2）提单号码：COS365 （3）船名、航次：BILLJIE V. 998 （4）包装情况：100 PCS/CTN GROSS WT. 10 KGS/CTN NET WT. 8 KGS/CTN MEASUREMENT：60×50×40 CM/CTN （5）提单签发人：NINGBO DAHAI SHIPPING CO.，LTD. 李大为 （6）提单签发日期：MAY 28，2019 （7）唛头：CHR/DE236256/LONDON/C/No. 1-140 （8）出口企业有权签字人：刘淑 （9）原产地标准及产地证号："P"，ZJNB888788 （10）保险单号：PICC2019128

根据信用证和补充材料制作下述各类单证。

1. 制作商业发票

表 6-8　　商业发票

<table>
<tr><td colspan="5">COMMERCIAL INVOICE</td></tr>
<tr><td colspan="3" rowspan="3">EXPORTER:
NINGBO TEXTILES IMP. AND EXP. CORPORATION
12 GUOYI STREET，NINGBO，CHINA</td><td>INVOICE No.:</td><td>GD04－017</td></tr>
<tr><td>INVOICE DATE:</td><td>MAY 23，2019</td></tr>
<tr><td>L/C No.:</td><td>IM02023502</td></tr>
<tr><td colspan="3" rowspan="3">TO:
CHR TRADING CO.，LTD.
39 TOTTENHAM COURT ROAD，MARYLEBONE，
LONDON W1T 2AR，UNITED KINGDOM</td><td>L/C DATE:</td><td>APR. 05，2019</td></tr>
<tr><td>S/C No.:</td><td>DE236256</td></tr>
<tr><td>S/C DATE:</td><td></td></tr>
<tr><td colspan="3">TRANSPORT DETAILS:</td><td colspan="2">TERMS OF PAYMENT:</td></tr>
<tr><td colspan="3">FROM NINGBO，CHINA TO LONDON，BRITISH
SHIPPED BY BILLJIE V. 998</td><td colspan="2">BY L/C</td></tr>
<tr><td>唛头
MARKS & NUMBERS</td><td>货名
DESCRIPTION OF GOODS</td><td>数量
QUANTITY</td><td>单价
UNIT PRICE</td><td>总值
AMOUNT</td></tr>
<tr><td rowspan="2">CHR
DE236256
LONDON
C/No. 1-140</td><td>FULL COTTON KNITTED
WOMEN TROUSERS AS PER
S/C No. DE236256</td><td></td><td></td><td></td></tr>
<tr><td>ART No.
88-701
88-702</td><td>6,000 PCS
8,000 PCS</td><td>USD 1.00/PC
USD 1.25/PC</td><td>USD 6,000.00
USD 10,000.00</td></tr>
<tr><td></td><td>TOTAL:</td><td>14,000 PCS</td><td></td><td>USD 16,000.00</td></tr>
<tr><td colspan="5">TOTAL AMOUNT IN WORDS：SAY U. S. DOLLARS SIXTEEN THOUSAND ONLY
WE HEREBY CERTIFY THAT THE GOODS ARE CHINESE ORIGIN
H. S. CODE 6104628765</td></tr>
<tr><td colspan="5">NINGBO TEXTILES IMP. AND EXP. CORPORATION
刘淑</td></tr>
</table>

2. 制作装箱单

表 6-9 装箱单

PACKING LIST

EXPORTER：	INVOICE No.：
	INVOICE DATE：
	FROM： TO：
	SHIPPED BY
TO：	SHIPPING MARK：

C/Nos.	No. AND KINDS OF PKGS.	GOODS & PACKING	QTY.	G. W.	N. W.	MEAS.

3. 制作汇票

表 6-10 汇票

凭
Drawn under STANDARD CHARTERED BANK, LONDON
信用证 第 号
L/C No. IM02023502
日期
Dated APR. 05, 2019
按 息 付款
Payable with interest @ % per annum
号码 汇票金额 中国，宁波 年 月 日
No.: GD04—017 Exchange for USD 16,000.00 Ningbo, China MAY 30, 2019
见票 日 后（本汇票之副本未付）
At 30 DAYS AFTER SIGHT Sight of this FIRST of Exchange (Second of exchange being unpaid)
pay to the order of BANK OF CHINA, NINGBO BRANCH 或其指定人
付金额
The sum of U. S. DOLLARS SIXTEEN THOUSAND ONLY

To HARMY BANK LTD., LONDON

NINGBO TEXTILES IMP. AND EXP. CORPORATION
刘淑

托收结算方式下，汇票如表 6-11 所示：

表 6-11 汇票

号码 汇票金额 中国，宁波 年 月 日
No. GD04—017 Exchange for USD 16,000.00 Ningbo, China MAY 30, 2019
见票 日 后（本汇票之副本未付）
D/P At 90 DAYS Sight of this FIRST of Exchange (Second of exchange being unpaid)
pay to the order of BANK OF CHINA, NINGBO BRANCH 或其指定人
付金额
The sum of U. S. DOLLARS SIXTEEN THOUSAND ONLY

To HARMY BANK LTD., LONDON

NINGBO TEXTILES IMP. AND EXP. CORPORATION
刘淑

4. 制作海运提单

表 6－12　　　　　　　　　　　　　海运提单

Shipper (Insert Name, Address and Phone) NINGBO TEXTILES IMP. AND EXP. CORPORATION 12 GUOYI STREET, NINGBO, CHINA		B/L No. COS365 中远集装箱运输有限公司 **COSCO CONTAINER LINES** TLX: 33057 COSCO CN FAX: +86 (021) 6545 8984 ORIGINAL Port-To-Port or Combined Transport **Bill of Lading**
Consignee (Insert Name, Address and Phone) TO ORDER		
Notify Party (Insert Name, Address and Phone) (it is agreed that no responsibility shall attach to the carrier or his agents for failure to notify) CHR TRADING CO., LTD. 39 TOTTENHAM COURT ROAD, MARYLEBONE, LONDON W1T 2AR, UNITED KINGDOM		RECEIVED in external apparent good order and condition except as otherwise noted. The total number of packages or units stuffed in the container, the description of the goods and the weights shown in this bill of lading are furnished by the merchants, and which the carrier has no reasonable means of checking and is not a part of this bill of lading contract. The carrier has issued the number of bills of lading stated below, all of this tenor and date. One of the original bills of lading must be surrendered and endorsed or signed against the delivery of the shipment and whereupon any other original bills of lading shall be void. The merchants agree to be bound by the terms and conditions of this bill of lading as if each had personally signed this bill of lading. See clause 4 on the back of this bill of lading (terms continued to the back hereof, please read carefully). * Applicable only When Document Used as a Combined Transport Bill of Lading
Pre-carriage by	Place of receipt	
Ocean Vessel Voy. No. BILLJIE V. 998	Port of Loading NINGBO, CHINA	
Port of Discharge LONDON, BRITISH	Place of Delivery	

Marks & Nos. Container / Seal No.	No. of Containers or Packages	Description of Goods	Gross Weight Kgs	Measurement
CHR DE236256 LONDON C/No. 1－140	140 CARTONS	WOMEN TROUSERS L/C No.: IM02023502	1,400 KGS	16.800 CBM
		Description of Contents for Shipper's Use Only (Not part of This B/L Contract)		

Total Number of containers and/or packages (in words) Subject to clause 7 limitation	SAY ONE HUNDRED AND FORTY CARTONS ONLY

Freight & charges Declared value charge FREIGHT PREPAID	Revenue Tons	Rate	Per	Prepaid	Collect

Ex. Rate	Prepaid At	Payable At	Place and Date of Issue NINGBO, CHINA MAY 28, 2019
	Total Prepaid	No. of Original B (s) /L THREE	Signed for the Carrier Signed for the carrier, COSCO CONTAINER LINES NINGBO DAHAI SHIPPING CO., LTD. 李大为
Laden on board the vessel Date ON BOARD MAY 28, 2019	by	AS AGENT FOR THE CARRIER: COSCO CONTAINER LINES NINGBO DAHAI SHIPPING CO., LTD. 李大为	

5. 制作保险单

表 6 - 13　　保险单

中保财产保险股份有限公司

The People's Insurance (Property) Company of China, Ltd.

发票号码　　保险单号

Invoice No. GD04—017　　Policy No. PICC 2019128

海 洋 货 物 运 输 保 险 单

MARINE CARGO TRANSPORTATION INSURANCE POLICY

被保险人

Insured: NINGBO TEXTILES IMP. AND EXP. CORPORATION

中保财产保险有限公司（以下简称本公司）根据被保险人的要求及其所缴纳约定的保险费，按照本保险单承担的险别和背面所载条款与下列特别条款承保下列货物运输保险，特签发本保险单。

This Policy of Insurance witnesses that the People's Insurance (Property) Company of China, Ltd., at the request of the insured and in consideration of the agreed premium paid by the insured, undertakes to insure the undermentioned goods in transportation subject to the conditions of policy as per the clauses printed overleaf and other special clauses attached hereon.

保险货物项目 Descriptions of Goods	包装 单位 数量 Parking Unit Quantity	保险金额 Amount Insured
WOMEN TROUSERS	140 CARTONS	USD 17,600.00
承保险别 Condition	L/C No. IM02023502	货物标记 Marks of Goods
COVERING ALL RISKS AND WAR RISKS AS PER OCEAN MARINE CARGO CLAUSES (1/1/1981) (WAREHOUSE TO WAREHOUSE CLAUSE IS INCLUDED) OF THE PEOPLE'S INSURANCE COMPANY OF CHINA		CHR DE236256 LONDON C/No. 1 - 140

总保险金额

Total amount insured: SAY U. S. DOLLARS SEVENTEEN THOUSAND SIX HUNDRED ONLY

保费　　运输工具　　开航日期

Premium as arranged　　Per conveyance S. S BILLJIE V. 998　　Slg. on or abt MAY 28, 2019

启运港　　目的港

FROM NINGBO, CHINA　　TO LONDON, BRITISH

所保货物，如发生本保险单项下可能引起索赔的损失或损坏，应立即通知本公司下述代理人勘察。如有索赔，应向本公司提交保险单正本（本保险单共有　份正本）及有关文件。如一份正本已用于索赔，其余正本则自动失效。

In the event of loss or damage which may result in a claim under this policy, immediate notice must be given to the company's agent as mentioned hereunder. Claims, if any, one of the original policy which has been issued in original (s) together with the relevant documents shall be surrendered to the company, if one of the original policy has been accomplished, the others to be void.

赔款偿付地点

Claim payable at LONDON, BRITISH IN USD

日期　　在

Date MAY 27, 2019 at NINGBO, CHINA

中保财产保险股份有限公司宁波分公司

The People's Insurance (Property) Company of China, ltd. Ningbo Branch

张晓刚

General Manager

6. 制作普惠制产地证

表 6-14 普惠制产地证

<table>
<tr><td colspan="3">1. Goods consigned from (Exporter's business name, address, country)
NINGBO TEXTILES IMP. AND EXP. CORPORATION
12 GUOYI STREET, NINGBO, CHINA</td><td colspan="3" rowspan="2">Reference No.
GENERALIZED SYSTEM OF PREFERENCES
CERTIFICATE OF ORIGIN
(combined declaration and certificate)
FORM A
Issued in THE PEOPLE'S REPUBLIC OF CHINA
(country)
See notes overleaf</td></tr>
<tr><td colspan="3">2. Goods consigned to (Consignee's name, address, country)
CHR TRADING CO., LTD.
39 TOTTENHAM COURT ROAD, MARYLEBONE, LONDON W1T 2AR, UNITED KINGDOM</td></tr>
<tr><td colspan="3">3. Means of transport and route (as far as known)
FROM NINGBO, CHINA TO LONDON, BRITISH BY SEA</td><td colspan="3">4. For official use</td></tr>
<tr><td>5. Item number</td><td>6. Marks and numbers of packages</td><td>7. Number and kind of packages; description of goods</td><td>8. Origin criterion (see notes overleaf)</td><td>9. Gross weight or other quantity</td><td>10. Number and date of invoices</td></tr>
<tr><td>1</td><td>CHR
DE236256
LONDON
C/No. 1-140</td><td>ONE HUNDRED AND FORTY (140) CARTONS OF FULL COTTON KNITTED WOMEN TROUSERS
* * * *
L/C No.: IM02023502</td><td>"P"</td><td>14,000 PCS</td><td>GD04—017
MAY 23, 2019</td></tr>
<tr><td colspan="3">11. Certification
It is hereby certified, on the basis of control carried out, that the declaration by the exporter is correct.

宁波进出口商品检验局盖章

NINGBO, CHINA, MAY 24, 2019
刘强</td><td colspan="3">12. Declaration by the exporter
The undersigned hereby declares that the above details and statements are correct, that all the goods were produced in
CHINA
(country)
and that they comply with the origin requirements specified for those goods in the generalized system of preferences for goods exported to
BRITISH
(importing country)
NINGBO TEXTILES IMP. AND EXP. CORPORATION
NINGBO, CHINA, MAY 24, 2019
刘淑</td></tr>
<tr><td colspan="3">Place and date, signature and stamp of certifying authority</td><td colspan="3">Place and date, signature and stamp of authorized signatory</td></tr>
</table>

7. 制作装船通知和受益人证明

表 6 - 15 装船通知

Shipping Advice

Date：MAY 28，2019

To：CHR TRADING CO.，LTD.

Invoice No.：GD04—017 L/C No.：IM02023502

Dear Sirs，

We hereby inform you that the goods under the above mentioned credit have been shipped. The details of the shipment are stated below.

Commodity：Full Cotton Knitted Women Trousers

Quantity of Goods/packages：14,000 PCS，140 cartons

Amount：USD 16,000.00

Ocean Vessel：BILLJIE V. 998

B/L No.：COS365

ETD：MAY 28，2019

ETA：JUNE 26，2019

Port of Loading：NINGBO，CHINA

Destination：LONDON，BRITISH

Shipping Marks：

CHR

DE236256

LONDON

C/No. 1 - 140

NINGBO TEXTILES IMP. AND EXP. CORPORATION

刘淑

表 6 - 16 受益人证明

CERTIFICATE

DATE：MAY 28，2019

INV. No.：GD04—017

L/C No.：IM02023502

TO WHOM IT MAY CONCERN，

WE ARE STATING THAT ONE SET OF NON-NEGOTIABLE SHIPPING DOCUMENTS HAS BEEN SENT TO APPLICANT BY AIRMAIL WITHIN 2 DAYS AFTER SHIPMENT.

NINGBO TEXTILES IMP. AND EXP. CORPORATION

刘淑

巩固练习

信用证如表 6－17 所示：

解析

表 6－17　　信用证

NATIONAL PARIS BANK

24 MARSHALL AVE DONCASTER，MONTREAL，CANADA

WE ISSUE OUR IRREVOCABLE DOCUMENTARY CREDIT NUMBER：TH2019MU518

IN FAVOUR OF：　GREAT WALL TRADING CO.，LTD.
123，SHENGLI ROAD，SHANGHAI，CHINA

BY ORDER OF：　YI YANG TRADING CORPORATION
88 MARSHALL AVE
DONCASTER VIC 3108，CANADA

FOR AN AMOUNT OF USD 89 705,50

DATE OF EXPIRY：　191115

PLACE：　IN BENEFICIARY'S COUNTRY

AVAILABLE WITH ANY BANK

BY NEGOTIATION OF BENEFICIARY'S DRAFT DRAWN ON US

AT SIGHT IN MONTREAL

AGAINST DELIVERY OF FOLLOWING DOCUMENTS：

+COMMERCIAL INVOICES IN 5 COPIES

+CANADA CUSTOMS INVOICES IN 6 COPIES

+FULL SET OF NEGOTIABLE INSURANCE POLICY OR CERTIFICATE BLANK ENDORSED FOR 110 PERCENT OF INVOICE VALUE COVERING ALL RISKS

+FULL SET OF ORIGINAL MARINE BILLS OF LADING CLEAN ON BOARD PLUS 2 NON-NEGOTIABLE COPIES MADE OUT OR ENDORSED TO ORDER OF NATIONAL PARIS BANK 24 MARSHALL AVE DONCASTER，MONTREAL，CANADA

+SPECIFICATION LIST OF WEIGHTS AND MEASURES IN 4 COPIES

COVERING SHIPMENT OF COTTON TEA TOWELS

AS PER S/C ST505

FOR 1—300 SIZE 10 INCHES * 10 INCHES 16000 DOZ. AT USD 1,31/DOZ.
301—600 SIZE 20 INCHES * 20 INCHES 6000 DOZ. AT USD 2,15/DOZ.
AND 601—900 SIZE 30 INCHES * 30 INCHES 11350 DOZ. AT USD 4,73/DOZ.

CIF MONTREAL

FROM SHANGHAI PORT TO MONTREAL PORT

NOT LATER THAN OCT. 31，2019

PARTIAL SHIPMENTS：　ALLOWED

TRANSHIPMENT：　ALLOWED

SPECIAL INSTRUCTIONS

+ALL CHARGES IF ANY RELATED TO SETTLEMENTS ARE FOR ACCOUNT OF BENEFICIARY

+IN CASE OF PRESENTATION OF DOCUMENTS WITH DISCREPANCY（IES）A CHARGE OF USD 55,00

THIS CREDIT IS SUBJECT TO UCP FOR DOCUMENTARY CREDITS. THE LATEST REVISION ICC PUBLICATION 600 AND IS THE OPERATIVE INSTRUMENT

1. 制作商业发票

补充资料：

发票号码：GW12345　　　L/C 开证日期：2019－09－20

发票日期：2019－09－29　S/C 日期：2019－09－05

要求自行设计一个标准化唛头。

表 6－18　　　　　　　　商业发票

<table>
<tr><td colspan="5">COMMERCIAL INVOICE</td></tr>
<tr><td colspan="2" rowspan="3">EXPORTER：</td><td colspan="2">INVOICE No.：</td><td></td></tr>
<tr><td colspan="2">INVOICE DATE：</td><td></td></tr>
<tr><td colspan="2">L/C No.：</td><td></td></tr>
<tr><td colspan="2" rowspan="3">TO：</td><td colspan="2">L/C DATE：</td><td></td></tr>
<tr><td colspan="2">S/C No.：</td><td></td></tr>
<tr><td colspan="2">S/C DATE：</td><td></td></tr>
<tr><td colspan="2">TRANSPORT DETAILS：</td><td colspan="3">TERMS OF PAYMENT：</td></tr>
<tr><td colspan="2"></td><td colspan="3"></td></tr>
<tr><td>唛头
MARKS&
NUMBERS</td><td>货名
DESCRIPTION OF GOODS</td><td>数量
QUANTITY</td><td>单价
UNIT PRICE</td><td>总值
AMOUNT</td></tr>
<tr><td></td><td></td><td></td><td></td><td></td></tr>
<tr><td colspan="5">TOTAL AMOUNT IN WORDS：</td></tr>
<tr><td colspan="5"></td></tr>
</table>

2. 制作装箱单

表 6－19 补充资料

SIZE	G. W	N. W	MEAS (M^3)	KINDS OF PKGS
10'×10'	58 kgs/bale	57 kgs/bale	0.162 4/bale	200 doz/bale
20'×20'	54 kgs/bale	53 kgs/bale	0.176/bale	100 doz/bale
30'×30'	53 kgs/bale	51 kgs/bale	0.13/bale	50 doz/bale

表 6－20 装箱单

<table>
<tr><td colspan="7">PACKING LIST</td></tr>
<tr><td colspan="3" rowspan="4">EXPORTER：</td><td colspan="2">INVOICE No. ：</td><td colspan="2"></td></tr>
<tr><td colspan="2">INVOICE DATE：</td><td colspan="2"></td></tr>
<tr><td colspan="2">FROM：</td><td colspan="2">TO：</td></tr>
<tr><td colspan="4">SHIPPED BY</td></tr>
<tr><td colspan="3">TO：</td><td colspan="4">SHIPPING MARK：</td></tr>
<tr><td>C/Nos.</td><td>No. AND KINDS OF PKGS.</td><td>GOODS & PACKING</td><td>QTY.</td><td>G. W.</td><td>N. W.</td><td>MEAS.</td></tr>
<tr><td></td><td></td><td></td><td></td><td></td><td></td><td></td></tr>
<tr><td colspan="7"></td></tr>
<tr><td colspan="7"></td></tr>
</table>

3. 制作汇票

补充资料：

汇票号码：GW123456

汇票日期：2019－10－23

议付行：中国银行

表 6－21　　　　汇票

凭
Drawn under ....
信用证　　　　第　　　　号
L/C No.：..
日期
Dated ....
按　　　息　　　　　　付款
Payable with interest @　　　　　% per annum
号码　　汇票金额　　　　　中国，上海　　年　　月　　日
No.：　　　　Exchange for　　　　　Shanghai，China
见票　　　日　后（本　汇　票　之　副　本　未付）
At　　　　Sight of this FIRST of Exchange（Second of exchange being unpaid）
pay to the order of　　　　　　　　　或 其 指 定 人
付金额
The sum of
To ....

4. 制作海运提单

补充资料：

提单号：ABCD1234

船名、航次：DONGHE V. 098

生产厂：新洁毛巾厂

提单日期：2019－10－15

保单日期：2019－10－13

保单号码：PO123456

产地证号码：CO12345

产地证日期：2019－10－13

表 6－22 **海运提单**

<table>
<tr><td colspan="2">Shipper (Insert Name, Address and Phone)

Consignee (Insert Name, Address and Phone)

Notify Party (Insert Name, Address and Phone)
(it is agreed that no responsibility shall attach to the carrier or his agents for failure to notify)</td><td colspan="4">B/L No. ABCD1234
中远集装箱运输有限公司
COSCO CONTAINER LINES
TLX: 33057 COSCO CN
FAX: +86 (021) 6545 8984
ORIGINAL
Port-To-Port or Combined Transport
Bill of Lading</td></tr>
<tr><td>Pre-carriage by</td><td>Place of receipt</td><td colspan="4" rowspan="3">RECEIVED in external apparent good order and condition except as otherwise noted. The total number of packages or units stuffed in the container, the description of the goods and the weights shown in this bill of lading are furnished by the merchants, and which the carrier has no reasonable means of checking and is not a part of this bill of lading contract. The carrier has issued the number of bills of lading stated below, all of this tenor and date. One of the original bills of lading must be surrendered and endorsed of signed against the delivery of the shipment and whereupon any other original bills of lading shall be void. The merchants agree to be bound by the terms and conditions of this bill of lading as if each had personally signed this bill of lading.
See clause 4 on the back of this bill of lading (terms continued to the back hereof, please read carefully).
* Applicable only When Document Used as a Combined Transport Bill of Lading</td></tr>
<tr><td>Ocean Vessel Voy. No.</td><td>Port of Loading</td></tr>
<tr><td>Port of Discharge</td><td>Place of delivery</td></tr>
<tr><td>Marks & Nos.
Container / Seal No.</td><td>No. of Containers
or Packages</td><td colspan="2">Description of Goods</td><td>Gross Weight</td><td>Measurement</td></tr>
<tr><td></td><td></td><td colspan="2"></td><td></td><td></td></tr>
<tr><td colspan="2"></td><td colspan="4">Description of Contents for Shipper's Use Only (Not part of This B/L Contract)</td></tr>
<tr><td colspan="3">Total Number of containers and/or packages (in words)
Subject to clause 7 limitation</td><td colspan="3"></td></tr>
</table>

<table>
<tr><td>Freight & charges
Declared value charge</td><td>Revenue Tons</td><td>Rate</td><td>Per</td><td>Prepaid</td><td>Collect</td></tr>
</table>

<table>
<tr><td rowspan="2">Ex. Rate</td><td>Prepaid At</td><td>Payable At</td><td>Place and Date of Issue</td></tr>
<tr><td>Total Prepaid</td><td>No. of Original B (s) /L</td><td>Signed for the Carrier</td></tr>
<tr><td>Laden on board the vessel
Date</td><td colspan="2">by</td><td></td></tr>
</table>

5. 制作保险单

表 6-23 保险单

中保财产保险股份有限公司

The People's Insurance (Property) Company Of China, Ltd.

发票号码
Invoice No.

保险单号
Policy No.

海 洋 货 物 运 输 保 险 单

MARINE CARGO TRANSPORTATION INSURANCE POLICY

被保险人
Insured:

中保财产保险有限公司（以下简称本公司）根据被保险人的要求及其所缴纳约定的保险费，按照本保险单承担的险别和背面所载条款与下列特别条款承保下列货物运输保险，特签发本保险单。

This Policy of Insurance witnesses that the people's insurance (property) company of China, Ltd., at the request of the Insured and in consideration of the agreed premium paid by the Insured, undertakes to insure the undermentioned goods in transportation subject to the conditions of policy as per the clauses printed overleaf and other special clauses attached hereon.

保险货物项目 Descriptions of Goods	包装 单位 数量 Parking Unit Quantity	保险金额 Amount Insured
承保险别 Condition	L/C NO.	货物标记 Marks of Goods

总保险金额
Total amount insured:

保费
Premium as arranged

运输工具
Per conveyance S. S ______

开航日期
Slg. On or abt ______

启运港
FROM ______

目的港
TO ______

所保货物，如发生本保险单项下可能引起索赔的损失或损坏，应立即通知本公司下述代理人勘察。如有索赔，应向本公司提交保险单正本（本保险单共有　份正本）及有关文件。如一份正本已用于索赔，其余正本则自动失效。

In the event of loss or damage which may result in a claim under this policy, immediate notice must be given to the company's agent as mentioned hereunder. Claims, if any, one of the original policy which has been issued in Original (s) together with the relevant documents shall be surrendered to the company, if one of the original policy has been accomplished, the others to be void.

赔款偿付地点
Claim payable at ______

日期 在
Date ______ at ______

General Manager

6. 制作加拿大海关发票

表 6－24 **加拿大海关发票**

Revenue Canada Customs and Excise	Revenue Canada Douanes et Accise	CANADA CUSTOMS INVOICE FACTURE DES DOUANES CANADIENNES	Page	of de

1. Vendor (Name and Address) Vendeur (Nom et adresse)	2. Date of Direct Shipment to Canada/Date d'expedition directe vers ie Canade 3. Other References (include Purchaserys Order No.) Autres reterences (inclure ie n de commande de í acheteur)	
4. Consignee (Name and Address) Destinataire (Nom et adresse)	5. Purchaser's Name and Address (if other than Consignee) Ncm et adresse de í acheteur (S'll differe du destinataire)	
	6. Country of Transhipment/Pays de transbordement	
	7. Country of Origin of Goods pays d'origine des marchandises	IF SHIPMENT INCLUDES GOODS OF DIFFERENT ORIGINS ENTER ORIGINS AGAINST ITEMA IN12 SIL' EXPEDON COMPREND DES MARCHANDIS-ES D'ORIGINES DIFFERENTES PRECISER LEUR PROVENANCE EN12
8. Transportation Give Mode and Place of Direct Shipment to Canada Transport Preciser mode et point d'expedition directe vercte vers ie canada	9. Condirtions of Sale and Terms of Payment (i. e Saie. Consignment Shipment, Leased Goods, etd.) Conditions de vente et modaitites de paiement (P. ex vente, expedition en consignation, location, de marchandises, etc)	
	10. Currency of Settlement/Devises du paiement	

11. No of Pkgs Nore de colis	12. Specification of Commodities (Kind of Packages, Marks, and Numbers, General Description and Characteristics, ie Grade, Quality) Designation des articles (Nature des colis, marques et numeros, description ger erale et caracteristiques, P ex classe, qualite)	13. Quantity (State Unit) Quantite (Preciser í unite)	Selling Price/Prix de vente 14. Unit Price Prix unitaire	15. Total

18. if any Of fields 1 to 17 are included on an attached commercial invoice, check this box si tout renseignement relatlvement aux zones 1 e 17 ligure sur une ou des tactures commerciaies ci-attachees cocher cette case commercial invoice No. 1 N de la factre commerciaie	16. Total Weight/ Poids Total	17. Invoice Total **Total de la facture**	
	Net	Gross/Brut	

19. Exporter's Name and Address (if other than Vendor) Nom et adresse de í exportateur (s'll differe du vendeur)	20. Originator (Name and Address)/Expediteur d'origine (Nom et adresse)
21. Departmental Rulikg (if applicable) /Decision du Ministere (S' lly a lieu)	22. If fields 23 to 25 are not applicable, check this box Si ies zones 23 e 25 sont sans objet, cocher cette case

23. if included in field 7 indicate amount Si compris dans ie total a ia zone 17, preciser (Ⅰ) Transportation charges, expenese and insurance from the place of direct shipment to Canada Les frais de transport, depenses et assurances a partir du point of expedition directe vers is Canada.	24. If not included in field 17 indicate amount Si non compris dans le total a ie zone 17, Dreciser (Ⅰ) Transportation charges, expense and insurance to the place of direct shipment to Canada Les frais de transport, depenses et assurances Iusqu' au point d'of expedition directd vers ie Canada	25. Check (if applicable) Cochet (s'lly a liso) (Ⅱ) Royalty payments or subsequent proceede are paid or payable by the purchaser Des redevances ou prodults ont ete ou seront Verses par í acheteur
(Ⅱ) Costs for const: action, erection and assembly incurred atter importation into Canada Les couts de construction, d'erection et d'assemblage,, pres impo-raation au. Canada (Ⅲ) Export packing Le cout de í emballage d'exportation	(Ⅱ) Amounts for commissions other than buying commissions Les commissions autres que celles verses Pour í achat (Ⅲ) Export packing Le cout de í embal lage d'exportation	(Ⅱ) The purchaser has supplied goods or services for use in the production of these goods L'acheteur a fouml des merchandises ou des Services pour ia production des merchandises

7. 制作装船通知

表 6-25 装船通知

SHIPPING ADVICE

TO:

DATE:
INVOICE No.:
S/C No.:
L/C No.:

DEAR SIRS,
WE HEREBY INFORM YOU THAT THE GOODS UNDER THE ABOVE MENTIONED CREDIT HAVE BEEN SHIPPED. THE DETAILS OF THE SHIPMENT ARE STATED BELOW.
COMMODITY:
QUANTITY OF GOODS/PACKAGES:
TOTAL G. W.
DATE OF DEPARTURE:
B/L No.:
PORT OF LOADING:
DESTINATION:
SHIPPING MARKS:

8. 制作重量检验证书

表 6-26 重量检验证书

中华人民共和国出入境检验检疫
ENTRY-EXIT INSPECTION AND QUARANTINE
OF THE PEOPLE'S REPUBLIC OF CHINA
重量检验证书
QUANTITY CERTIFICATE

编号:
No.: 75395182

发货人:
Consignor:
收货人:
Consignee:
货名:
Description of Goods:

标记及号码:
Mark & No.:

报验数量/重量:
Quantity/ Weight Declared:

包装种类及数量：
Number and Type of Packages：
运输工具：
Means of Conveyance：
检验结果：
Results of Inspection：

TOTAL NET WEIGHT：	
TOTAL：	

我们已尽所知和最大能力实施上述检验，不能因我们签发本证书而免除卖方或其他方面根据合同与法律所承担的产品数量责任和其他责任。

All inspections are carried out conscientiously to the best of our knowledge and ability. This certificate does not in any respect absolve the seller and other related parties from his contractual and legal obligations especially when product quantity is concerned.

学习评价

表 6-27　　学习评价

任务要求	技术要求	分值	评分细则	评分记录
读懂合同及信用证	了解合同和信用证中关于装船通知及受益人证明条款的主要内容	40 分	对合同和信用证的主要条款及装船通知和受益人证明条款的翻译是否正确、全面，不能说出其中一个条款者扣 4 分	
完成整套单据的制作	装船通知格式清楚、内容完整	60 分	整套单据各项目漏项或错填，每项扣 4 分；格式未达到简洁、清楚要求，根据情况扣 5～8 分	

项目小结

制单结汇是交易能否圆满结束的关键一环，它要求制单人员认真、仔细，具有高度的责任感。本项目主要介绍了商业发票、装箱单、汇票、海运提单、保险单、普惠制产地证、装船通知和受益人证明等常用结汇单据的制作方法。

商业发票制作中要注意其内容应与信用证要求完全一致，不得遗漏或改动；根据不同的货物及买方关注点，包装单据在名称和内容上可能有所侧重，因而要根据不同的要求制作不同的包装单据；汇票制作中要区分信用证汇票和托收汇票；海运提单是物权凭证，是重要的结汇单据，制作时一定要符合信用证单据条款中关于提单的要求；保险一定要在货物离开出口仓库前办理，以保证保险单的签发日期在提单日期之前；普惠制产地证是普惠制优惠关税给惠国海关减免关税的依据，因此，如果出口货物符合普惠制优惠关税受惠要求，出口商一定要申请普惠制产地证以取得最大利益；装船通知和受益人证明在制作时除符合一般格式要求外，也要符合信用证单据条款和特殊条款的要求。

项目七 制作核销及退税单证

知识目标

能够掌握出口收汇核销与出口退（免）税的基本知识，熟悉其工作流程及相关单证材料的缮制，了解国家关于出口收汇核销与出口退（免）税工作的基本政策和规定。

课件：制作核销及退税单证

能力目标

能够根据国家的相关政策和规定完成出口收汇核销与出口退（免）税工作。

项目导入

2016 年 7 月，某外贸公司出口一批货物到中东地区，在报关时将货物金额写错，比实际收汇高出两倍，造成无法正常核销、退税，只好申请延期。货代几经周折才将报关单修改过来。

某外贸公司于 2017 年 4 月出口一批货物所取得的报关单反映：出口日期为 2017 年 4 月 25 日，申报日期为 2017 年 4 月 23 日，海关签发日期为 2017 年 5 月 1 日，退税人员错过退税申报期限，最终无法退税，给企业造成损失。

2017 年，某外贸企业出口一批涤纶染色布，已报关出运，但是核销单退税联上货物名称写成了涤纶植绒布，导致没有办法退税，企业损失惨重。

上述出口企业无法正常收汇核销、退税的情况在实际业务中时有发生，不仅给企业增加了程序上的麻烦，也可能带来难以估量的损失。

按照我国的外汇管理规定，出口企业向银行提交全套合格单据并按时收回货款后，还必须进行出口收汇核销。我国实行出口收汇核销与出口退税挂钩的原则，出口企业只有办理完出口收汇核销并取得核销退税专用联等退税凭证后方可到税务局退税。如今，出口竞争日益激烈，出口退税关系到出口企业的切身利益，影响企业的出口收入和利润，那么，如何做好出口收汇核销和退税工作，从而使企业能够顺利实现退税呢?

一、出口收汇核销的业务流程及单证缮制方法

出口收汇核销是对每笔出口收汇进行跟踪，直到收回外汇为止。我国从 1995 年 7 月开始采取事后监督和事前监督并举的方法，将外汇管理局、银行、税务、海关及出口企业有机地结合起来，防止出口单位高报出口价格骗税的行为。

出口收汇核销单是目前我国出口货物在海关申报手续时必须提交的出口单证之一，它由国家外汇管理局统一核发和核销。出口收汇核销单的根本作用是督促各出口企业在规定的期限内把先前申报的出口货物的价值完整地收回国内，防止不法企业不收、少收或迟收国外应收账款的逃汇或变相的逃汇行为。

(一) 出口收汇核销业务流程

出口收汇核销业务流程如图 7-1 所示。

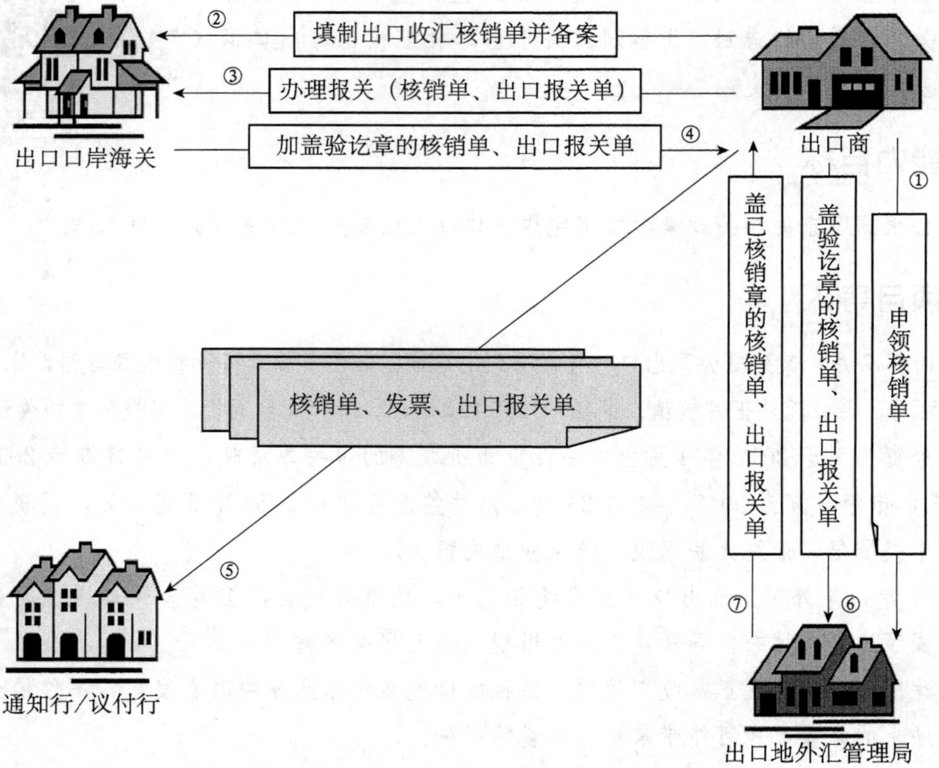

图 7-1 出口收汇核销业务流程

解读：

(1) 出口企业凭操作员卡上网申请所需核销单的份数，并到外汇管理局领取有编号的

纸质核销单。

（2）外汇管理局在发放纸质核销单的同时，将发放的核销单电子底账数据放到公共数据平台。

（3）出口企业在报关前必须预先将核销单编号向出口报关地海关进行核销单备案，并于领单 90 天内凭已缮制好的核销单、注明核销单编号的出口报关单和其他有关单据向海关报关。

（4）海关在办理出口报关单验放手续时，逐票进行纸质核销单与电子底账一致性的核查，核准无误后，在核销单“海关签注栏”处加盖“验讫章”，退还出口企业。

（5）货物出口后，出口企业必须上网将已用于出口报关的核销单、出口报关单和发票向外汇管理局交单。

（6）出口企业在汇票和发票上注明核销单编号，持全套结汇单据向银行办理托收或议付。银行结汇后，在出口收汇核销水单或收账通知上注明核销单号交出口企业。

（7）出口企业持经海关签章的收汇核销单专用联、结汇水单或收账通知及报关单到外汇管理局办理核销。即期支付应在出口报关之日起 180 天内办理出口收汇核销手续，远期支付应当根据在外汇管理局备案的出口合同所规定的收汇期限收汇。外汇管理局在核销单上加盖“已核销章”后，将核销单和报关单（出口退税专用）交给出口企业办理出口退税。

（8）空白核销单长期有效．使用前应加盖单位名称及组织机构代码条形章，并在骑缝处加盖单位公章。核销单发生全额退关、填错等情况的，出口单位应当在 3 个月内到外汇管理局办理核销单注销手续。

（9）出口企业在货物报关前丢失空白核销单的，必须在 5 个工作日内向外汇管理局办理申请挂失手续，并提交书面证明，外汇管理局将登报声明作废，费用由丢失核销单者负责；出口单位在货物报关出口后将核销单遗失的，应及时向外汇管理局申报，填写报关后核销单遗失申报表，并仍按原出口核销操作程序办理，核销后由外汇管理局签发出口收汇核销单退税联补办证明。

办理出口收汇核销时还需注意以下问题：

第一，出口企业自申领出口收汇核销单之日起，3 个月之内必须凭出口货物报关单、银行结汇水单、商业发票和出口收汇核销单等向外汇管理局办理此批出口货物的出口收汇核销手续。如遇特殊情况，在向外汇管理局说明理由并获得同意后，可以适当延期。

第二，如果出口企业实际从国外收汇的款项数额小于先前出口时申报的数额，其差额一般不得超过 USD 500.00；如果出口企业实际从国外收汇的款项数额大于先前出口时申报的数额，其差额一般不得超过 USD 2,000.00。否则，出口企业在办理核销手续时，须向外汇管理局说明原因。

第三，出口收汇核销单上的“出口单位”和“单位代码”一般要求雕刻专用的条形章加盖，不允许直接用手写的方式填写。

第四，出口收汇核销单中其他栏目的填写可以用手写，但不得涂改，即使用橡皮擦、涂改液修正也是不允许的。

第五，如果出口企业逾期不办理出口收汇核销手续，直接的后果有两个：

(1) 国家税务局对于该企业本笔出口业务不给予出口退税；

(2) 国家外汇管理局给予该出口企业警告或停止发放新的出口收汇核销单的惩罚。

(二) 出口收汇核销单的缮制方法

出口收汇核销单由国家外汇管理局统一印制，由出口企业和银行分别缮制，海关凭其受理报关，各级外汇管理部门则将其作为核销凭证。它由核销单存根联、出口收汇核销单联及出口退税专用联三联构成。出口收汇核销单样单如表 7-1 所示。

核销单存根联的缮制要点如下：

(1) 编号：事先由国家外汇管理局统一印制。

(2) 出口单位：注明合同的出口方全称，并加盖公章，应与出口货物报关单、发票同项内容一致。

(3) 出口币种总价：按收汇的原币种填入该货物的应收总额，通常与商业发票总金额相同。

(4) 收汇方式：根据合同的规定填制收汇方式。

(5) 预计收款日期：根据具体的收汇方式，推算可能收到汇款的日期并填入此栏。

(6) 报关日期：按海关放行的日期填写。

(7) 备注：填写收汇方面需要说明的事项。如委托代理方式下，代理出口企业必须注明委托单位名称，并加盖代理出口企业的公章等。

(8) 此单报关有效期截止到：通常填写出口货物的装运日期。

出口收汇核销单联的缮制要点如下：

(1) 银行签注栏：由银行填写商品的类别、货币名称和金额，注明日期，并加盖公章。

(2) 海关签注栏：此栏由海关批注有关内容，并加盖公章。

(3) 外汇局签注栏：由外汇管理局在本栏批注有关内容，填制日期，并加盖公章。

出口退税专用联的缮制要点如下：

(1) 货物名称：填实际出口货物的名称，并与发票、出口货物报关单中的品名一致。

(2) 数量：按包装方式的件数填写，应与报关单同项内容相符。

(3) 币种总价：按发票或报关单的总金额和币种填写。

(4) 报关单编号：按出口货物报关单的实际编号填写。

表 7－1　　　　　　　　　　　　**出口收汇核销单样单**

出口收汇核销单 存根 （鄂）编号：		出口收汇核销单 （鄂）编号：					（出口单位盖章）	出口收汇核销单 出口退税专用 （鄂）编号：		
出口单位：		出口单位：						出口单位：		
单位代码：		单位代码：						单位代码：		
出口币种总价：	（出口单位盖章）	银行签注栏	类别	币种金额	日期	盖章		货物名称	数量	币种总价
收汇方式：										
预计收款日期：										
报关日期：										
备注：		海关签注栏					（海关盖章）	报关单编号：		
此单报关有效期截止到		外汇局签注栏 年　月　日（盖章）						外汇局签注栏 年　月　日（盖章）		

二、出口货物退税业务流程及注意事项

（一）出口货物退税业务流程

出口货物退税业务流程如图 7－2 所示。

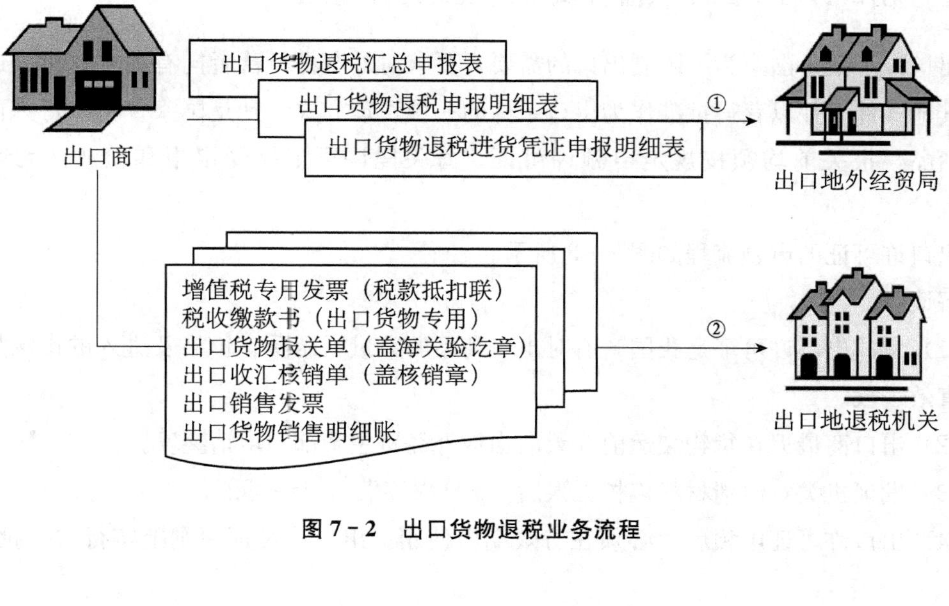

图 7－2　出口货物退税业务流程

解读：

(1) 凡办理出口退税的企业，必须先向所在地税务机关办理退税登记，填写出口企业退（免）税登记申请表，否则不予以退税。

(2) 出口企业填报出口货物退税申报明细表、出口货物退税进货凭证申报明细表、出口货物退税汇总申报表，并随附所需资料报外经贸主管部门稽核签章。

(3) 出口企业向主管出口退税的国税机关申请退税，提交购进出口货物的专用发票（税款抵扣联）、经银行签章的税收缴款书（出口货物专用）、盖有海关验讫章的出口货物报关单、盖有外汇管理机关核销章的出口收汇核销单、出口销售发票和出口货物销售明细账等，并将申报出口退税的有关凭证按照顺序装订成册，以便于审核。

(4) 出口企业必须在货物报关出口之日起 90 天内，向退税机关申报办理出口货物退税手续。逾期不报的，退税机关不再受理该笔出口货物的退税申报。

(二) 出口货物退税的对象和范围

凡有出口业务的进出口单位，在货物出口后，都可以凭结汇水单、出口收汇核销单、出口货物报关单等向注册所在地主管退税业务的税务机关办理出口退税。

我国出口的产品，除免税货物、禁止出口货物和明文规定不予退税货物外，都可享受退税政策。一般情况下，这些货物必须已经报关离境且已经办理收汇核销，已经在财务上做出口销售后才能退还其增值税和消费税等中间税。

但国家对退税产品也做了特殊规定，特准某些产品视同出口产品予以退税，如外轮供应公司销售给外轮、远洋货轮和海员的产品；而有少数出口产品即使符合条件也不予退税，如出口的原油、个人在国内购买自带出境的商品等。

三、出口许可证的申领流程及申请表的缮制方法

出口许可证是国家为了限制出口的需要，要求对外贸易经营者向有关主管机关递交申请或其他文件，并以获得批准作为出口条件的一种管理方式。凡是国家宣布实行许可证管理的商品，报关前均须按规定申领许可证，海关凭许可证接受申报和验放，无证不得出口。

出口许可证的申领流程如图 7－3 所示。

解读：

(1) 发放出口许可证是我国政府对出口商品的数量、品质、价格及进入的市场加以限制的有效手段。

(2) 出口商最迟在货物装运前 3 天向当地外经贸主管部门申请签发。

(3) 发证机关对申请材料审核无误后，3 日内签发出口许可证。

(4) 出口许可证申领后，必须在有效期内使用。出口许可证原则上实行“一批一证”

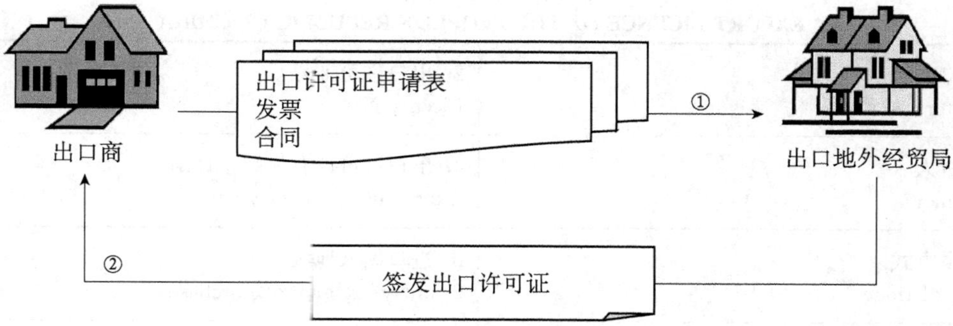

图 7-3　出口许可证的申领流程

制度，有效期自签发日期起不超过 3 个月；如果是非“一批一证”的商品，可在有效期内使用 12 次，有效期为签发日期起 6 个月。

出口许可证申请表一式两联，第一联为正本，发证机构存档；第二联为副本，作为取证凭证。填写时应注意与出口合同、信用证、商业发票等其他单据保持一致。其中：

（1）出口商栏应填写有进出口经营权的单位全称或特批出口的单位全称。

（2）出口许可证有效截止日期栏按实际年份填写，跨年度使用时，有效期最迟到次年 2 月底，出口许可证应在有效期内使用，逾期失效。

（3）数量栏表示该证所允许的出口数量，此数值保留一位小数。若计量单位为“批”，此栏填 1。

（4）填写单价栏时应注意此处单价应与计量单位保持一致。

出口许可证申请表缮制时还应注意：

第一，出口许可证申请表中的数量应严格与合同和信用证一致，实际出运的数量不得超出出口许可证允许的数量。

第二，贸易方式、报关口岸应与报关单一致。

第三，签订合同时商品的单价不得低于出口许可证所允许的单价。

第四，出口许可证签发后，出口单位需变更许可证内容时，必须到原发证机关换证，并应在原出口许可证和合同有效期内进行，任何涂改或伪报都要追究责任。

出口许可证申请表样单如表 7-2 所示。

表 7-2

中华人民共和国出口许可证申请表

EXPORT LICENCE OF THE PEOPLE'S REPUBLIC OF CHINA

1. 出口商 Exporter	2. 出口许可证号 Licence No.
3. 发货人 Consignor	4. 出口许可证有效截止日期 Export licence expiry date
5. 贸易方式 Terms of trade	8. 进口国（地区） Country/ Region of purchase
6. 合同号 Contract No.	9. 付款方式 Terms of payment
7. 报关口岸 Place of clearance	10. 运输方式 Mode of transport
11. 商品名称 Description of goods	商品编码 Code of goods

12. 规格、等级 Specification	13. 单位 Unit	14. 数量 Quantity	15. 单价（ ） Unit price	16. 总值（ ） Amount	17. 总值折美元 Amount in USD
18. 总计					

19. 备注 申请单位盖章 申领日期	20. 签证机构审批（初审） 经办人
	终审

实战演练

解析

1. 制作出口收汇核销单

业务资料：

出口商：上海进出口贸易公司

海关注册企业编码：3106785432　　企业税务登记代码：465498417

进口商：PT. TRADE CORPORATION，CANADA

合同号：TXT06081　　付款方式：L/C

报关口岸：上海　　货名：山地自行车

商品编码：8712003000　　报关日期：2017. 6. 20

表 7 - 3　　货物具体信息

货号	数量	单价（美元）
ART SH28 INCH	300	100.00
ART SH26 INCH	400	80.00

表 7 - 4　　出口收汇核销单

<table>
<tr><td>出口收汇核销单
存根
（沪）编号：325623454</td><td rowspan="8">（出口单位盖章）</td><td colspan="5">出口收汇核销单
（沪）编号：325623454</td><td rowspan="8">（出口单位盖章）
（海关盖章）</td><td colspan="3">出口收汇核销单
出口退税专用
（沪）编号：325623454</td></tr>
<tr><td>出口单位：
上海进出口贸易公司</td><td colspan="5">出口单位：
上海进出口贸易公司</td><td colspan="3">出口单位：
上海进出口贸易公司</td></tr>
<tr><td>单位代码：465498417</td><td colspan="5">单位代码：465498417</td><td colspan="3">单位代码：465498417</td></tr>
<tr><td>出口币种总价：
USD 62,000.00</td><td rowspan="4">银行签注栏</td><td>类别</td><td>币种金额</td><td>日期</td><td>盖章</td><td>货物名称</td><td>数量</td><td>币种总价</td></tr>
<tr><td>收汇方式：L/C</td><td></td><td></td><td></td><td></td><td>山地自行车</td><td>6000</td><td>USD 62,000.00</td></tr>
<tr><td>预计收款日期：</td><td></td><td></td><td></td><td></td><td></td><td></td><td></td></tr>
<tr><td>报关日期：2017 - 06 - 20</td><td></td><td></td><td></td><td></td><td></td><td></td><td></td></tr>
<tr><td>备注：</td><td colspan="5">海关签注栏</td><td colspan="3">报关单编号：</td></tr>
<tr><td>此单报关有效期
截止到</td><td></td><td colspan="5">外汇局签注栏

年　月　日（盖章）</td><td></td><td colspan="3">外汇局签注栏

年　月　日（盖章）</td></tr>
</table>

2. 制作出口许可证申请表

表 7-5　中华人民共和国出口许可证申请表

EXPORT LICENCE OF THE PEOPLE'S REPUBLIC OF CHINA

1. 出口商 上海进出口贸易公司　3106785432			2. 出口许可证号		
3. 发货人 上海进出口贸易公司　3106785432			4. 出口许可证有效截止日期		
5. 贸易方式 一般贸易			8. 进口国（地区） 加拿大		
6. 合同号 TXT06081			9. 付款方式 L/C		
7. 报关口岸 上海			10. 运输方式 海运		
11. 商品名称 山地自行车			商品编码 8712003000		
12. 规格、等级 Specification	13. 单位 Unit	14. 数量 Quantity	15. 单价（USD） Unit price	16. 总值（USD） Amount	17. 总值折美元 Amount in USD
ART SH28 INCH	辆	300	100.00	30,000.00	30,000.00
ART SH26 INCH	辆	400	80.00	32,000.00	32,000.00
18. 总计	辆	700		62,000.00	62,000.00
19. 备注 申请单位盖章 申领日期			20. 签证机构审批（初审） 经办人 终审		

巩固练习

1. 制作出口收汇核销单

业务资料：

出口商：湖北新兴中原国际贸易有限公司

海关注册企业编码：4201910521　　企业税务登记代码：772045817

进口商：LAISAN AND CORPORATION，MAURITIUS

合同号：MAUR051229　　付款方式：L/C

报关口岸：上海　　货名：毛衫

商品编码：6110909000　　报关日期：2018.3.14

解析

表 7-6　货物具体信息

货号	数量	单价（美元）
STYLE 768	1,000 PCS	12.00
STYLE 769	800 PCS	10.00

表 7－7　　出口收汇核销单

<table>
<tr><td>出口收汇核销单
存根
（鄂）编号：</td><td rowspan="9">（出口单位盖章）</td><td colspan="5">出口收汇核销单

（鄂）编号：</td><td rowspan="8">（出口单位盖章）</td><td colspan="3">出口收汇核销单
出口退税专用
（鄂）编号：</td></tr>
<tr><td>出口单位：</td><td colspan="5">出口单位：</td><td colspan="3">出口单位：</td></tr>
<tr><td>单位代码：</td><td colspan="5">单位代码：</td><td colspan="3">单位代码：</td></tr>
<tr><td>出口币种总价：</td><td rowspan="4">银行签注栏</td><td>类别</td><td>币种金额</td><td>日期</td><td>盖章</td><td>货物名称</td><td>数量</td><td>币种总价</td></tr>
<tr><td>收汇方式：</td><td></td><td></td><td></td><td></td><td></td><td></td><td></td></tr>
<tr><td>预计收款日期：</td><td></td><td></td><td></td><td></td><td></td><td></td><td></td></tr>
<tr><td>报关日期：</td><td></td><td></td><td></td><td></td><td></td><td></td><td></td></tr>
<tr><td>备注：</td><td colspan="5">海关签注栏</td><td colspan="3">报关单编号：</td></tr>
<tr><td>此单报关有效期截止到</td><td colspan="5">外汇局签注栏

年　月　日（盖章）</td><td>（海关盖章）</td><td colspan="3">外汇局签注栏

年　月　日（盖章）</td></tr>
</table>

2. 制作出口许可证申请表

表 7－8　　中华人民共和国出口许可证申请表

EXPORT LICENCE OF THE PEOPLE'S REPUBLIC OF CHINA

<table>
<tr><td colspan="3">1. 出口商</td><td colspan="3">2. 出口许可证号</td></tr>
<tr><td colspan="3">3. 发货人</td><td colspan="3">4. 出口许可证有效截止日期</td></tr>
<tr><td colspan="3">5. 贸易方式</td><td colspan="3">8. 进口国（地区）</td></tr>
<tr><td colspan="3">6. 合同号</td><td colspan="3">9. 付款方式</td></tr>
<tr><td colspan="3">7. 报关口岸</td><td colspan="3">10. 运输方式</td></tr>
<tr><td colspan="3">11. 商品名称</td><td colspan="3">商品编码</td></tr>
<tr><td>12. 规格、等级
Specification</td><td>13. 单位
Unit</td><td>14. 数量
Quantity</td><td>15. 单价（　）
Unit price</td><td>16. 总值（　）
Amount</td><td>17. 总值折美元
Amount in USD</td></tr>
<tr><td></td><td></td><td></td><td></td><td></td><td></td></tr>
<tr><td></td><td></td><td></td><td></td><td></td><td></td></tr>
<tr><td>18. 总计</td><td></td><td></td><td></td><td></td><td></td></tr>
<tr><td colspan="3" rowspan="2">19. 备注

申请单位盖章
申领日期</td><td colspan="3">20. 签证机构审批（初审）
经办人</td></tr>
<tr><td colspan="3">终审</td></tr>
</table>

学习评价

表 7-9 学习评价

任务要求	技术要求	分值	评分细则	评分记录
了解收汇核销、退税及申请出口许可证的基本程序	能画出收汇核销、退税、申请出口许可证的流程图并口述流程	30 分	流程图不准确，每项扣 3 分；口述流程错误或漏项，每项扣 4 分	
能够全面收集收汇核销、退税、申请出口许可证所需信息	从信用证、合同及其他单证中全面收集收汇核销、退税、申请出口许可证所需相关信息	30 分	对相关信息进行全面收集，漏掉一个相关信息扣 3 分	
完成出口收汇核销单及出口许可证申请表的缮制	出口收汇核销单及出口许可证申请表内容填制的准确性	40 分	项目内容填制不准确或错误，每项扣 4 分	

项目小结

出口收汇核销与退税是保证出口企业取得预期经济效益的关键，它要求出口企业与海关、外汇管理局、税务局、银行等部门进行衔接，从而把这项工作做好。本项目主要介绍出口收汇核销、出口退税及出口许可证申领的基本知识、工作流程和相关单证。

出口收汇核销、出口退税及出口许可证的申领都是政策性、规范性很强的工作，在实际工作中要不断跟踪国家相关政策、规定的变化，同时要结合本地实际情况。

项目八 单证审核

知识目标

掌握外贸出口结汇单据的审单原则和审单方法、外贸出口单据交付的工作流程；熟悉各种主要出口单证常见的差错及审单时应注意的问题。

课件：单证审核

能力目标

能够对不符单据进行灵活处理。

项目导入

甲公司向某国A公司买进灯泡生产线。合同规定分两次交货、分批开证，买方（甲公司）应于货到目的港后60天内复验，若与合同规定不符，甲公司可凭所在国的商检证书向A公司索赔。甲公司按照合同规定，申请银行开出首批货物的信用证。A公司将货物装船并凭合格单据向议付行议付，开证行也在单证相符的情况下，对议付行偿付了款项。在第一批货物尚未到达目的港之前，第二批货物的开证日期临近，甲公司又申请银行开出信用证。此刻，首批货物抵达目的港，经检验发现货物与合同规定严重不符，甲公司当即通知开证行，称“拒付第二次信用证项下的货款，并请听候指示”。然而，开证行在收到议付行寄来的第二批货物的单据，审核无误后，再次偿付议付行。当开证行要求甲公司付款赎单时，该公司拒绝付款赎单。

在结汇单据制作好以后，为了保证外贸企业能够顺利结汇，单证人员必须对结汇单据进行审核，以保证结汇单据的质量。在单证审核过程中，除了要求审单人员在工作时态度认真以外，也要求讲究审单方法，以达到事半功倍的效果。那么，采用什么样的审单方法，掌握什么样的单证审核要点，才能准确、快速地找出问题并尽快解决，以保证安全结汇呢？

一、单证审核的要求及方法

（一）单证审核的要求

（1）及时审核有关单据可以对单据上的差错做到及时发现、及时更正，有效地避免因审核不及时而造成各项工作失误。

（2）各种单据份数符合合同和信用证要求，内容和签章完整。

（3）各种单据的名称和内容与信用证相符。

（4）各种单据之间内容相互一致。

（5）各种单据的签发日期没有矛盾。

（二）单证审核的方法

单证审核的方法有纵向审核法、横向审核法和纵横审核法。

（1）纵向审核法。以信用证或合同（在非信用证付款条件下）为基础对规定的各项单据进行审核，要求有关单据的内容严格符合信用证的规定，做到单证相符。

（2）横向审核法。以商业发票为中心审核其他规定的单据，使有关的内容相互一致，做到单单相符。

（3）纵横审核法。审单时应将审单记录表、全套单据、信用证从右向左放置在案桌上，中间的单据按汇票、商业发票、保险单、提单从上至下依次排好。

二、单证审核的要点

单证审核的要点包括：检查规定的单证是否齐全（包括检查所需单证的份数）；检查所提供的文件名称和类型是否符合要求；有些单据是否按规定进行了认证；单证之间的货物描述、数量、金额、重量、体积、运输标志等是否一致；单证出具或提交的日期是否符合要求；等等。此外，应注意各种单据的缮制是否正确。

（一）汇票审核要点

（1）汇票的付款人名称、地址是否正确。

（2）汇票上金额的大小写是否一致。

（3）付款期限要符合信用证或合同（非信用证付款条件下）的规定。

（4）汇票金额是否超出信用证金额，如信用证金额前有“大约”一词，可按10%的增减幅度掌握。

（5）出票人、收款人、付款人都必须符合信用证或合同（非信用证付款条件下）的规定。

（6）币种名称应同信用证和发票上的币种相一致。

(7) 出票条款是否正确，如出票所根据的信用证或合同号码是否正确。

(8) 是否按需要进行了背书。

(9) 汇票是否有出票人的签字。

(10) 汇票份数是否正确，要注意“只此一张”或“汇票一式两份，有第一汇票和第二汇票”等字样。

(二) 商业发票审核要点

(1) 抬头人必须符合信用证规定。

(2) 签发人必须是受益人。

(3) 商品的描述必须完全符合信用证的要求。

(4) 商品的数量必须符合信用证的规定。

(5) 单价和价格条件必须符合信用证的规定。

(6) 提交的正副本份数必须符合信用证的要求。

(7) 信用证要求表明和证明的内容不得遗漏。

(8) 发票的金额不得超出信用证的金额，如数量、金额前有“大约”一词，可按10%的增减幅度掌握。

(三) 保险单据审核要点

(1) 保险单据必须由保险公司或其代理出具。

(2) 投保加成必须符合信用证的规定。

(3) 保险险别必须符合信用证的规定并且无遗漏。

(4) 保险单据的类型应与信用证的要求相一致，除非信用证另有规定，银行对保险经纪人出具的暂保单不予接受。

(5) 保险单据的正副本份数应齐全，如保险单据注明出具一式多份正本，除非信用证另有规定，所有正本都必须提交。

(6) 保险单据上的币种应与信用证上的币种相一致。

(7) 包装件数、唛头等必须与发票和其他单据相一致。

(8) 运输工具、启运地及目的地都必须与信用证及其他单据相一致。

(9) 如转运，保险期限必须包括全程运输。

(10) 除非信用证另有规定，保险单据的签发日期不得迟于运输单据的签发日期。

(11) 除非信用证另有规定，保险单据一般应做成可转让的形式，以受益人为投保人，由投保人背书。

(四) 运输单据审核要点

(1) 运输单据的类型必须符合信用证的规定。

(2) 启运地、转运地、目的地必须符合信用证的规定。

（3）装运日期或出单日期必须符合信用证的规定。

（4）收货人和通知人必须符合信用证的规定。

（5）商品名称可使用货物的统称，但不得与发票上货物说明的写法相抵触。

（6）运费预付或运费到付必须正确表明。

（7）正副本份数应符合信用证的要求。

（8）运输单据上不应有不良批注。

（9）包装件数必须与其他单据相一致。

（10）唛头必须与其他单据相一致。

（11）全套正本必须盖妥承运人的印章及签发日期章。

（12）应加背书的运输单据必须加背书。

其他单据如装箱单、重量单、产地证等，均须先与信用证的条款进行核对，再与其他有关单据核对，使得单证一致、单单一致。

三、问题单据的处理方法

通过对有关单据的认真审核，对于有问题的单据可根据具体情况做以下处理。

（1）对有问题的单据必须及时更正和修正，否则将影响安全收汇。在规定的有效期和交单期内，须将有问题的单据全部改妥。

（2）有些单据由于种种原因不能按期更改或无法修改的，可以向银行出具一份保函（通常称为担保书），保函中交单人要求银行向开证行寄单，并承诺如果买方不接受单据或不付款，银行有权收回已偿付给交单人的款项。对此，银行方面可能会接受，不过最好不要这样做，因为出具保函后，收不到货款的风险依然存在，同时还要承担由此产生的其他费用。交单人向银行出具保函，一般应事先与客户联系，并取得客户接受不符单据的确认文件。

（3）请银行向开证行发要求接受不符点并予付款的电传（俗称“打不符电”）。有关银行在收到开证行的确认接受不符单据的电传后再行寄送有关单据，收汇一般有保证，此种方式可以避免未经同意盲目寄单情况的发生。但要求开证行确认需要一定的时间，同时要承担开证行不确认的风险，并要承担有关的电传费用。

（4）改为托收方式。由于单据中存在不符点，原先信用证项下的银行信用已经变为商业信用，如果客户信用较好且急需有关文件提取货物，为减少一些中间环节，可采用托收方式。

上述各项措施主要是在有效控制货物所有权的前提下，以积极、稳妥的方式处理不符合有关规定的单据，避免货款两空情况的发生。卖方只要掌握了代表物权的运输单据，买方就不能提取货物。如果买方仍然需要这批货物，买方也会接受有不符点的单据。这里切记的是，不符单据是有很大风险的，对不符单据的接受与否完全取决于买方。

实战演练

2018 年 4 月 23 日，浙江金苑进出口公司外贸单证员制作好信用证项下的单据，请根据信用证（见表 8－1）及《UCP600》审核结汇单据（见表 8－2 至表 8－9）。

解析

表 8－1　　**信用证**

MT 700		ISSUE OF DOCUMENTARY CREDIT
SENDER		EMIRATES BANK INTERNATIONAL，DUBAI
RECEIVER		HANGZHOU CITY COMMERCIAL BANK，HANGZHOU，CHINA
SEQUENCE OF TOTAL	*27 :	1 / 1
FORM OF DOC. CREDIT	*40A :	IRREVOCABLE
DOC. CREDIT NUMBER	*20 :	FFF07699
DATE OF ISSUE	31C :	180225
APPLICABLE RULES	40E :	UCP LATEST VERSION
EXPIRY	*31D :	DATE 180510 PLACE CHINA
APPLICANT	*50 :	JAFZA BASED TRADING COMPANY 2ND FLOOR，No. 128 NADD-AL-HAMAR ROAD，AL WAHA COMMUNITY CENTRE，UAE
BENEFICIARY	*59 :	HANGZHOU GARDEN ENTERPRISE 7/F.，SANXIN MANSION，No. 33－35，XINTANG ROAD，HANGZHOU，CHINA
AMOUNT	*32B :	CURRENCY USD 54000,00
AVAILABLE WITH/BY	*41D :	ANY BANK IN CHINA BY NEGOTIATION
DRAFTS AT	42C :	30 DAYS AFTER SIGHT
DRAWEE	42A :	EMIRATES BANK INTERNATIONAL，NEW YORK
PARTIAL SHIPMTS	43P :	PROHIBITED
TRANSHIPMENT	43T :	ALLOWED
LOADING IN CHARGE	44A :	CHINA MAIN PORT
FOR TRANSPIRT TO...	44B :	DUBAI，UAE
LATEST SHIPMENT	44C :	180425
DESCRIPTION OF GOODS	45A :	4500 PIECES OF LADIES JACKET，SHELL：WOVEN TWILL 100% COTTON，LINING：WOVEN 100% POLYESTER，ORDER No. SIK 768，AS PER S/C No. ZJJY0739 STYLE No.　QUANTITY　UNIT PRICE　AMOUNT L357　2250 PCS　USD 12,00/PC　USD 27000,00 L358　2268 PCS　USD 12,00/PC　USD 27216,00 AT CIF DUBAI，UAE

DOCS. REQUIRED	46A：	+COMMERCIAL INVOICE SIGNED IN TRIPLICATE. +PACKING LIST IN TRIPLICATE. +FULL SET (3/3) OF CLEAN ON BOARD MARINE BILL OF LADING MADE OUT TO THE ORDER, MARKED FREIGHT PREPAID AND NOTIFY APPLICANT. +CERTIFICATE OF CHINESE ORIGIN CERTIFIED BY CHAMBER OF COMMERCE OR CCPIT. +INSURANCE POLICY / CERTIFICATE IN DUPLICATE ENDORSED IN BLANK FOR 110% INVOICE VALUE, COVERING ALL RISKS AND WAR RISKS OF CIC OF PICC (1/1/1981) INCL. WAREHOUSE TO WAREHOUSE AND I. O. P AND SHOWING THE CLAIMING CURRENCY IS THE SAME AS THE CURRENCY OF CREIT. +SHIPPING ADVICE SHOWING THE NAME OF THE CARRYING VESSEL, DATE OF SHIPMENT, MARKS, QUANTITY, NET WEIGHT AND GROSS WEIGHT OF THE SHIPMENT TO APPLICANT WITHIN 3 DAYS AFTER THE DATE OF BILL OF LADING.
ADDITIONAL CONDITION	47A：	+DOCUMENTS DATED PRIOR TO THE DATE OF THIS CREDIT ARE NOT ACCEPTABLE. +THE NUMBER AND THE DATE OF THIS CREDIT AND THE NAME OF ISSUING BANK MUST BE QUOTED ON ALL DOCUMENTS. +MORE OR LESS 5 PCT OF QUANTITY OF GOODS IS ALLOWED. +TRANSHIPMENT ALLOWED AT HONGKONG ONLY. +SHORT FORM / CHARTER PARTY / THIRD PARTY BILL OF LADING ARE NOT ACCEPTABLE. +SHIPMENT MUST BE EFFECTED BY 1×40' FULL CONTAINER LOAD. B/L TO SHOW EVIDENCE OF THIS EFFECT IS REQUIRED. +THE GOODS SHIPPED ARE NEITHER ISRAELI ORIGIN NOR DO THEY CONTAIN ISRAELI MATERIALS NOR ARE THEY EXPORTED FROM ISRAEL, BENEFICIARY'S CERTIFICATE TO THIS EFFECT IS REQUIRED. +ALL PRESENTATIONS CONTAINING DISCREPANCIES WILL ATTRACT A DISCREPANCY FEE OF USD 60,00 PLUS TELEX COSTS OR OTHER CURRENCY EQUIVALENT. THIS CHARGE WILL BE DEDUCTED FROM THE BILL AMOUNT WHETHER OR NOT WE ELECT TO CONSULT THE APPLICANT FOR A WAIVER.

DETAILS OF CHARGES	71B：	ALL CHARGES AND COMMISSIONS OUTSIDE UAE ARE FOR ACCOUNT OF BENEFICIARY EXCLUDING REIMBURSING FEE.
PRESENTATION PERIOD	48 ：	WITHIN 15 DAYS AFTER THE DATE OF SHIPMENT, BUT WITHIN THE VALIDITY OF THIS CREDIT.
CONFIRMATION	*49 ：	WITHOUT
INSTRUCTIONS	73 ：	ALL DOCUMENTS ARE TO BE REMITTED IN ONE LOT BY COURIER TO EMIRATES BANK INTERNATIONAL, TRADE SERVICES，DUBAI BRANCH，BUILDING BANIYAS STREET-DEIRA-UNITED ARAB EMIRATES DUBAI，UAE.

表 8－2 商业发票

<table>
<tr><th colspan="5">COMMERCIAL INVOICE</th></tr>
<tr><td colspan="2" rowspan="3">EXPORTER：
HANGZHOU GARDEN ENTERPRISE
7/F.，SANXIN MANSION，No. 33－35，XINTANG ROAD，HANGZHOU，CHINA</td><td>INVOICE No.：</td><td colspan="2">JY18018</td></tr>
<tr><td>INVOICE DATE：</td><td colspan="2">APR. 11，2018</td></tr>
<tr><td>L/C No.：</td><td colspan="2">FFF07699</td></tr>
<tr><td colspan="2" rowspan="5">TO：
JAFXA BASED TRADING COMPANY
2ND FLOOR，No. 128 NADD-AL-HAMAR ROAD，
AL WAHA COMMUNITY CENTRE，UAE</td><td>L/C DATE：</td><td colspan="2">FEB. 25，2018</td></tr>
<tr><td>ISSUED BY：</td><td colspan="2">EMIRATES BANK INTERNATIONAL，DUBAI</td></tr>
<tr><td>S/C No.：</td><td colspan="2">ZJJY0739</td></tr>
<tr><td>S/C DATE：</td><td colspan="2">FEB. 15，2018</td></tr>
<tr></tr>
<tr><td colspan="2">TRANSPORT DETAILS：FROM SHANGHAI，CHINA TO DUBAI，UAE</td><td colspan="3">TERMS OF PAYMENT：CIF DUBAI，UAE</td></tr>
<tr><td>唛头
MARKS&NUMBERS</td><td>货名
DESCRIPTION OF GOODS</td><td>数量
QUANTITY</td><td>单价
UNIT PRICE</td><td>总值
AMOUNT</td></tr>
<tr><td rowspan="2">J. B.
ZJJY0739
L357/L358
DUBAI，UAE</td><td>LADIES JACKET
SHELL：WOVEN TWILL 100% COTTON，
LINING：WOVEN 100% POLYESTER，
ORDER No. SIK 768
STYLE No. L357
STYLE No. L358
PACKED IN 9 PCS/CTN，TOTALLY FIVE HUNDRED AND TWO CARTONS ONLY</td><td>2,250 PCS
2,268 PCS</td><td>USD 12.00/PC
USD 12.00/PC</td><td>USD 27,000.00
USD 27,216.00</td></tr>
<tr><td>TOTAL：</td><td>4,518 PCS</td><td></td><td>USD 54,216.00</td></tr>
<tr><td colspan="5">TOTAL AMOUNT IN WORDS：U. S. DOLLARS FIFTY FOUR THOUSAND TWO HUNDRED AND SIXTEEN ONLY</td></tr>
<tr><td colspan="5">HANGZHOU GARDEN ENTERPRISE
吴灵</td></tr>
</table>

表 8-3　　装箱单

<table>
<tr><th colspan="7">PACKING LIST</th></tr>
<tr><td colspan="3" rowspan="4">EXPORTER:
HANGZHOU GARDEN ENTERPRISE
7/F., SANXIN MANSION, No. 33-35, XINTANG ROAD, HANGZHOU, CHINA</td><td colspan="2">INVOICE No.:</td><td colspan="2">JY18018</td></tr>
<tr><td colspan="2">INVOICE DATE:</td><td colspan="2">APR. 11, 2018</td></tr>
<tr><td colspan="2">FROM:
SHANGHAI, CHINA</td><td colspan="2">TO:
DUBAI, UAE</td></tr>
<tr><td colspan="4">SHIPPED BY
QING YUN HE VOY. No. 132S</td></tr>
<tr><td colspan="3">TO:
JAFXA BASED TRADING COMPANY
2ND FLOOR, No. 128 NADD-AL-HAMAR ROAD, AL WAHA COMMUNITY CENTRE, UAE</td><td colspan="4">SHIPPING MARK:
J. B.
ZJJY0739
L357/ L358
DUBAI, UAE
C/No.: 1-502</td></tr>
<tr><td>C/Nos.</td><td>No. AND KINDS OF PKGS.</td><td>GOODS & PACKING</td><td>QTY.</td><td>G. W.</td><td>N. W.</td><td>MEAS.</td></tr>
<tr><td>No. 1-250
No. 251-502</td><td>250 CTNS
252 CTNS</td><td>LADIES JACKET
STYLE No. L357
STYLE No. L358
PACKED IN 9 PCS/CTN,
SHIPPED IN 1×40'
FCL.</td><td>2,250 PCS
2,268 PCS</td><td>2,500 KGS
2,520 KGS</td><td>2,250 KGS
2,268 KGS</td><td>29.363 M³
29.597 M³</td></tr>
<tr><td>TOTAL:</td><td>502 CTNS</td><td></td><td>4,518 PCS</td><td>5,020 KGS</td><td>4,518 KGS</td><td>58.97 M³</td></tr>
<tr><td colspan="7">TOTAL PACKAGES IN WORDS: FIVE HUNDRED AND TWO CARTONS ONLY</td></tr>
<tr><td colspan="7">HANGZHOU GARDEN ENTERPRISE
吴灵</td></tr>
</table>

表 8-4 **一般原产地证**

<table>
<tr><td colspan="3">1. Exporter (full name and address)
HANGZHOU GARDEN ENTERPRISE
7/F., SANXIN MANSION, No. 33 - 35, XINTANG ROAD, HANGZHOU, CHINA</td><td colspan="2" rowspan="3">certificate No. CCPIT051921964

CERTIFICATE OF ORIGIN
OF
THE PEOPLE'S REPUBLIC OF CHINA</td></tr>
<tr><td colspan="3">2. Consignee (full name, address, country)
JAFZA BASED TRADING COMPANY
2ND FLOOR, No. 128 NADD-AL-HAMAR ROAD, AL WAHA COMMUNITY CENTRE, UAE</td></tr>
<tr><td colspan="3">3. Means of transport and route
SHIPPED FROM SHANGHAI, CHINA TO DUBAI, UAE BY SEA</td></tr>
<tr><td colspan="3">4. Country/region of destination
UAE</td><td colspan="2">5. For certifying authority use only</td></tr>
<tr><td>6. Marks and numbers of packages

J. B.
ZJJY0739
L357/L358
DUBAI, UAE
C/No.: 1 - 502</td><td>7. Description of goods; Number and kind of packages

FIVE HUNDRED AND TWO (502) CARTONS OF LADIES JACKETS
AS PER L/C No. FFF07699
L/C DATE: FEB. 25, 2018
NAME OF ISSUING BANK: EMIRATES BANK INTERNATIONAL, DUBAI</td><td>8. H. S. code

6204320090</td><td>9. Quantity or weight

4,518 PCS</td><td>10. Number and date of invoices

JY18018
APR. 11, 2018</td></tr>
<tr><td colspan="3">11. Declaration by the exporter
The undersigned hereby declares that the above details and statements are correct; that all the goods were produced in China and that they comply with the rules of origin of the People's Republic of China.

HANGZHOU GARDEN ENTERPRISE
林娜

HANGZHOU, APR. 09, 2018
Place and date, signature and stamp of authorized signatory</td><td colspan="2">12. Certification
It is hereby certified, on the basis of control out, that the declaration by the exporter is correct.

杭州市出入境检验检疫局
张良

HANGZHOU APR. 09, 2018
Place and date, signature and stamp of certifying authority</td></tr>
</table>

表 8－5 **海运提单**

Shipper（Insert Name，Address and Phone） HANGZHOU GARDEN ENTERPRISE 7/F.，SANXIN MANSION，No. 33－35，XIN-TANG ROAD，HANGZHOU，CHINA	B/L No. 2651 中远集装箱运输有限公司 COSCO CONTAINER LINES TLX：33057 COSCO CN FAX：+86（021）6545 8984 ORIGINAL Port-To-Port Or Combined Transport Bill of lading
Consignee（Insert Name，Address and Phone） TO ORDER	
Notify Party（Insert Name，Address and Phone） (it is agreed that no responsibility shall attach to the carrier or his agents for failure to notify) JAFZA BASED TRADING COMPANY 2ND FLOOR，No. 28 NADD-AL-HAMAR ROAD，AL WAHA COMMUNITY CENTRE，UAE TEL：971－50－4583807 FAX：971－50－3618316	RECEIVED in external apparent good order and condition except as otherwise noted. The total number of packages or units stuffed in the container，the description of the goods and the weights shown in this bill of lading are furnished by the merchants，and which the carrier has no reasonable means of checking and is not a part of this bill of lading contract. The carrier has issued the number of bills of lading stated below，all of this tenor and date. One of the original bills of lading must be surrendered and endorsed of signed against the delivery of the shipment and whereupon any other original bills of lading shall be void. The merchants agree to be bound by the terms and conditions of this bill of lading as if each had personally signed this bill of lading. See clause 4 on the back of this bill of lading (terms continued to the back hereof，please read carefully). * Applicable only when document used as a combined transport bill of lading.

Pre-carriage by	Place of receipt
Ocean Vessel Voy. No. QING YUN HE， VOY. No. 132S	Port of Loading SHANGHAI
Port of Discharge DUBAI，UAE	Place of delivery

Marks & Nos. Container/Seal No.	No. of Containers or Packages	Description of Goods	Gross Weight Kgs	Measurement
J. B. ZJJY0739 L357/L358 DUBAI，UAE C/No.：1－502 CN：GATU8585677 SN：3320999	502 CARTONS 1 × 40' FCL	LADIES JACKET L/C No.：FFF07699 DATE：FEB. 28，2018 NAME OF ISSUING BANK：EMIRATES BANK INTERNATIONAL，DUBAI	4,518 KGS	58.97 M³
		Description of Contents for Shipper's Use Only（Not Part of This B/L Contract）		

Total Number of containers and/or packages（in words） Subject to clause 7 limitation	FIVE HUNDRED AND TWO CARTONS ONLY

Freight & Charges FREIGHT COLLECT	Revenue Tons	Rate	Per	Prepaid	Collect
Declared value charge					

Ex. Rate：	Prepaid At SHANGHAI	Payable At	Place and Date of Issue SHANGHAI，APR. 17，2018
	Total Prepaid	No. of Original B（s）/L THREE（3）	Signed for the Carrier COSCO CONTAINER LINES 李原

Laden on Board the Vessel			
Date		By	

表 8-6

保险单

中保财产保险股份有限公司
The People's Insurance (Property) Company Of China, Ltd.

发票号码
Invoice No. JY18018

保险单号
Policy No. BJ123456

海洋货物运输保险单
MARINE CARGO TRANSPORTATION INSURANCE POLICY

被保险人
Insured: HANGZHOU GARDEN ENTERPRISE

中保财产保险股份有限公司（以下简称本公司）根据被保险人的要求及其所缴纳约定的保险费，按照本保险单承担的险别和背面所载条款与下列特别条款承保下列货物运输保险，特签发本保险单。

This Policy of Insurance witnesses that the People's Insurance (Property) Company of China, Ltd., at the request of the insured and in consideration of the agreed premium paid by the insured, undertakes to insure the undermentioned goods in transportation subject to the conditions of Policy as per the clauses printed overleaf and other special clauses attached hereon.

保险货物项目 Descriptions of Goods	包装 Parking　单位 Unit　数量 Quantity	保险金额 Amount Insured
LADIES JACKET THE DATE OF L/C: FEB. 25, 2018 THE NAME OF ISSUING BANK: EMIRATES BANK INTERNATIONAL, DUBAI	502 CTNS	USD 54,216.00

承保险别 Condition	货物标记 Marks of Goods
COVERING ALL RISKS OF CIC OF PICC (1/1/1981) INCL. WAREHOUSE TO WAREHOUSE AND I. O. P	J. B. ZJJY0739 L357/L358 DUBAI, UAE C/No.: 1-502

总保险金额
Total amount insured: SAY U. S. DOLLARS FIFTY FOUR THOUSAND TWO HUNDRED AND SIXTEEN ONLY

保费 Premium as arranged　运输工具 Per conveyance S.S QING YUN HE, VOY. No. 132S　开航日期 Slg. On or abt APR. 17, 2018

启运港 FROM SHANGHAI　目的港 TO DUBAI, UAE

所保货物，如发生本保险单项下可能引起索赔的损失或损坏，应立即通知本公司下述代理人勘察。如有索赔，应向本公司提交保险单正本（本保险单共有 2 份正本）及有关文件。如一份正本已用于索赔，其余正本则自动失效。

In the event of loss or damage which may result in a claim under this policy, immediate notice must be given to the company's agent as mentioned hereunder. Claims, if any, one of the original policy which has been issued in two original (s) together with the relevant documents shall be surrendered to the company, if one of the original policy has been accomplished, the others to be void.

赔款偿付地点
Claim payable at DUBAI IN USD

日期 Date APR. 19, 2018　在 at SHANGHAI

中保财产保险股份有限公司
The People's Insurance (Property) Company of China, Ltd.

蔡芳
General Manager

表 8－7　装船通知

SHIPPING ADVICE

TO：JAFZA BASED TRADING COMPANY　　DATE：APR. 21，2018
2ND FLOOR，No. 128 NADD-AL-HAMAR ROAD，
AL WAHA COMMUNITY CENTRE，UAE
RE：S/C No. ZJJY0739

WE HEREBY INFORM YOU THAT THE GOODS UNDER THE ABOVE MENTIONED INVOICE HAVE BEEN SHIPPED. THE DETAILS OF THE SHIPPMENT ARE AS FOLLOWS：

INVOICE NUMBER：	JY18018
BILL OF LOADING NUMBER：	2651
OCEAN VESSEL：	QING YUN HE，VOY. No. 132S
PORT OF LOADING：	SHANGHAI
DATE OF SHIPMENT：	APR. 17，2018
PORT OF DESTINATION：	DUBAI，UAE
ESTIMATED DATE OF ARRIVAL：	MAY 4，2018
CONTAINERS/SEALS NUMBER：	GATU8585677/3320999
DESCRIPTION OF GOODS：	LADIES JACKET
SHIPPING MARKS：	SIK ZJJY0739 L357/L358 DUBAI，UAE C/No.：1－502
QUANTITY：	4,518 PCS
GROSS WEIGHT：	5,020 KGS
NET WEIGHT：	4,518 KGS
TOTAL VALUE：	USD 54,216.00
L/C No.：FFF07699	L/C DATE：FEB. 25，2018

NAME OF ISSUING BANK：EMIRATES BANK INTERNATIONAL，DUBAI

THANK YOU FOR YOUR PATRONAGE. WE LOOK FORWARD TO THE PLEASURE OF RECEIVING YOUR VALUABLE REPEAT ORDERS.

SINCERELY YOURS，
HANGZHOU GARDEN ENTERPRISE
吴灵

表 8－8　受益人证明

BENEFICIARY'S CERTIFICATE

MESSERS：WHOM IT MAY CONCERN.　　DATE：APR. 21，2018
PLACE：HANGZHOU

RE：INVOICE No. JY18018
WE HEREBY CERTIFY THAT THE GOODS SHIPPED ARE NEITHER ISRAELI ORIGIN NOR DO THEY CONTAIN ISRAELI MATERIALS NOR ARE THEY EXPORTED FROM ISRAEL.

L/C No.：FFF07699
L/C DATE：FEB. 25，2018
NAME OF ISSUING BANK：EMIRATES BANK INTERNATIONAL，DUBAI

HANGZHOU GARDEN ENTERPRISE
吴灵

表 8-9 汇票

凭
Drawn under HSBC BANK PLC，DUBAI，UAE　　　1
信用证　　第　　号
L/C No. FFF07699
日期
Dated FEB. 25，2018
按　　息　　付款
Payable with interest @　　% per annum
号码　　汇票金额　　中国，宁波　年　月　日
No.：JY18018　Exchange for USD 54,216.00　Nanjing，China　APR. 21，2018
见票　　日 后（本汇票之副本未付）
At ＊＊＊ Sight of this FIRST of Exchange（Second of exchange being unpaid）
pay to the order of HANGZHOU CITY COMMERCIAL BANK，HANGZHOU 或其指定人
付金额
The sum of U. S. DOLLARS FIFTY FOUR THOUSAND TWO HUNDRED AND SIXTEEN ONLY
To EMIRATES BANK INTERNATIONAL，DUBAI

HANGZHOU GARDEN ENTERPRISE
刘淑

巩固练习

根据下列相关资料及信用证审核全套结汇单据，指出单据中的不符点并改正。

解析

相关资料如下：

发票号码：WHC—05Y2988

发票日期：2018. 08. 15

FORM A 号码：GZ7/80067/0158

船名：SUISU/SENTOR V. 001

产品原材料情况：完全自产品

集装箱号码：TEXU3730336/20’

装运港：NANJING

毛重：40. 7 KGS/PAPER SACK

净重：40 KGS/PAPER SACK

总尺码：24 CBM

提单号码：GSG05—723858

提单日期：2018. 09. 01

唛头：H&L/HAMBURG/No. 1—200

包装：200 PAPERSACK

表 8 - 10 信用证

USER HEADER		SERVICE CODE 103： BANK. PRIORITY 113： MSG USER REF. 108： INFO. FROM CI 115：
SEQUENCE OF TOTAL	*27：	1 / 1
FORM OF DOC. CREDIT	*40A：	IRREVOCABLE
DOC. CREDIT NUMBER	*20：	4006LC129336
DATE OF ISSUE	31C：	180801
EXPIRY	*31D：	DATE 181005 PLACE CHINA
APPLICANT	*50：	HSD IMPOTR & EXPORT CO.，LTD. HEIDENKAMPSWEG 100，20097 HAMBURG，GERMANY
BENEFICIARY	*59：	BLUESEA FOOD IMPORT & EXPORT CO.，LTD. HUARONG MANSION RM2901 No. 85 GUANJIAQIAO, NANJING
AMOUNT	*32B：	CURRENCY USD 32400
POS. /NEG. TOL. （%）	39A：	03/03
AVAILABLE WITH.../BY...	*41D：	ANY BANK IN CHINA，BY NEGOTIATION AGAINST THE DOCUMENTS DETAILED HEREIN AND BENEFICIARY'S DRAFT AT 30 DAYS SIGHT DRAWN ON US UNDER L/C No. 4006LC129336 FOR 100 PERCENT OF THE INVOICE VALUE
DRAWEE	42A：	DEUTSCHE BANK AG HAMBURG
PARTIAL SHIPMENTS	43P：	NOT ALLOWED
TRANSHIPMENT	43T：	NOT ALLOWED
LOADING IN CHARGE	44A：	CHINA PORT
FOR TRANSPIRT TO...	44B：	HAMBURG
LATEST SHIPMENT	44C：	180910
GOODS DESCRIPTION	45A：	4439 CHINA BLACK TEA BAT. 8000 KGS @ USD 4,05/KG CIF 3% HAMBURG（1×20' FCL/200 PAPERSACKS）PACKED IN PAPER SACKS. PALLETIZED AND CONTAINERIZED AS PER THE SALES CONFIRMATION No. BT7095 THE PRICE IS TO BE UNDERSTOOD PER KILO NET SHIPPED WEIGHT CIF HAMBURG LESS 3 PERCENT COMISSION
DOCS. REQUIRED	46A：	+SIGNED COMMERCIAL INVOICE IN 4—FOLD +PACKING LIST IN TRIPLICATE +FULL SET OF CLEAN ON BOARD MARINE BILL OF LADING MADE OUT TO THE ORDER，MARKED FREIGHT PREPAID AND NOTIFY APPLICANT +CERTIFICATE OF WEIGHT IN 4—FOLD +GSP CERTIFICATE OF ORIGIN FORM A，CERTIFYING GOODS OF ORIGIN IN CHINA，ISSUED BY COMPETENT AUTHORITIES + INSURANCE POLICY OR CERTIFICATE COVERING ALL RISKS AND WAR RISK，INCLUDING WAREHOUSE TO WAREHOUSE CLAUSE，ISSUED FOR AT LEAST 110% OF CIF VALUE

ADDITIONAL CONDITION	47A：	IF BILL OF LADING ARE REQUIRED ABOVE，PLEASE FORWARD DOCUMENT IN TWO MAILS，ORIGINALS SEND BY COURIER AND DUPLICATES BY REGISTERED AIRMAIL
DETAILS OF CHARGES	71B：	BANK CHARGES EXCLUDING ISSUING BANKS ARE FOR ACCOUNT OF BENEFICIARY
PRESENTATION PERIOD	48：	DOCUMENTS TO BE PRESENTED WITHIN 15 DAYS FROM SHIPMENT DATE
CONFIRMATION	*49：	WITHOUT
INSTRUCTIONS	78	DISCREPANT DOCUMENTS，IF ACCEPTABLE，WILL BE SUBJECT TO A DISCREPANCY HANDLING FEE OF USD 50,00 OR EQUIVALENT WHICH WILL BE FOR ACCOUNT OF BENEFICIARY. SPECIAL NOTE：ISSUING BANK WILL DISCOUNT ACCEPTANCES ON REQUEST，FOR A/C TO BENEFICIARY (UNLESS OTHERWISE STATED) AT APPROPRIATE LIBOR RATE PLUS 1 PERCENT MARGIN.
SEND. TO REC. INFO.	72：	THIS CREDIT IS ISSUED SUBJECT TO UCP600
TRAILER		ORDER IS ＜MAC：＞＜PAC：＞＜ENC：＞＜CHK：＞＜TNG：＞＜PDE：＞ MAC：E55927A4 CHK：7B505952829A

表 8-11　　商业发票

蓝海食品进出口有限公司

BLUESEA FOOD IMPORT & EXPORT CO.，LTD.

HUARONG MANSION RM2901 No. 85 GUANJIAQIAO，NANJING

COMMERCIAL INVOICE	Date：	2018. 08. 15
	Invoice No.：	WHC－05Y2988
	S/C No.：	BT7095

Messrs：	HSD IMPOTR & EXPORT CO.，LTD. HEIDENKAMPSWEG 100，20097 HAMBURG，GERMANY

Terms of Payment：L/C AT SIGHT

Marks and Numbers	Number and kind of package；Description of goods	Quantity	Unit Price	Amount
HSD HAMBUGR C/No. 1-200	4,439 CHINA BLACK TEA	8,000 KGS	CIF HAMBURG USD 4. 05	USD 32,400. 00
TOTAL：				USD 32,400. 00

TOTAL QUANTITY：8,000 KGS，PACKING：200 PAPER SACKS
TOTAL WEIGHT：N. W.：8,000 KGS，G. W.：8,140 KGS
TOTAL：U. S. DOLLARS THIRTY TWO THOUSAND FOUR HUNDRED ONLY
PACKING：IN PAPER SACKS，PALLETIZED AND CONTAINERIZED INTO 1×20' FCL

表 8 - 12　　　　提单

Shipper (Insert Name, Address and Phone) BLUESEA FOOD IMPORT & EXPORT CO., LTD. HUARONG MANSION RM2901 No. 85 GUANJIAQIAO, NANJING	B/L No. GSG05－723858 中远集装箱运输有限公司 **COSCO CONTAINER LINES** TLX：33057 COSCO CN FAX：＋86 (021) 6545 8984 Port-to-Port or Combined Transport **BILL OF LADING**
Consignee (Insert Name, Address and Phone) TO ORDER	
Notify Party (Insert Name, Address and Phone) (It is agreed that no responsibility shall attach to the Carrier or his agents for failure to notify) HSD IMPOTR & EXPORT CO., LTD. HEIDENKAMPSWEG 100, 20097 HAMBURG, GERMANY TEL：(040) 25335656 FAX：(040) 25335658	RECEIVED in external apparent good order and condition except as otherwise noted. The total number of packages or units stuffed in the container, the description of the goods and the weights shown in this bill of lading are furnished by the merchants, and which the carrier has no reasonable means of checking and is not a part of this bill of lading contract. The carrier has issued the number of bills of lading stated below, all of this tenor and date. One of the original bills of lading must be surrendered and endorsed of signed against the delivery of the shipment and whereupon any other original bills of lading shall be void. The merchants agree to be bound by the terms and conditions of this bill of lading as if each had personally signed this bill of lading. See clause 4 on the back of this bill of lading (terms continued to the back hereof, please read carefully). * Applicable only when document used as a combined transport bill of lading.
Pre-carriage By *	Place of Receipt *
Ocean Vessel Voy. No. SUISU/SENTOR V. 001	Port of Loading NANJING PORT
Port of Discharge HAMBURG, GERMANY	Place of Delivery *

Marks & Nos. Container/Seal No.	No. of Containers or Packages	Description of Goods (If Dangerous Goods, See Clause 20)	Gross Weight	Measurement
HSD HAMBUGR C/No. 1 - 200	200 PAPER SACKS	4,439 CHINA BLACK TEA	8,140 KGS	24 CBM
		Description of Contents for Shipper's Use Only (Not Part of This B/L Contract)		

Total Number of containers and/or packages (in words)：SAY TWO HUNDRED PAPER SACKS ONLY

Freight & Charges	Revenue Tons	Rate	Per	Prepaid	Collect
FREIGHT PREPAID					
Declared Value Charge					

Ex. Rate	Prepaid At	Payable At	Place and Date of Issue
			NANJING, CHINA, SEP. 1, 2018
	Total Prepaid	No. of Original B (s) /L	Signed for the Carrier
		THREE	COSCO CONTAINER LINES 蒋英

Laden on Board the Vessel			
Date		By	

表 8-13 **普惠制产地证**

<table>
<tr><td colspan="3">1. Goods consigned from (Exporter s business name, address, country)
BLUESEA FOOD IMPORT & EXPORT CO., LTD.
HUARONG MANSION RM2901 No. 85 GUANJIAQIAO, NANJING</td><td colspan="3">Reference No. GZ7/80067/0158

GENERALIZED SYSTEM OF
PREFERENCES CERTIFICATE
ORIGIN
(combined declaration and certificate)
FORM A
Issued in THE PEOPLE'S REPUBLIC OF CHINA
(COUNTRY)
see notes overleaf</td></tr>
<tr><td colspan="3">2. Goods consigned to (Consignee's name, address, country)
HSD IMPOTR & EXPORT CO., LTD.
HEIDENKAMPSWEG 100, 20097 HAMBURG, GERMANY</td><td colspan="3"></td></tr>
<tr><td colspan="3">3. Means of transport and route (as far as known)
ON/AFTER AUGUST 15, 2018
FROM NANJING PORT TO HAMBURG, GERMANY
BY VESSEL</td><td colspan="3">4. For official use</td></tr>
<tr><td>5. Item number</td><td>6. Marks and numbers of packages</td><td>7. Number and kind of packages; description of goods</td><td>8. Origin criterion (see notes overleaf)</td><td>9. Gross weight or other quantity</td><td>10. Number and date of invoices</td></tr>
<tr><td>1</td><td>HSD
HAMBURG
C/No. 1-200</td><td>(8,000) EIGHT THOUSAND KGS OF 4,439 CHINA BLACK TEA
********************************</td><td>"P"

TOTAL:</td><td>8,140 KGS
****
8,140 KGS</td><td>WHC-05 Y2988
AUG. 15, 2018</td></tr>
<tr><td colspan="3">11. Certification
It is hereby certified, on the basis of control carried out, that the declaration by the exporter is correct.

NANJING, JIANGSU, AUG. 20, 2018

Place and date, signature and stamp of certifying authority</td><td colspan="3">12. Declaration by the exporter
The undersigned hereby declares that the above details and statements are correct; that all the goods were produced in
CHINA
(country)
and that they comply with the origin requirements specified for those goods in the generalized system of preferences for goods exported to
GERMANY
(importing country)

NANJING, JIANGSU, AUG. 20, 2018

Place and date, signature and stamp of authorized signatory</td></tr>
</table>

表 8-14 重量证书

蓝海食品进出口有限公司 BLUESEA FOOD IMPORT & EXPORT CO., LTD. HUARONG MANSION RM2901 No. 85 GUANJIAQIAO, NANJING				
CERTIFICATE OF WEIGHT			DATE:	2018. 08. 15
			INVOICE No.:	WHC-05Y2988
LOADING PORT:	NANJING			
S/C No.:	BT7095	L/C No.:	4006LC129336	
Shipping Marks	Descriptions of Goods	Quantity	G. W.	N. W.
HSD HAMBUGR C/No. 1-200	4,439 CHINA BLACK TEA 200 PAPER SACKS	8,000 KGS	40.7 KGS/PAPER SACK	40 KGS/PAPER SACK
TOTAL:		8,000 KGS	8,140 KGS	8,000 KGS
SAY TOTAL:	EIGHT THOUSAND KGS ONLY			

学习评价

表 8-15 学习评价

任务要求	技术要求	分值	评分细则	评分记录
正确分析信用证中与单据相关的条款	正确翻译信用证中与单据相关的条款	40 分	信用证单据相关条款翻译错误，一项扣 5 分	
能够根据信用证进行单证一致的审核	找出单据同信用证不相符的地方	30 分	找错或漏掉一处不符点，扣 5 分	
能够以商业发票为中心进行单单一致的审核	找出单据之间不一致的地方	30 分	找错或漏掉一处不符点，扣 5 分	

项目小结

为了能够安全及时收汇，出口商必须掌握信用证下所有结汇单据的审核方法和审核要点，主要包括商业发票、装箱单、产地证、海运提单、汇票、装运通知、受益人证明的审核。

单证审核的要点包括：检查规定的单证是否齐全（包括检查所需单证的份数）；检查所提供的文件名称和类型是否符合要求；有些单证是否按规定进行了认证等；单证之间的货物描述、数量、总量、体积、运输标志等是否一致；单证出具或提交的日期是否符合要求等。

单据一旦出现不符点，掌握基本的解决方法很重要，这些方法都能使受益人的利益不受或少受损害。

项目九 单证操作综合训练

[综合训练一]

解析

根据下述材料（见表 9－1 至表 9－3），缮制汇票、商业发票、装箱单、海运提单及保险单（见表 9－4 至表 9－8）。

表 9－1　　销售合同

SALES CONFIRMATION

NO.：ZHT081115

DATE：NOV. 15，2018

THE SELLER：SHANGHAI ZHENHUA IMP. & EXP. CO.，LTD.	THE BUYER：GR-TRAG CO.，LTD.
ADDRESS：Rm 501 Longju Building No. 87 Longju Rd.， Pudong Shanghai 200136，China Tel：0086－21－58334388 Fax：0086－21－58334389	ADDRESS：A904 WEALTH BUILDING，KANDO JINBOCHO CHIYODAKU，TOKYO JAPAN Tel：+81－3－5283－6765 Fax：+81－3－5283－6775

THE UNDERSIGNED SELLERS AND BUYERS HAVE AGREED TO CLOSE THE FOLLOWING TRANSACTIONS ACCORDING TO THE TERMS AND CONDITIONS STIPULATED BELOW：

COMMODITY AND SPECIFICATION	QUANTITY	UNIT PRICE	AMOUNT
WOMEN JEAN		CIF TOKYO	
W3301	2,400 PCS	USD 5.30/PC	USD 12,720.00
W3001	1,200 PCS	USD 4.50/PC	USD 5,400.00
TOTAL：	3,600 PCS		USD 18,120.00

PACKING：ONE PIECE IN ONE POLYBAG，30 POLYBAGS IN ONE CARTON

SHIPMENT：NOT LATER THAN JAN. 31，2019，FROM SHANGHAI TO TOKYO JAPAN，ALLOWING TRANSHIPMENT & PARTIAL SHIPMENTS.

PAYMENT：THE BUYER SHOULD OPEN THROUGH A BANK ACCEPTABLE TO THE SELLER AN 100% IRREVOCABLE L/C PAYABLE AT 30 DAYS AFTER SIGHT DRAFT TO REACH THE SELLERS BEFORE DEC. 1，2018 AND VALID FOR NEGOTIATION IN CHINA UNTIL THE 15TH DAY AFTER THE DATE OF SHIPMENT.

INSURANCE: TO BE EFFECTED BY THE SELLER FOR 110% OF INVOICE VALUE AGAINST F. P. A. AS PER THE RELEVANT OCEAN MARINE CARGO OF P. I. C. C. DATED 1/1/1981.
THE BUYERS: GR-TRAG CO., LTD. (SIGNATURE)
THE SELLERS: SHANGHAI ZHENHUA IMP. & EXP. CO., LTD. (SIGNATURE)
PLEASE SIGN AND RETURN ONE COPY

表 9-2　　信用证

APPLICATION HEADER	0 700 1417 970214FKBKJPJTAXXX 1343 337998 97021 1317 * SUMITOMO MITSUI BANKING CORPORATION TOKYO	
USER HEADER	SERVICE CODE	103:
	BANK. PRIORITY	113:
	MSG USER REF.	108:
	INFO. FROM CI	115:
SEQUENCE OF TOTAL	*27 :	1/1
FORM OF DOC. CREDIT	*40A :	IRREVOCABLE
DOC. CREDIT NUMBER	*20 :	TK0842
DATE OF ISSUE	*31C :	181201
EXPIRY	*31D :	DATE 190215 PLACE CHINA
ISSUING BANK	*51 :	SUMITOMO MITSUI BANKING CORPORATION, NAKANOMACHI 1-10-15, MIYAKOJIMA-KU TOKYO JAPAN
APPLICANT	*50 :	GR-TRAG CO., LTD. A904 WEALTH BUILDING, KANDO JINBOCHO CHIYODAKU, TOKYO JAPAN
BENEFICIARY	*59 :	SHANGHAI ZHENHUA IMP. & EXP. CO., LTD., RM 501 LONGJU BUILDING NO. 87 LONGJU RD., PUDONG SHANGHAI 200136, CHINA
AMOUNT	*32B :	CURRENCY USD 18120,00
MAX. CREDIT AMOUNT	39B :	NOT EXCEEDING
AVAILABLE WITH.../BY...	*41D :	ANY BANK BY NEGOTIATION
DRAFTS AT...	42C :	30 DAYS AFTER SIGHT
DRAWEE	42A :	SUMITOMO MITSUI BANKING CORPORATION NAKANOMACHI 1-10-15, MIYAKOJIMA-KU TOKYO JAPAN
PARTIAL SHIPMENTS	43P :	ALLOWED
TRANSSHIPMENT	43T :	ALLOWED
LOADING IN CHARGE	44A :	SHANGHAI, CHINA
FOR TRANSPORT TO	44B :	TOKYO, JAPAN
LATEST DATE OF SHIP.	44C :	190131
DESCRIPT. OF GOODS	45A :	WOMEN JEAN

W3301 2400 PCS USD 5,30/PC
W3001 1200 PCS USD 4,50/PC
DOCUMENTS REQUIRED 46A :
1. SIGNED COMMERCIAL INVOICE IN 3 COPIES INDICATING CREDIT NO.
2. FULL SET CLEAN ON BOARD MARINE BILL OF LADING MADE OUT TO ORDER OF SHIPPER AND BLANK ENDORSED, NOTIFY APPLICANT, MARKED FREIGHT PREPAID
3. PACKING LIST IN 3 COPIES
4. CERTIFICATE OF ORIGIN
5. FULL SET INSURANCE POLICY OR CERTIFICATE COVERING F. P. A. FROM WAREHOUSE TO WAREHOUSE WITH CLAIMS PAYABLE AT DESTINATION
ADDITIONAL COND *47B :
+REIMBURSENT BY TELECOMMUNICATION IS PROHIBITED
+ONE COPY OF INVOICE, PACKING LIST AND ORIGINAL CERTIFICATE OF ORIGIN (FORM A) MUST BE SENT TO THE ACCOUNTEE BY COURIER IMMEDIATELY AFTER SHIPMENT AND BENEFICIARY'S CERTIFICATE TO THIS EFFECT IS REQUIRED
DETAILS OF CHARGES 71B : ALL BANKING CHARGES OUTSIDE JAPAN ARE FOR ACCOUNT OF THE BENEFICIARY
PRESENTATION PERIOD 48 : DOCUMENTS TO BE PRESENTED WITHIN 15 DAYS AFTER THE DATE OF SHIPMENT BUT WITHIN THE VALIDITY OF THE CREDIT
CONFIRMATION *49 : WITHOUT
INSTRUCTIONS 78 :
+REIMBURSEMENT IS SUBJECT TO ICC URR525
+PROVIDED THAT THE TERMS AND CONDITIONS OF THIS CREDIT ARE COMPLIEDWITH, PLEASE REIMBURSE YOURSELVES FROM ABOVE REIMBURSEMENT BANK
+DRAFT AND DOCUMENTS ARE TO BE SENT BY COURIER TO OUR HEAD OFFICE SUMITOMO MITSUI BANKING CORPORATION (ADDRESS: NAKANOMACHI 1-10-15, MIYAKOJIMA-KU TOKYO JAPAN) IN ONE LOT

表 9-3 **补充资料**

发票日期：2018.12.5 发票号码：ZHT5743
装船日期：2018.12.15 船名船次：Dingyuan V. 352
卖方负责人：张启东
唛头：GR-TRAG / TK0842 / TOKYO / C/NO. 1-UP
提单号：B2233101Q
投保日期：DEC-12-2018
保险单签发日：DEC-14-2018
报检单位登记号：1361845216 联系人：李莉
电话：65756156 报检日期：2018.12.8
报关日期：DEC. 10，2018
集装箱号：ONE 20'CONTAINER NO. TEX22332
H. S. 编码：6204620099
产地证编号：300311288
产地证日期：2018.12.13
保单号码：PO123

报检单号码：20181210
汇票汇付日期：DEC. 20. 2018
包装详情：

	G. W.	N. W.	MEAS.
W3301	@58KGS	@57KGS	@0. 25CBM
W3001	@54KGS	@53KGS	@0. 24CBM

表 9 - 4 **汇票**

凭
Drawn under ……………………………………
信用证 第 号
L/C No. ……………
日期
Dated ……………………
按 息 付款
Payable with interest @ …………… % per annum
号码 汇票金额 中 国，上 海 年 月 日
No.: …………… Exchange for ………………… shanghai, China ……………………
见票 日 后（本 汇 票 之 副 本 未 付）
At ……………………………… Sight of this FIRST of Exchange (Second of exchange being unpaid)
pay to the order of ………………………………… 或其指定人
付金额
The sum of

To ……………………………………………

表 9 - 5 **商业发票**

SHANGHAI ZHENHUA IMP. & EXP. CO., LTD.
RM 501 LONGJU BUILDING NO. 87 LONGJU RD.,
PUDONG SHANGHAI 200136, CHINA

COMMERCIAL INVOICE
Original

To:

Date:
Invoice No.:
Contract No.:

From to Letter of Credit No.
Issued by

Marks & Numbers	Quantities and Descriptions	Unit Price	Amount

表 9-6　　装箱单

SHANGHAI ZHENHUA IMP. & EXP. CO., LTD.
RM 501 LONGJU BUILDING NO. 87 LONGJU RD.,
PUDONG SHANGHAI 200136, CHINA

PACKING LIST

Original

To:

Date:
Invoice No.:
Contract No.:

From　　to　　Letter of Credit No.

Issued by

Marks & Numbers	Description	Quantity	Weight		Measurement
			Net	Gross	

表 9－7

提单

Shipper	COSCO B/L NO. 中国远洋运输公司 **CHINA OCEAN SHIPPING COMPANY**
Consignee	
Notify Party	
Pre-carriage by　　Place of Receipt	
Ocean Vessel　　Voy. No.　　Port of Loading	
Port of Discharge　　Place of Delivery	

Container No.	Seal No. Marks & Nos.	No. of containers or Packages	Kind of Packages, Description of Goods	Gross Weight	Measurement

Total Number of Containers or Packages (in words)

Freight & Charges	Revenue Tons	Rate	Per	Prepaid	Collect

Ex. Rate:	Prepaid at	Payable at	Place and Date of Issue
	Total Prepaid	No. of Original B(s)/L	Signed for the Carrier
Date		By	

(COSCO STANDARD-FORM 02)　　(TERMS CONTINUED ON BACK HEREOF)

表 9－8 保险单

中国人民保险公司

THE PEOPLE'S INSURANCE COMPANY OF CHINA

总公司设于北京　　一九四九年创立

Head Office：BEIJING　　Established in 1949

发票号码　　保　险　单　　保险单号

Invoice No.　　INSURANCE POLICY　　Policy No.

中国人民保险公司（以下简称本公司）

根据 ……………………………………

（以下简称保险人）的要求，由被保险人向本公司缴付约定的保险费，按照本保险单承保险别和背面所载条款与下列特别条款承保下述货物运输保险，特立本保险单。

This Policy of Insurance witnesses that The People's Insurance Company of China（hereinafter called "The Company"）

At the request of ……………………………………

（hereinafter called the "Insured"）and in consideration of the agreed premium paying to the Company by the Insured undertakes to Insure the undermentioned goods in transportation subject to the conditions of this Policy as per the Clauses printed overleaf and other special clauses attached hereon.

标记 Marks & Nos.	包装及数量 Package & Quantity	保险货物项目 Description of Goods	保险金额 Amount Insured

总保险金额：

Total Amount Insured：……………………………………

保　费　　费率　　装载运输工具

Premium ……………　Rate ……………　Per conveyance S. S ……………

开航日期

Sig. on or abt. ……………　From ……………　to ……………

承保险别

Conditions

所保货物，如遇出险，本公司凭本保险单及其他有关证件给付赔款。所保货物，如发生本保险单项下负责赔偿的损失或事故，应立即通知本公司下述代理人查勘。

Claims，if any，payable on surrender of this Policy together with other relevant documents. In the event of accident where by loss or damage may result in a claim under this Policy immediate notice applying For Survey must be given to the Company's Agent as mentioned hereunder.

赔款偿付地点：

Claim payable at ……………………………………

日　期　　地址

Date ……………　Address ……………

[综合训练二]

根据所给合同（见表 9 - 1）、信用证（见表 9 - 2）及补充资料（见表 9 - 3）缮制产地证、出境货物报检单和出口货物报关单（见表 9 - 9 至表 9 - 11）。

解析

表 9 - 9　　产地证

<table>
<tr><td colspan="2">1. Exporter</td><td colspan="3" rowspan="2">Certificate No.

CERTIFICATE OF ORIGIN
OF
THE PEOPLE'S REPUBLIC OF CHINA</td></tr>
<tr><td colspan="2">2. Consignee</td></tr>
<tr><td colspan="2">3. Means of transport and route</td><td colspan="3" rowspan="2">5. For certifying authority use only</td></tr>
<tr><td colspan="2">4. Country / region of destination</td></tr>
<tr><td>6. Marks and numbers</td><td>7. Number and kind of packages; description of goods</td><td>8. H. S. Code</td><td>9. Quantity</td><td>10. Number and date of invoices</td></tr>
<tr><td colspan="2">11. Declaration by the exporter
The undersigned hereby declares that the above details and statement are correct, that all the goods were produced in China and that they comply with the Rules of Origin of the People's Republic of China.

Place and date, signature and stamp of authorized signatory</td><td colspan="3">12. Certification
It is hereby certified that the declaration by the exporter is correct.

Place and date, signature and stamp of certifying authority</td></tr>
</table>

表 9-10

中华人民共和国出入境检验检疫
出境货物报检单

报检单位（加盖公章）：　　　　　　　　　　　　　　　　　　　　编号：
报检单位登记号：　　　　　　　联系人：　　　电话：　　　　报检日期：　年　月　日

发货人	（中文）				
	（外文）				
收货人	（中文）				
	（外文）				
货物名称（中/外文）	H.S. 编码	产地	数/重量	货物总值	包装种类及数量
运输工具名称号码		贸易方式		货物存放地点	
合同号		信用证号		用途	
发货日期		输往国家		许可证/审批证	
启运地		到达口岸		生产单位注册号	
集装箱规格、数量及号码					
合同、信用证订立的检验检疫条款或特殊要求		标记及号码		随附单据（划“√”或补填）	
				□合同 □信用证 □发票 □换证凭单 □装箱单	□厂检单 □包装性能结果单 □许可/审批文件 □ □

需要证单名称（划“√”或补填）		＊检验检疫费
□品质证书 __正__副 □质量证书 __正__副 □数量证书 __正__副 □兽医卫生证书 __正__副 □健康证书 __正__副 □卫生证书 __正__副 □动物卫生证书 __正__副	□植物检疫证书 __正__副 □熏蒸/消毒证书 __正__副 □出境货物换证凭单	总金额（元人民币） 计费人 收费人

报检人郑重声明：	领取证单
1. 本人被授权报验。	日期
2. 上列填写内容正确属实，货物无伪造或冒用他人的厂名、标志、认证标志，并承担货物质量责任。 签名：______	签名

表 9－11

中华人民共和国海关出口货物报关单

预录入编号：　　　　海关编号：（××海关）　　　　页码/页数：

境内发货人	出境关别		出口日期		申报日期		备案号	
境外收货人	运输方式		运输工具名称及航次号		提运单号			
生产销售单位	监管方式		征免性质		许可证号			
合同协议号	贸易国（地区）		运抵国（地区）		指运港		离境口岸	
包装种类	件数	毛重（千克）	净重（千克）	成交方式	运费	保费	杂费	
随附单证及编号								
标记唛码及备注								
项号	商品编号	商品名称及规格型号	数量及单位	单价/总价/币制	原产国（地区）	最终目的国（地区）	境内货源地	征免
特殊关系确认：否		价格影响确认：否		支付特许权使用费确认：否			自报自缴：	
报关人员	报关人员证号	兹声明对以上内容承担如实申报、依法纳税之法律责任			海关批注及签章			
申报单位			申请单位（签章）					

[综合训练三]

根据合同（见表9-1）以及补充资料（见表9-3）缮制受益人证明（见表9-12）和装船通知（见表9-13）。

解析

表9-12　受益人证明

BENEFICIARY'S CERTIFICATE

FAX: ________　　　　　　INVOICE No. ________

TEL: ________　　　　　　L/C No. ________

S/L No. ________

DATE: ________

To:

Dear sirs,

We hereby certify that ____

____

____

表9-13　装船通知

SHIPPING ADVICE

TO:

INVOICE No.: ________

L/C No.: ________

S/C No.: ________

DEAR SIRS,

WE HEREBY INFORM YOU THAT THE GOODS UNDER THE ABOVE MENTIONED CREDIT HAVE BEEN SHIPPED. THE DETAILS OF THE SHIPMENT ARE STATED BELOW.

COMMODITY: ________________________________

NUMBER OF PKGS: ________________________________

TOTAL G. W.: ________________________________

OCEAN VESSEL: ________________________________

DATE OF DEPARTURE: ________________________________

B/L NO.: ________________________________

PORT OF LOADING: ________________________________

DESTINATION: ________________________________

[综合训练四]

根据信用证（见表 9－14）以及补充资料（见表 9－15），缮制汇票、商业发票、装箱单、提单、普惠制产地证、保险单（见表 9－16 至表 9－21）。

解析

表 9－14　　信用证

ISSUE OF A DOCUMENTARY CREDIT

Sender：IBSPITTM414
* SANPAOLO IMI S. P. A
* PAVIA，ITALY

Receiver：NBCN22×××
* BANK OF CHINA
* NINGBO BRANCH
* NINGBO，CHINA

－－－－－－－－－－ Message Text －－－－－－－－－－

27 ：Sequence of Total 1/1

40A ：Form of Documentary Credit
IRREVOCABLE

20 ：Documentary Credit Number
3109/1065

31C ：Date of Issue
160206

31D ：Date and Place of Expiry
160406 CHINA

50 ：Applicant
ELLA AND BROWN CO.，
PIAZZA COLLEGIO CAIROLI N. 6
85643 PAVIA，ITALY

59 ：Beneficiary
NINGBO TEA IMP. & EXP. CORP.
NO. 200，DAHE ROAD，NINGBO，CHINA

32B ：Currency Code，Amount
USD (US DOLLAR)
USD 38 800,00 (US DOLLARS THIRTY EIGHT THOUSAND EIGHT HUNDRED ONLY)

39A ：Percentage Credit Amt Tolerance
10/10

41A ：Available with…by…
ANY BANK BY NEGOTIATION AGAINST THE DOCUMENTS DETAILED HEREIN AND BENEFICIARY'S DRAFTS AT SIGHT DRAWN ON US FOR 100 PCT OF THE INVOICE VALUE.

43P ：Partial Shipments
NOT ALLOWED

43T ：Transshipment
ALLOWED

44A ：Loading in charge
CHINESE PORT

44B ：For Transportation to
LA SPEZIA PORT

44C ：Latest Date of Shipment
160320

45A	: Descript. of Goods	
	4538 CHINA BLACK TEA　　4000KGS. @USD4,50/KG 5380 CHINA GREEN TEA　　4000KGS. @USD5,20/KG CIF LA SPEZIA PORT PACKED IN PAPER SACKS, PALLETIZED AND CONTAINERIZED AS PER THE CONTRACT NO. BTS78905	
46A	: Documents Required	
	1) SIGNED COMMERCIAL INVOICE, ORIGINAL PLUS TWO COPIES, EVIDENCING THAT THE GOODS SHIPPED COMPLY WITH THE S/C NO. BTS78905 DATED 160112 2) 3/3 CLEAN ON BOARD BILLS OF LADING MADE OUT TO THE ORDER OF ELLA AND BROWN CO., MARKED FREIGHT PREPAID AND NOTIFY TO NOON BROTHERS CO., 45-21123 ITALY PHONE 02-4675677 3) PACKING LIST IN TWO COPIES 4) CERTIFICATE OF ORIGIN FORM A ISSUED BY THE COMPETENT LOCAL AUTHORITY IN TWO COPIES 5) MARINE INSURANCE POLICY/CERTIFICATE COVERING. ALL RISKS AND WAR RISKS FOR 110 PERCENT OF THE CIF INVOICE VALUE	
47A	: Additional Conditions	
	+/— 10 PCT IN AMOUNT, QUANTITY AND WEIGHT IS ALLOWED. ALL DOCUMENTS MUST INDICATE THIS CREDIT NUMBER L/C NO. PLEASE SEND DOCUMENTS TO: SANPAOLO IMI SPA VIA FABIO FILZI N. 2-27100 PAVIA (ITALY)	
71B	: Charges	
	ALL BANKING CHARGES AND COMMISSIONS OUTSIDE OF ITALY ARE FOR BENEFICIARY'S ACCOUNT	
49	: Confirmation Instructions	
	WITHOUT	
	: Instr to Payg/Accptg/Negotg Bank	
	AT RECEIPT OF DOCUMENTS IN CONFORMITY WITH CREDIT TERMS, WE SHALL CREDIT YOU AS PER YOUR INSTRUCTIONS AT MATURITY DATE.	
	: Sender to Receiver Information	
	SUBJECT TO ICC PUB 500, 1993 REVISION AND SUBJECT TO THE UNIFORM RULES FOR BANK TO BANK REIMBURSEMENT UNDER DOC. CREDIT ICC PUB 525.	

表 9-15　　补充资料

INVOIVE NO.: TAR20057149	INVOICE DATE: MAR. 2, 2016
B/L NO.: GSG05—723	B/L DATE: MAR. 15, 2016
FORM A NO.: GZ7/80067/0589	
ISSUING DATE OF FORM A AND POLICY: MAR. 10, 2016	
POLICY NO.: TES3478921	单证员：李丽
SHIPPING MARK: N/M	
PORT OF LOADING: NINGBO PORT	
PACKING: 40 KGS IN EACH PAPER SACKS	交单日期：MAR. 25, 2016
NEGOTIATING BANK: BANK OF CHINA, NINGBO BRANCH	
CONTAINER, SEAL NO.: TEXU3730336/KHS487605/20'	
NAME OF STEAMER: DONGFANG SENATOR V. 743	
WEIGHT: N. W. @40.00KGS, G. W. @40.70KGS	
MEASUREMENT: @50CM×50CM×40CM	
法定代表人：王立	
该货物是完全自产品	

表 9－16　　　　汇票

凭
Drawn under ………………………………
信用证　　　第　　　　号
L/C No. ……………
日期
Dated ……………………
按　　　　息　　　　付款
Payable with interest @ …………… % per annum
号码　　　　汇票金额　　　　中　国，宁　波　　年　月　日
No.: ……………　Exchange for ……………　Ningbo, China ……………
见票　　　　日　后（本 汇 票 之 副 本 未 付）
At …………………………　Sight of this FIRST of Exchange (Second of exchange being unpaid)
pay to the order of ……………………………　或其指定人
付金额
The sum of

To ……………………………… …………

表 9－17　　　　商业发票

NINGBO TEA IMP. & EXP. CORP.
NO. 200, DAHE ROAD, NINGBO, CHINA

COMMERCIAL INVOICE

Original

To:　　　　　　　　　　　　　Date:
　　　　　　　　　　　　　　　Invoice No.:
　　　　　　　　　　　　　　　Contract No.:

From　　　　to　　　　Letter of Credit No.

Issued by

Marks & Numbers	Quantities and Descriptions	Unit Price	Amount

表 9-18 装箱单

NINGBO TEA IMP. & EXP. CORP.
NO. 200, DAHE ROAD, NINGBO, CHINA

PACKING LIST

Original

To:

Date:
Invoice No.:
Contract No.:

From to Letter of Credit No.

Issued by

Marks & Numbers	Description	Quantity	Weight		Measurement
			Net	Gross	

表 9－19　　提单

Shipper	COSCO B/L NO. 中国远洋运输公司 **CHINA OCEAN SHIPPING COMPANY**
Consignee	
Notify Party	
Pre-carriage by　　Place of Receipt	
Ocean Vessel　　Voy. No.　　Port of Loading	
Port of Discharge　　Place of Delivery	

Container No.	Seal No. Marks & Nos.	No. of containers or Packages	Kind of Packages, Description of Goods	Gross Weight	Measurement

Total Number of Containers or Packages (in words)

Freight & Charges	Revenue Tons	Rate	Per	Prepaid	Collect

Ex. Rate:	Prepaid at	Payable at	Place and Date of Issue
	Total Prepaid	No. of Original B(s)/L	Signed for the Carrier
Date		By ____________	

(COSCO STANDARD-FORM 02)　　(TERMS CONTINUED ON BACK HEREOF)

表 9－20 **普惠制产地证**

<table>
<tr>
<td colspan="3">1. goods consigned from (Exporter's name, address, country)</td>
<td colspan="3" rowspan="2">Reference No.

GENERALIZED SYSTEM OF PREFERENCES
CERTIFICATE OF ORIGIN
(combined declaration and certificate)
FORM A
Issued in THE PEOPLE'S REPUBLIC OF CHINA
(country)
see notes overleaf</td>
</tr>
<tr>
<td colspan="3">2. goods consigned to (Consignee's name, address, country)</td>
</tr>
<tr>
<td colspan="3">3. Means of transport and route (as far as known)</td>
<td colspan="3">4. For official use</td>
</tr>
<tr>
<td>5. Item number</td>
<td>6. Marks and numbers</td>
<td>7. Number and kind of packages; description of goods</td>
<td>8. Origin criterion (see notes overleaf)</td>
<td>9. Gross weight or other Quantity</td>
<td>10. Number and date of invoices</td>
</tr>
<tr>
<td colspan="3">11. Certification
It is hereby certified, on the basis of control out, that the declaration by the exporter is correct.</td>
<td colspan="3">12. Declaration by the exporter
The undersigned hereby declares that the above details and statements are correct; that all the goods were produced in
CHINA
(Country)
and that they comply with the origin requirements specified for those goods in the generalized system of preferences for goods exported to
....
(importing country)</td>
</tr>
<tr>
<td colspan="3">Place and date, signature and stamp of certifying authority</td>
<td colspan="3">Place and date, signature and stamp of authorized signatory</td>
</tr>
</table>

表 9 - 21 保险单

中 国 人 民 保 险 公 司

THE PEOPLE'S INSURANCE COMPANY OF CHINA

总公司设于北京 一九四九年创立

Head Office：BEIJING Established in 1949

发票号码 保 险 单 保险单号

Invoice No. INSURANCE POLICY Policy No.

中国人民保险公司（以下简称本公司）

根据 ....

（以下简称保险人）的要求，由被保险人向本公司缴付约定的保险费，按照本保险单承保险别和背面所载条款与下列特别条款承保下述货物运输保险，特立本保险单。

This Policy of Insurance witnesses that The People's Insurance Company of China (hereinafter called "The Company")

At the request of ....

(hereinafter called the "Insured") and in consideration of the agreed premium paying to the Company by the Insured undertakes to Insure the undermentioned goods in transportation subject to the conditions of this Policy as per the Clauses printed overleaf and other special clauses attached hereon.

标记 Marks & Nos.	包装及数量 Package & Quantity	保险货物项目 Description of Goods	保险金额 Amount Insured

总保险金额：

Total Amount Insured：..

保 费 费率 装载运输工具

Premium .... Rate .... Per conveyance S. S ....

开航日期

Sig. on or abt. .... From .... to ....

承保险别

Conditions

所保货物，如遇出险，本公司凭本保险单及其他有关证件给付赔款。所保货物，如发生本保险单项下负责赔偿的损失或事故，应立即通知本公司下述代理人查勘。

Claims, if any, payable on surrender of this Policy together with other relevant documents. In the event of accident where by loss or damage may result in a claim under this Policy immediate notice applying For Survey must be given to the Company's Agent as mentioned hereunder.

赔款偿付地点：

Claim payable at ....

日 期 地址

Date .... Address ....

[综合训练五]

根据信用证（见表 9－22）以及补充资料（见表 9－23），缮制汇票、商业发票、装箱单、提单、保险单、普惠制产地证以及装船通知（见表 9－24 至表 9－30）。

解析

表 9－22　　　　信用证

ISSUING BANK:	METITA BANK LTD., FINLAND
FORM OF DOCUMENTARY CREDIT:	IRREVOCABLE
CREDIT NUMBER:	LRT9802457
DATE OF ISSUE:	190228
EXPIRY:	DATE 190615 PLACE CHINA
APPLICANT:	F. T. C. CO. AKEKSANTERINK AUTO P. O. BOX 9, FINLAND
BENEFICIARY:	GREAT WALL TRADING CO., LTD. RM201 HUASHENG BUILDING NINGBO, CHINA
AMOUNT:	USD 36480,00 (SAY U. S. DOLLARS THIRTY-SIX THOUSAND FOUR HUNDRED AND EIGHTY ONLY)
AVAILABLE WITH.../BY...:	ANY BANK IN ADVISING COUNTRY BY NEGOTIATION
DRAFT AT:	20 DAYS SIGHT FOR FULL INVOICE VALUE
PARTIAL SHIPMENTS:	NOT ALLOWED
TRANSHIPMENT:	ALLOWED
LOADING IN CHARGE:	NINGBO
FOR TRANSPORT TO:	HELSINKI, FINLAND
SHIPMENT PERIOD:	AT THE LATEST MAY 30, 2019
DESCRIP. OF GOODS:	9600 PCS HALOGIN FITTING W500, USD3,80 PER PC AS PER SALES CONTRACT FT85T87 DD FEB. 4, 2019 CIF HELSINKI
DOCUMENTS REQUIRED: +COMMERCIAL INVOICE 1 SIGNED ORIGINAL AND 5 COPIES +PACKING LIST IN 2 COPIES +FULL SET OF CLEAN ON BOARD MARINE BILLS OF LADING, MADE OUT TO ORDER, BLANK ENDORSED, MARKED FREIGHT PREPAID AND NOTIFY APPLICANT +GSP CERTIFICATE OF ORIGIN FORM A, CERTIFYING GOODS OF ORIGIN IN CHINA, ISSUED BY COMPETENT AUTHORITIES +INSURANCE POLICY OR CERTIFICATE COVERING ALL RISKS AND WAR RISK OF PICC. INCLUDING WAREHOUSE TO WAREHOUSE CLAUSE UP TO FINAL DESTINATION AT HELSINKI, FOR AT LEAST 120 PCT OF CIF VALUE +SHIPPING ADVICES MUST BE SENT TO APPLICANT WITHIN 2 DAYS AFTER SHIPMENT ADVISING NUMBER OF PACKAGES, GROSS AND NET WEIGHT, VESSEL NAME, BILL OF LADING NO. AND DATE, CONTRACT NO., VALUE.	
PRESENTATION OF PERIOD:	15 DAYS AFTER ISSUANCE DATE OF SHIPPING DOCUMENT
CONFIRMATION:	WITHOUT
INSTRUCTIONS:	THE NEGOTIATION BANK MUST FORWARD THE DRAFTS AND ALL DOCUMENTS BY REGISTERED AIRMAIL DIRECT TO US IN TWO CONSECUTIVE LOTS, UPON RECEIPT OF THE DRAFTS AND DOCUMENTS IN ORDER, WE WILL REMIT THE PROCEEDS AS INSTRUCTED BY THE NEGOTIATING BANK.

表 9-23 **补充资料**

合同号：FT85T87	发票号：AC0531
发票日期：2019 年 4 月 30 日	业务经理：王晓明
包装方式：10 件装一纸箱，每箱 G. W. 5.00 KGS，每箱 N. W. 4.50 KGS	
每箱尺码：0.025 M^3	
提单号：COSU648709	提单签发日期：2019 年 5 月 21 日
船名：EAST WIND V. 638	唛头：FTC HELSINKI C/NO. 1-960
集装箱号和封号：COSU5878/4783	提单签发人：黄磊
提单签发单位：CHINA OCEAN SHIPPING AGENCY NINGBO CO.，LTD.	
保险单号：38752342	产地证号：0400960088
产地标准：中国原产	产地证申办人：赵晓华

表 9-24 **汇票**

凭
Drawn under ....

信用证 第 号
L/C No. ....

日期
Dated ....

按 息 付款
Payable with interest @ .... % per annum

号码 汇票金额 中 国，宁 波 年 月 日
No.： .... Exchange for .... Ningbo，China ....

见票 日 后（本 汇 票 之 副 本 未 付）
At .... Sight of this FIRST of Exchange（Second of exchange being unpaid）

pay to the order of .... 或其指定人

付金额
The sum of

To ....

表 9-25 商业发票

GREAT WALL TRADING CO., LTD.
RM201 HUASHENG BUILDING NINGBO, CHINA

COMMERCIAL INVOICE

Original

To:

Date:
Invoice No.:
Contract No.:

From to Letter of Credit No.

Issued by

Marks & Numbers	Quantities and Descriptions	Unit Price	Amount

表 9 - 26　　装箱单

GREAT WALL TRADING CO., LTD.
RM201 HUASHENG BUILDING NINGBO, CHINA

PACKING LIST

Original

To:

Date:
Invoice No.:
Contract No.:

From　　to　　Letter of Credit No.

Issued by

Marks & Numbers	Description	Quantity	Weight		Measurement
			Net	Gross	

表 9-27 提单

<table>
<tr><td colspan="3">Shipper</td><td colspan="4" rowspan="6">COSCO B/L NO.
中国远洋运输公司
CHINA OCEAN SHIPPING COMPANY</td></tr>
<tr><td colspan="3">Consignee</td></tr>
<tr><td colspan="3">Notify Party</td></tr>
<tr><td colspan="2">Pre-carriage by</td><td>Place of Receipt</td></tr>
<tr><td>Ocean Vessel</td><td>Voy. No.</td><td>Port of Loading</td></tr>
<tr><td colspan="2">Port of Discharge</td><td>Place of Delivery</td></tr>
<tr><td>Container No.</td><td>Seal No. Marks & Nos.</td><td>No. of containers or Packages</td><td>Kind of Packages, Description of Goods</td><td>Gross Weight</td><td colspan="2">Measurement</td></tr>
<tr><td colspan="7">Total Number of Containers
or Packages (in words)</td></tr>
<tr><td>Freight & Charges</td><td>Revenue Tons</td><td>Rate</td><td>Per</td><td>Prepaid</td><td colspan="2">Collect</td></tr>
<tr><td rowspan="2">Ex. Rate:</td><td>Prepaid at</td><td>Payable at</td><td colspan="4">Place and Date of Issue</td></tr>
<tr><td>Total Prepaid</td><td>No. of Original B(s)/L</td><td colspan="4">Signed for the Carrier</td></tr>
<tr><td>Date</td><td colspan="2">By ____________</td><td colspan="4"></td></tr>
<tr><td colspan="3">(COSCO STANDARD-FORM 02)</td><td colspan="4">(TERMS CONTINUED ON BACK HEREOF)</td></tr>
</table>

表 9－28 保险单

中国人民保险公司

THE PEOPLE'S INSURANCE COMPANY OF CHINA

总公司设于北京 一九四九年创立

Head Office：BEIJING Established in 1949

发票号码 保 险 单 保险单号

Invoice No. INSURANCE POLICY Policy No.

中国人民保险公司（以下简称本公司）

根据……………………………………

（以下简称保险人）的要求，由被保险人向本公司缴付约定的保险费，按照本保险单承保险别和背面所载条款与下列特别条款承保下述货物运输保险，特立本保险单。

This Policy of Insurance witnesses that The People's Insurance Company of China (hereinafter called "The Company")

At the request of ……………………………………

(hereinafter called the "Insured") and in consideration of the agreed premium paying to the Company by the Insured undertakes to Insure the undermentioned goods in transportation subject to the conditions of this Policy as per the Clauses printed overleaf and other special clauses attached hereon.

标记 Marks & Nos.	包装及数量 Package & Quantity	保险货物项目 Description of Goods	保险金额 Amount Insured

总保险金额：

Total Amount Insured：……………………………………

保 费 费率 装载运输工具

Premium ………… Rate ………… Per conveyance S. S …………

开航日期

Sig. on or abt. ………… From ………… to …………

承保险别

Conditions

所保货物，如遇出险，本公司凭本保险单及其他有关证件给付赔款。所保货物，如发生本保险单项下负责赔偿的损失或事故，应立即通知本公司下述代理人查勘。

Claims, if any, payable on surrender of this Policy together with other relevant documents. In the event of accident where by loss or damage may result in a claim under this Policy immediate notice applying For Survey must be given to the Company's Agent as mentioned hereunder.

赔款偿付地点：

Claim payable at ……………………………………

日 期 地址

Date ………… Address …………

表 9 - 29 **普惠制产地证**

<table>
<tr><td colspan="3">1. goods consigned from (Exporter's name, address, country)</td><td colspan="3" rowspan="2">Reference No.

GENERALIZED SYSTEM OF PREFERENCES
CERTIFICATE OF ORIGIN
(combined declaration and certificate)
FORM A
Issued in THE PEOPLE'S REPUBLIC OF CHINA
(country)
see notes overleaf</td></tr>
<tr><td colspan="3">2. goods consigned to (Consignee's name, address, country)</td></tr>
<tr><td colspan="3">3. Means of transport and route (as far as known)</td><td colspan="3">4. For official use</td></tr>
<tr><td>5. Item number</td><td>6. Marks and numbers</td><td>7. Number and kind of packages; description of goods</td><td>8. Origin criterion (see notes overleaf)</td><td>9. Gross weight or other Quantity</td><td>10. Number and date of invoices</td></tr>
<tr><td></td><td></td><td></td><td></td><td></td><td></td></tr>
<tr><td colspan="3">11. Certification
It is hereby certified, on the basis of control out, that the declaration by the exporter is correct.</td><td colspan="3">12. Declaration by the exporter
The undersigned hereby declares that the above details and statements are correct; that all the goods were produced in
CHINA
(Country)
and that they comply with the origin requirements specified for those goods in the generalized system of preferences for goods exported to
....
(importing country)</td></tr>
<tr><td colspan="3">Place and date, signature and stamp of certifying authority</td><td colspan="3">Place and date, signature and stamp of authorized signatory</td></tr>
</table>

表 9－30

装船通知

DATE：

<table>
<tr><td colspan="2" rowspan="2">TO：</td><td colspan="2">L/C NO.</td></tr>
<tr><td colspan="2">INSURANCE COVER NOTE NO.</td></tr>
<tr><td>INVOICE NO.</td><td colspan="2">DATE</td><td>VALUE</td></tr>
<tr><td colspan="2">PORT OF SHIPMENT</td><td colspan="2">PORT OF DESTINATION</td></tr>
<tr><td colspan="2">DATE OF SHIPMENT</td><td colspan="2">VESSEL NAME</td></tr>
<tr><td>SHIPPING MARKS</td><td colspan="2">COMMODITY</td><td>QUANTITY/WEIGHT</td></tr>
<tr><td colspan="4">SPECIAL CONDITIONS IN SHIPPING ADVICE</td></tr>
</table>

SIGNATURE：

参考文献

［1］苏定东，王群飞．国际贸易单证实务［M］．北京：北京大学出版社，2010.

［2］孟祥年．外贸单证实务［M］．2版．北京：对外经济贸易大学出版社，2015.

［3］崔瑾，陆梦青．外贸单证实务［M］．3版．北京：高等教育出版社，2011.

［4］张华，周树玲．外贸单证实务［M］．2版．北京：对外经济贸易大学出版社，2008.

［5］范明华，李良波．外贸单证实务［M］．北京：电子工业出版社，2011.

［6］戴宾，陈有真．外贸单证实务［M］．成都：西南交通大学出版社，2002.

［7］张东庆．外贸单证实务［M］．北京：人民邮电出版社，2012.

［8］俞涔，朱春兰．外贸单证［M］．杭州：浙江大学出版社，2004.

［9］章安平．外贸单证操作［M］．北京：机械工业出版社，2017.

［10］全国国际商务单证专业培训考试办公室．国际商务单证理论与实务［M］．北京：中国商务出版社，2005.

［11］吴国新，李元旭．国际贸易单证实务学习指导书［M］．北京：清华大学出版社，2009.

［12］王盛恩，周宝玉．外贸单证实务［M］．重庆：重庆大学出版社，2013.

［13］舒兵．外贸单证实务［M］．2版．北京：化学工业出版社，2013.

［14］王楠．外贸单证实务［M］．北京：对外经济贸易大学出版社，2015.

［15］吕亚君，林榕．外贸单证实务［M］．南京：南京大学出版社，2012.

附录一　世界主要港口一览表

北美洲	
加拿大（Canada）	
哈利法克斯港（Port of Halifax）	汉密尔顿港（Port of Hamilton）
蒙特利尔港（Port of Montreal）	圣约翰港（Port of St. John）
多伦多港（Port of Toronto）	悉尼港（Port of Sydney）
艾伯尼港（Port Alberni）	贝塞德港（Port of Bayside）
贝拉顿港（Port of Belledune）	丘吉尔港（Port of Churchill）
达尔豪西港（Port of Dalhousie）	鲁珀特王子港（Port of Prince Rupet）
魁北克港（Port of Quebec）	
墨西哥（Mexico）	
维拉克鲁斯港（Puerto de Veracruz）	马萨特兰港（Port of Mazatlan）
美国（United States）	
阿纳科特斯港（Port of Anacortes）	巴尔的摩港（Port of Baltimore）
贝灵哈姆港（Port of Bellingham）	查尔斯顿港（Port of Charleston）
科珀斯·克里斯蒂港（Port of Corpus Christi）	卡拉马港（Port of Kalama）
格雷斯港（Port of Grays Harbour）	休斯敦港（Houston）
维特曼港（Port of Whitman）	杰克森维尔港（Port of Jacksonville）
洛杉矶港（Port of Los Angeles）	莫比尔港（Port of Mobile）
新罕布什尔港（Port of New Hampshire）	塔科马港（Port of Tacoma）
威明顿港（Port of Wilmington）	奥克兰港（Port of Oakland）
斯托克顿港（Port of Stockton）	圣路易斯港（Port San Luis）
阿瑟港（Port Arthur）	波特兰港（Port of Portland）
圣保罗港（Port of Saint Paul）	圣迭戈港（Port of San Diego）
西雅图港（Port of Seattle）	纽约-新泽西港（Port of New York and New Jersey）
费城港（Port of Philadelphia）	匹兹堡港（Port of Pittsburg）
印第安纳港（Port of Indiana）	德拉华河港（Port of Delaware River）
北卡罗来纳港（Port of North Carolina State）	

非洲	
安哥拉（Angola）	
罗安达港（Port of Luanda）	
南非（South Africa）	
德班港（Port of Durban）	理查德湾港（Port of Richards Bay）
萨尔达尼亚湾（Port of Saldanha Bay）	开普敦港（Port of Cape Town）
伊丽莎白港（Port Elizabeth）	莫塞尔贝港（Port of Mossel Bay）
东伦敦港（Port of East London）	
欧洲	
比利时（Belgium）	
安特卫普港（Port of Antwerp）	根特港（Port of Ghent）
泽布腊赫港（Port of Zeebrugge）	
克罗地亚（Croatia）	
克罗地亚港（Ports of Croatia）	
丹麦（Denmark）	
奥尔堡港（Port of Aalborg）	奥胡斯港（Port of Arhus）
奥本罗港（Port of Aabenraa）	
芬兰（Finland）	
赫尔辛基港（Port of Helsinki）	凯米港（Port of Kemi）
科科拉港（Port of Kokkola）	科特卡港（Port of Kotka）
奥鲁港（Port of Oulu）	波里港（Port of Pori）
皮耶塔尔萨里港（Port of Pietarsaari）	拉赫港（Port of Raahe）
托尔尼奥港（Port of Tornio）	哈米纳港（Port of Hamina）
法国（France）	
波尔多港（Port of Bordeaux）	布雷斯特港（Port of Brest）
勒阿弗尔港（Port of Le Havre）	
德国（Germany）	
汉堡港（Port of Hamburg）	
直布罗陀（Gibraltar）	
直布罗陀港（Port of Gibraltar）	
希腊（Greece）	
塞萨洛尼基港（Port of Thessaloniki）	
冰岛（Iceland）	
雷克亚未克港（Port of Reykjavik）	
意大利（Italy）	
热那亚港（Port of Genoa）	斯佩齐亚港（Port of La Spezia）
那波利港（Port of Napoli）	拉韦纳港（Port of Ravenna）
萨莱诺港（Port of Salerno）	萨沃纳港（Port of Savona）
奥古斯塔港（Port of Augusta）	
拉脱维亚（Latvia）	
拉脱维亚港（Ports of Latvia）	

荷兰（Netherlands）	
鹿特丹港（Port of Rotterdam）	
挪威（Norway）	
奥斯陆港（Port of Oslo）	奥勒松港（Port of Alesund）
波兰（Poland）	
格但斯克港（Port of Gdansk）	希维诺乌伊希切港（Port of Swinoujscie）
葡萄牙（Portugal）	
塞图巴尔港（Port of Setubal）	锡尼什港（Port of Sines）
罗马尼亚（Romania）	
康斯坦察港（Port of Constantza）	
俄罗斯（Russia）	
新罗西斯克港（Port of Novorossiysk）	圣彼得堡港（Port of St. Petersburg）
乌斯季堪察茨克港（Port of Ust-Kamchatsk）	符拉迪沃斯托克港（Port of Vladivostok）
西班牙（Spain）	
巴塞罗那港（Port of Barcelona）	卡塔赫纳港（Port of Cartagena）
桑坦德港（Port of Santander）	毕尔巴鄂港（Port of Bilbao）
拉科鲁尼亚港（Port of La Coruna）	塔拉戈纳港（Port of Tarragona）
维利加西亚港（Port of Villagarcia）	加的斯港（Port of Cadiz）
拉斯帕尔马斯港（Port of Las Palmas）	瓦伦西亚港（Port of Valencia）
马拉加港（Port of Malaga）	阿尔梅里亚港（Port of Almeria）
休达港（Port of Ceuta）	
瑞典（Sweden）	
哥德堡港（Port of Gotenburg）	哈尔姆斯塔德港（Port of Halmstad）
海讷桑德港（Port of Harnosand）	赫尔辛堡港（Port of Helsingburg）
马尔默港（Port of Malmo）	诺尔雪平港（Port of Norrkoping）
南泰利耶港（Port of Sodertelje）	瓦尔汉港（Port de Wallhamn）
法尔肯贝里港（Port of Falkenberg）	
英国（United Kingdom）	
埃尔港（Port of Ayr）	巴罗港（Port of Barrow）
加的夫港（Port of Cardiff）	巴里港（Port of Barry）
弗利特伍德港（Port of Fleetwood）	科尔切斯特港（Port of Colchester）
古尔港（Port of Goole）	加斯顿港（Port of Garston）
赫尔港（Port of Hull）	格里姆斯比港（Port of Grimsby）
金斯林港（Port of King's Lynn）	伊明赫姆港（Port of Immingham）
纽波特港（Port of Newport）	洛斯托夫特港（Port of Lowestoft）
普利茅斯港（Port of Plymouth）	锡洛思港（Port of Silloth）
南安普敦港（Port of Southampton）	斯旺西港（Port of Swansea）
塔尔伯特港（Port of Talbot）	廷茅斯港（Port of Teignmouth）
惠特比港（Port of Whitby）	贝尔法斯特港（Port of Belfast）
南美洲	
阿根廷（Argentina）	
里瓦达维亚海军准将城港（Port of Comodoro Rivadavia）	马德普拉塔港（Port of Mar Del Plata）
巴希亚巴兰卡港（Port of Bahia Blanca）	

巴西（Brazil）	
伊塔雅伊港（Port of Itajai）	萨尔瓦多港（Port of Salvador）
里奥格兰德港（Port of Rio Grande）	维多利亚港（Port of Vitoria）
桑托斯港（Port of Santos）	
哥伦比亚（Colombia）	
布韦那文图拉港（Port of Buenaventura）	巴兰基利亚港（Port of Barranquilla）
萨尔瓦多（El Salvador）	
阿卡胡特拉港（Port of Acajutla）	库图科港（Port of Cutuco）
智利（Chile）	
瓦尔帕莱索港（Port of Valparaiso）	阿里卡港（Port of Arica）
亚洲	
中国（China）	
上海港（Port of Shanghai）	连云港港（Port of Lianyungang）
宁波港（Port of Ningbo）	大连港（Port of Dalian）
青岛港（Port of Qingdao）	香港港（Port of Hong Kong）
高雄港（Port of Kaohsiung）	花莲港（Port of Hualien）
基隆港（Port of Keelung）	台中港（Port of Taichung）
韩国（Korea）	
釜山港（Port of Busan）	仁川港（Port of Inchon）
木浦港（Port of Mokpo）	
日本（Japan）	
神户港（Port of Kobe）	名古屋港（Port of Nagoya）
横滨港（Port of Yokohama）	川崎港（Port of Kawasaki）
木更津港（Port of Kisarazu）	北九州港（Port of Kitakyushu）
酒田港（Port of Sakata）	千叶港（Port of Chiba）
马来西亚（Malaysia）	
民都鲁港（Port of Bintulu）	新山港（Port of Johore Bahru）
关丹港（Port of Kuantan）	古晋港（Port of Kuching）
马六甲港（Port of Malacca）	
阿联酋（United Arab Emirates）	
迪拜港（Port of Dubai）	
菲律宾（Philippines）	
马尼拉港（Port of Manila）	
印度（India）	
加尔各答港（Port of Calcutta）	哈瓦舍瓦港（Port of Nhava Sheva）
孟买港（Port of Mumbai）	
印度尼西亚（Indonesia）	
丹戎不碌港（Port of Tanjung Priok）	
巴基斯坦（Pakistan）	
卡拉奇港（Port of Karachi）	
新加坡（Singapoore）	
新加坡港（Port of Singapore）	

附录二 世界主要国家(地区)货币一览表

亚洲	货币名称		货币代码	辅币进位制
	中文	英文		
中国香港	港元	Hong Kong Dollars	HKD	1 HKD=100 cent（分）
中国澳门	澳门元	Macau Pataca	MOP	1 MOP=100 avo（分）
中国台湾	台湾元	Taiwan Dollar	TWD	1 TWD=100 cent（分）
中国	人民币元	Chinese Yuan Renminbi	CNY	1 CNY=10 jiao（角） 1 jiao=10 fen（分）
越南	越南盾	Vietnamese Dong	VND	1 VND =10 毫（hao） =100 枢（xu）
日本	日元	Japanese Yen	JPY	1 JPY=100 sen（钱）
韩国	韩元	South-korean Won	KRW	1 KRW=100（分）
老挝	老挝基普	Lao Kip	LAK	1 LAK=100 at（阿特）
柬埔寨	柬埔寨瑞尔	Cambodian Riel	KHR	1 KHR=100 sen（仙）
菲律宾	菲律宾比索	Philippine Peso	PHP	1 PHP=100 centavo（分）
马来西亚	马来西亚林吉特	Malaysian Ringgit	MYR	1 MYR=100 cent（分）
新加坡	新加坡元	Singapore Dollar	SGD	1 SGD=100 cent（分）
泰国	泰铢	Thai Baht	THB	1 THB=100 satang（萨当）
缅甸	缅元	Burmese Kyat	MMK	1 MMK=100 pya（分）
斯里兰卡	斯里兰卡卢比	Sri Lanka Rupee	LKR	1 LKR=100 cent（分）
马尔代夫	马尔代夫卢非亚	Maldives Rufiyaa	MVR	1 MVR=100 laaree（拉雷）
印度尼西亚	印度尼西亚卢比	Indonesian Rupiah	IDR	1 IDR=100 cent（分）
巴基斯坦	巴基斯坦卢比	Pakistan Rupee	PKR	1 PRK=100 paisa（派沙）
印度	印度卢比	Indian Rupee	INR	1 INR=100 paisa（派沙）
伊朗	伊朗里亚尔	Iranian Rial	IRR	1 LRR=100 dinar（第纳尔）
沙特阿拉伯	沙特阿拉伯里亚尔	Saudi Arabian Riyal	SAR	1 SAR=20 qurush(库尔什) 1 qurush=5 halala(哈拉拉)
阿曼	阿曼里亚尔	Oman Riyal	OMR	1 OMR=1 000 baiza（派沙）
土耳其	土耳其里拉	Turkish Lira	TRY	1 TRL=100 kuru（库鲁）
阿联酋	阿联酋迪拉姆	UAE Dirham	AED	1 AED=100 fil（费尔）
哈萨克斯坦	哈萨克斯坦坚戈	Kazakhstani Tenge	KZT	1 KZT=100 tiyin（泰因）

大洋洲	货币名称		货币代码	辅币进位制
	中文	英文		
澳大利亚	澳元	Australian Dollar	AUD	1 AUD=100 cent（分）
新西兰	新西兰元	New Zealand Dollar	NZD	1 NZD=100 cent（分）
欧洲	货币名称		货币代码	辅币进位制
	中文	英文		
欧洲货币联盟	欧元	Euro	EUR	1 EUR=100 euro cent（欧分）
冰岛	冰岛克朗	Icelandic Krona	ISK	1 ISK=100 aurar（奥拉）
挪威	挪威克朗	Norwegian Krone	NOK	1 NOK=100 ore（欧尔）
俄罗斯	俄罗斯卢布	Russian Ruble	RUB	1 RUB=100 kopee（戈比）
波兰	波兰兹罗提	Polish Zloty	PLN	1 PLN=100 groszy（格罗希）
捷克	捷克克朗	Czechish Koruna	CZK	1 CZK=100 heller（赫勒）
瑞士	瑞士法郎	Swiss Franc	CHF	1 CHF=100 centime（生丁）
英国	英镑	British Pound	GBP	1 GBP=100 pence（便士）
美洲	货币名称		货币代码	辅币进位制
	中文	英文		
加拿大	加元	Canadian Dollar	CAD	1 CAD=100 cent（分）
美国	美元	US Dollar	USD	1 USD=100 cent（分）
墨西哥	墨西哥比索	Mexican Peso	MXN	1 MXN=100 centavo（分）
哥伦比亚	哥伦比亚比索	Colombian Peso	COP	1 COP=100 centavo（分）
秘鲁	秘鲁索尔	Peruvian Sol	PEN	1 PEN=100 centavo（分）
巴西	巴西雷亚尔	Brazilian Real	BRL	1 BRL=100 centavo（分）
智利	智利比索	Chilean Peso	CLP	1 CLP=100 centavo（分）
阿根廷	阿根廷比索	Argentine Peso	ARS	1 ARS=100 centavo（分）
非洲	货币名称		货币代码	辅币进位制
	中文	英文		
尼日利亚	尼日利亚奈拉	Nigerian Naira	NGN	1 NGN=100 kobo（考包）
南非	南非兰特	South African Rand	ZAR	1 ZAR=100 cent（分）
毛里求斯	毛里求斯卢比	Mauritius Rupee	MUR	1 MUR=100 centime（分）
安哥拉	安哥拉宽扎	Angolan Kwanza	AOA	1 AOA=100 peseta（比塞塔）

附录三 常用单位换算一览表

1 吨＝1 000 千克
1 千克＝2.204 6 磅
1 千克＝1 000 克
1 千克＝35.274 0 盎司
1 盎司＝28.349 5 克
1 磅＝0.453 6 千克
1 英制加仑＝4.546 1 升
1 公制马力＝0.735 3 千瓦
1 立方米＝1 000 立方厘米
1 英尺＝12 英寸
1 英寸＝2.540 0 厘米
1 米＝3.280 8 英尺
1 英尺＝0.304 8 米
1 平方米＝10.763 9 平方英尺
1 平方英尺＝0.092 9 平方米
1 米＝100 厘米
1 码＝3 英尺
1 码＝36 英寸
1 码＝0.914 4 米
1 升＝0.220 0 英制加仑
1 平方英尺＝144 平方英寸

附录四　UCP600 主要条款中英文对照

《跟单信用证统一惯例（UCP600）》

Article 1　Application of UCP

第一条　统一惯例的适用范围

The Uniform Customs and Practice for Documentary Credits, 2007 Revision, ICC Publication No. 600 ("UCP") are rules that apply to any documentary credit ("credit") (including, to the extent to which they may be applicable, any standby letter of credit) when the text of the credit expressly indicates that it is subject to these rules. They are binding on all parties thereto unless expressly modified or excluded by the credit.

《跟单信用证统一惯例》，2007 年修订本，国际商会第 600 号出版物，适用于所有在正文中标明按本惯例办理的跟单信用证（包括本惯例适用范围内的备用信用证）。除非信用证中另有规定，本惯例对一切有关当事人均具有约束力。

Article 2　Definitions

第二条　定义

For the purpose of these rules:

就本惯例而言：

Advising bank means the bank that advises the credit at the request of the issuing bank.

通知行意指应开证行要求通知信用证的银行。

Applicant means the party on whose request the credit is issued.

申请人意指发出开立信用证申请的一方。

Banking day means a day on which a bank is regularly open at the place at which an act subject to these rules is to be performed.

银行日意指银行在其营业地正常营业，按照本惯例行事的行为得以在银行履行的日子。

Beneficiary means the party in whose favour a credit is issued.

受益人意指信用证中受益的一方。

Complying presentation means a presentation that is in accordance with the terms and conditions of the credit, the applicable provisions of these rules and international standard banking practice.

相符提示意指与信用证中的条款及条件、本惯例中所适用的规定及国际标准银行实务相一致的提示。

Confirmation means a definite undertaking of the confirming bank, in addition to that of the issuing bank, to honour or negotiate a complying presentation.

保兑意指保兑行在开证行之外对于相符提示做出兑付或议付的确定承诺。

Confirming bank means the bank that adds its confirmation to a credit upon the issuing bank's authorization or request.

保兑行意指应开证行的授权或请求对信用证加具保兑的银行。

Credit means any arrangement, however named or described, that is irrevocable and thereby constitutes a definite undertaking of the issuing bank to honour a complying presentation.

信用证意指一项约定，无论其如何命名或描述，该约定不可撤销并因此构成开证行对于相符提示予以兑付的确定承诺。

Honour means:

a. to pay at sight if the credit is available by sight payment.

b. to incur a deferred payment undertaking and pay at maturity if the credit is available by deferred payment.

c. to accept a bill of exchange ("draft") drawn by the beneficiary and pay at maturity if the credit is available by acceptance.

兑付意指：

a. 对于即期付款信用证即期付款。

b. 对于延期付款信用证发出延期付款承诺并到期付款。

c. 对于承兑信用证承兑由受益人出具的汇票并到期付款。

Issuing bank means the bank that issues a credit at the request of an applicant or on its own behalf.

开证行意指应申请人要求或代表其自身开立信用证的银行。

Negotiation means the purchase by the nominated bank of drafts (drawn on a bank other than the nominated bank) and/or documents under a complying presentation, by advancing or agreeing to advance funds to the beneficiary on or before the banking day on which reimbursement is due to the nominated bank.

议付意指被指定银行在其应获得偿付的银行日或在此之前，通过向受益人预付或者同意向受益人预付款项的方式购买相符提示项下的汇票（汇票付款人为被指定银行以外的银行）及/或单据。

Nominated bank means the bank with which the credit is available or any bank in the case of a credit available with any bank.

被指定银行意指有权使用信用证的银行，对于可供任何银行使用的信用证而言，任何银行均为被指定银行。

Presentation means either the delivery of documents under a credit to the issuing bank or nominated bank or the documents so delivered.

提示意指信用证项下单据被提交至开证行或被指定银行，抑或按此方式提交的单据。

Presenter means a beneficiary, bank or other party that makes a presentation.

提示人意指做出提示的受益人、银行或其他一方。

Article 3 Interpretations

第三条 释义

For the purpose of these rules:

就本惯例而言：

Where applicable, words in the singular include the plural and in the plural include the singular.

在适用的条款中，词汇的单复数同义。

A credit is irrevocable even if there is no indication to that effect.

信用证是不可撤销的，即使信用证中对此未做指示也是如此。

A document may be signed by handwriting, facsimile signature, perforated signature, stamp, symbol or any other mechanical or electronic method of authentication.

单据可以通过手签、签样印制、穿孔签字、盖章、符号表示的方式签署，也可以通过其他任何机械或电子证实的方法签署。

A requirement for a document to be legalized, visaed, certified or similar will be satisfied by any signature, mark, stamp or label on the document which appears to satisfy that requirement.

当信用证含有要求使单据合法、签证、证实或对单据有类似要求的条件时，这些条件可由在单据上签字、标注、盖章或标签来满足，只要单据表面已满足上述条件即可。

Branches of a bank in different countries are considered to be separate banks.

一家银行在不同国家设立的分支机构均视为另一家银行。

Terms such as "first class", "well known", "qualified", "independent", "official", "competent" or "local" used to describe the issuer of a document allow any issuer except the beneficiary to issue that document.

诸如"第一流""著名""合格""独立""正式""有资格""当地"等用语用于描述单据出单人的身份时，单据的出单人可以是除受益人以外的任何人。

Unless required to be used in a document, words such as "prompt", "immediately" or "as soon as possible" will be disregarded.

除非确需在单据中使用，银行对诸如"迅速""立即""尽快"之类词语将不予置理。

The expression "on or about" or similar will be interpreted as a stipulation that an event is to occur during a period of five calendar days before until five calendar days after the specified date, both start and end dates included.

"于或约于"或类似措辞将被理解为一项约定，按此约定，某项事件将在所述日期前后各五天内发生，起讫日均包括在内。

The words "to", "until", "till", "from" and "between" when used to determine a period of shipment include the date or dates mentioned, and the words "before" and "after" exclude the date mentioned.

词语"×月×日止"（to）"至×月×日"（until）"直至×月×日"（till）"从×月×日"（from）及"在×月×日至×月×日之间"（between）用于确定装运期限时，包括所述日期。词语"×月×日之前"（before）及"×月×日之后"（after）不包括所述日期。

The words "from" and "after" when used to determine a maturity date exclude the date mentioned.

词语"从×月×日"（from）以及"×月×日之后"（after）用于确定到期日时不包括所述日期。

The terms "first half" and "second half" of a month shall be construed respectively as the 1st to the 15th and the 16th to the last day of the month, all dates inclusive.

术语"上半月"和"下半月"应分别理解为自每月"1 日至 15 日"和"16 日至月末最后一天"，包括起讫日期。

The terms "beginning", "middle" and "end" of a month shall be construed respectively as the 1st to the 10th, the 11th to the 20th and the 21st to the last day of the month, all dates inclusive.

术语“月初”“月中”和“月末”应分别理解为每月 1 日至 10 日、11 日至 20 日和 21 日至月末最后一天，包括起讫日期。

Article 4　Credits v. Contracts

第四条　信用证与合同

a. A credit by its nature is a separate transaction from the sale or other contract on which it may be based. Banks are in no way concerned with or bound by such contract, even if any reference whatsoever to it is included in the credit. Consequently, the undertaking of a bank to honour, to negotiate or to fulfil any other obligation under the credit is not subject to claims or defences by the applicant resulting from its relationships with the issuing bank or the beneficiary.

A beneficiary can in no case avail itself of the contractual relationships existing between banks or between the applicant and the issuing bank.

a. 就性质而言，信用证与可能作为其依据的销售合同或其他合同，是相互独立的交易。即使信用证中提及该合同，银行亦与该合同完全无关，且不受其约束。因此，一家银行做出兑付、议付或履行信用证项下其他义务的承诺，并不受申请人与开证行之间或与受益人之间在已有关系下产生的索偿或抗辩的制约。

受益人在任何情况下，不得利用银行之间或申请人与开证行之间的契约关系。

b. An issuing bank should discourage any attempt by the applicant to include, as an integral part of the credit, copies of the underlying contract, proforma invoice and the like.

b. 开证行应劝阻申请人将基础合同、形式发票或其他类似文件的副本作为信用证整体组成部分的做法。

Article 5　Documents v. Goods, Services or Performance

第五条　单据与货物/服务/行为

Banks deal with documents and not with goods, services or performance to which the documents may relate.

银行处理的是单据，而不是单据所涉及的货物、服务或其他行为。

Article 6　Availability, Expiry Date and Place for Presentation

第六条　有效性、有效期限及提示地点

a. A credit must state the bank with which it is available or whether it is available with any bank. A credit available with a nominated bank is also available with the issuing bank.

a. 信用证必须规定可以有效使用信用证的银行，或者信用证是否对任何银行均为有效。对被指定银行有效的信用证同样也对开证行有效。

b. A credit must state whether it is available by sight payment，deferred payment，acceptance or negotiation.

b. 信用证必须规定它是否适用于即期付款、延期付款、承兑抑或议付。

c. A credit must not be issued available by a draft drawn on the applicant.

c. 不得开立包含有以申请人为汇票付款人条款的信用证。

d. i. A credit must state an expiry date for presentation. An expiry date stated for honour or negotiation will be deemed to be an expiry date for presentation.

d. i 信用证必须规定提示单据的有效期限。规定的用于兑付或者议付的有效期限将被认为是提示单据的有效期限。

ii. The place of the bank with which the credit is available is the place for presentation. The place for presentation under a credit available with any bank is that of any bank. A place for presentation other than that of the issuing bank is in addition to the place of the issuing bank.

ii. 可以有效使用信用证的银行所在的地点是提示单据的地点。对任何银行均为有效的信用证项下单据提示的地点是任何银行所在的地点。不同于开证行地点的提示单据的地点是开证行地点之外提交单据的地点。

e. Except as provided in sub-article 29 (a)，a presentation by or on behalf of the beneficiary must be made on or before the expiry date.

e. 除非如 29 (a) 中规定，由受益人或代表受益人提示的单据必须在到期日当日或在此之前提交。

Article 7　Issuing Bank Undertaking

第七条　开证行的承诺

a. Provided that the stipulated documents are presented to the nominated bank or to the issuing bank and that they constitute a complying presentation，the issuing bank must honour if the credit is available by：

倘若规定的单据被提交至被指定银行或开证行并构成相符提示，开证行必须按下述信用证所适用的情形予以兑付：

i. sight payment，deferred payment or acceptance with the issuing bank；

i. 由开证行即期付款、延期付款或者承兑；

ii. sight payment with a nominated bank and that nominated bank does not pay；

ii. 由被指定银行即期付款而该被指定银行未予付款；

iii. deferred payment with a nominated bank and that nominated bank does not incur its deferred payment undertaking or, having incurred its deferred payment undertaking, does not pay at maturity;

iii. 由被指定银行延期付款而该被指定银行未承担其延期付款承诺，或者虽已承担延期付款承诺但到期未予付款；

iv. acceptance with a nominated bank and that nominated bank does not accept a draft drawn on it or, having accepted a draft drawn on it, does not pay at maturity;

iv. 由被指定银行承兑而该被指定银行未予承兑以其为付款人的汇票，或者虽已承兑以其为付款人的汇票但到期未予付款；

v. negotiation with a nominated bank and that nominated bank does not negotiate.

v. 由被指定银行议付而该被指定银行未予议付。

b. An issuing bank is irrevocably bound to honour as of the time it issues the credit.

b. 自信用证开立之时起，开证行即不可撤销地受到兑付责任的约束。

c. An issuing bank undertakes to reimburse a nominated bank that has honoured or negotiated a complying presentation and forwarded the documents to the issuing bank. Reimbursement for the amount of a complying presentation under a credit available by acceptance or deferred payment is due at maturity, whether or not the nominated bank prepaid or purchased before maturity. An issuing bank's undertaking to reimburse a nominated bank is independent of the issuing bank's undertaking to the beneficiary.

c. 开证行保证向对于相符提示已经予以兑付或者议付并将单据寄往开证行的被指定银行进行偿付。无论被指定银行是否于到期日前已经对相符提示予以预付或者购买，对于承兑或延期付款信用证项下相符提示的金额的偿付于到期日进行。开证行偿付被指定银行的承诺独立于开证行对于受益人的承诺。

Article 8 Confirming Bank Undertaking

第八条 保兑行的承诺

a. Provided that the stipulated documents are presented to the confirming bank or to any other nominated bank and that they constitute a complying presentation, the confirming bank must:

a. 倘若规定的单据被提交至保兑行或者任何其他被指定银行并构成相符提示，保兑行必须：

i. honour, if the credit is available by:

i. 兑付，如果信用证适用于：

sight payment, deferred payment or acceptance with the confirming bank;

由保兑行即期付款、延期付款或者承兑；

sight payment with another nominated bank and that nominated bank does not pay；

由另一家被指定银行即期付款而该被指定银行未予付款；

deferred payment with another nominated bank and that nominated bank does not incur its deferred payment undertaking or，having incurred its deferred payment undertaking，does not pay at maturity；

由另一家被指定银行延期付款而该被指定银行未承担其延期付款承诺，或者虽已承担延期付款承诺但到期未予付款；

acceptance with another nominated bank and that nominated bank does not accept a draft drawn on it or，having accepted a draft drawn on it，does not pay at maturity；

由另一家被指定银行承兑而该被指定银行未予承兑以其为付款人的汇票，或者虽已承兑以其为付款人的汇票但到期未予付款；

negotiation with another nominated bank and that nominated bank does not negotiate.

由另一家被指定银行议付而该被指定银行未予议付。

ii. negotiate，without recourse，if the credit is available by negotiation with the confirming bank.

ii. 若信用证由保兑行议付，无追索权地议付。

b. A confirming bank is irrevocably bound to honour or negotiate as of the time it adds its confirmation to the credit.

b. 自为信用证加具保兑之时起，保兑行即不可撤销地受到兑付或者议付责任的约束。

c. A confirming bank undertakes to reimburse another nominated bank that has honoured or negotiated a complying presentation and forwarded the documents to the confirming bank. Reimbursement for the amount of a complying presentation under a credit available by acceptance or deferred payment is due at maturity，whether or not another nominated bank prepaid or purchased before maturity. A confirming bank's undertaking to reimburse another nominated bank is independent of the confirming bank's undertaking to the beneficiary.

c. 保兑行保证向对于相符提示已经予以兑付或者议付并将单据寄往开证行的另一家被指定银行进行偿付。无论另一家被指定银行是否于到期日前已经对相符提示予以预付或者购买，对于承兑或延期付款信用证项下相符提示的金额的偿付于到期日进行。保兑行偿付另一家被指定银行的承诺独立于保兑行对于受益人的承诺。

d. If a bank is authorized or requested by the issuing bank to confirm a credit but is not prepared to do so，it must inform the issuing bank without delay and may advise the credit without confirmation.

d. 如开证行授权或要求另一家银行对信用证加具保兑，而该银行不准备照办时，它必须不延误地告知开证行并仍可通知此份未经加具保兑的信用证。

Article 9 Advising of Credits and Amendments

第九条 信用证及修改的通知

a. A credit and any amendment may be advised to a beneficiary through an advising bank. An advising bank that is not a confirming bank advises the credit and any amendment without any undertaking to honour or negotiate.

a. 信用证及其修改可以通过通知行通知受益人。除非已对信用证加具保兑，通知行通知信用证不构成兑付或议付的承诺。

b. By advising the credit or amendment，the advising bank signifies that it has satisfied itself as to the apparent authenticity of the credit or amendment and that the advice accurately reflects the terms and conditions of the credit or amendment received.

b. 通过通知信用证或修改，通知行即表明其认为信用证或修改的表面真实性得到满足，且通知准确地反映了所收到的信用证或修改的条款及条件。

c. An advising bank may utilize the services of another bank（"second advising bank"）to advise the credit and any amendment to the beneficiary. By advising the credit or amendment，the second advising bank signifies that it has satisfied itself as to the apparent authenticity of the advice it has received and that the advice accurately reflects the terms and conditions of the credit or amendment received.

c. 通知行可以利用另一家银行的服务（"第二通知行"）向受益人通知信用证及其修改。通过通知信用证或修改，第二通知行即表明其认为所收到的通知的表面真实性得到满足，且通知准确地反映了所收到的信用证或修改的条款及条件。

d. A bank utilizing the services of an advising bank or second advising bank to advise a credit must use the same bank to advise any amendment thereto.

d. 如一家银行利用另一家通知行或第二通知行的服务将信用证通知给受益人，它也必须利用同一家银行的服务通知修改书。

e. If a bank is requested to advise a credit or amendment but elects not to do so，it must so inform，without delay，the bank from which the credit，amendment or advice has been received.

e. 如果一家银行被要求通知信用证或修改但决定不予通知，它必须不延误通知向其发送信用证、修改或通知的银行。

f. If a bank is requested to advise a credit or amendment but cannot satisfy itself as to the apparent authenticity of the credit, the amendment or the advice, it must so inform, without delay, the bank from which the instructions appear to have been received. If the advising bank or second advising bank elects nonetheless to advise the credit or amendment, it must inform the beneficiary or second advising bank that it has not been able to satisfy itself as to the apparent authenticity of the credit, the amendment or the advice.

f. 如果一家被要求通知信用证或修改，但不能确定信用证、修改或通知的表面真实性，就必须不延误地告知向其发出该指示的银行。如果通知行或第二通知行仍决定通知信用证或修改，则必须告知受益人或第二通知行其未能核实信用证、修改或通知的表面真实性。

Article 10 Amendments

第十条 修改

a. Except as otherwise provided by article 38, a credit can neither be amended nor cancelled without the agreement of the issuing bank, the confirming bank, if any, and the beneficiary.

a. 除本惯例第38条另有规定外，凡未经开证行、保兑行（如有）以及受益人同意，信用证既不能修改也不能撤销。

b. An issuing bank is irrevocably bound by an amendment as of the time it issues the amendment. A confirming bank may extend its confirmation to an amendment and will be irrevocably bound as of the time it advises the amendment. A confirming bank may, however, choose to advise an amendment without extending its confirmation and, if so, it must inform the issuing bank without delay and inform the beneficiary in its advice.

b. 自发出信用证修改书之时起，开证行就不可撤销地受其发出修改的约束。保兑行可将其保兑承诺扩展至修改内容，且自其通知该修改之时起，即不可撤销地受到该修改的约束。然而，保兑行可选择仅将修改通知受益人而不对其加具保兑，但必须不延误地将此情况通知开证行和受益人。

c. The terms and conditions of the original credit (or a credit incorporating previously accepted amendments) will remain in force for the beneficiary until the beneficiary communicates its acceptance of the amendment to the bank that advised such amendment. The beneficiary should give notification of acceptance or rejection of an amendment. If the beneficiary fails to give such notification, a presentation that complies with the credit and to any not yet accepted amendment will be deemed to be notification of acceptance by the beneficiary of such amendment. As of that moment the credit will be amended.

c. 在受益人向通知修改的银行表示接受该修改内容之前，原信用证（或包含先前已被接受修改的信用证）的条款和条件对受益人仍然有效。受益人应发出接受或拒绝接受修改的通知。如受益人未提供上述通知，当其提交至被指定银行或开证行的单据与信用证以及尚未表示接受的修改的要求一致时，则该事实即视为受益人已做出接受修改的通知，并从此时起，该信用证已被修改。

d. A bank that advises an amendment should inform the bank from which it received the amendment of any notification of acceptance or rejection.

d. 通知修改的银行应当通知向其发出修改书的银行任何有关接受或拒绝接受修改的通知。

e. Partial acceptance of an amendment is not allowed and will be deemed to be notification of rejection of the amendment.

e. 不允许部分接受修改，部分接受修改将被视为拒绝接受修改的通知。

f. A provision in an amendment to the effect that the amendment shall enter into force unless rejected by the beneficiary within a certain time shall be disregarded.

f. 修改书中做出的除非受益人在某一时间内拒绝接受修改，否则修改将开始生效的条款将被不予置理。

Article 11 Teletransmitted and Pre-Advised Credits and Amendments

第十一条 电讯传递与预先通知的信用证和修改

a. An authenticated teletransmission of a credit or amendment will be deemed to be the operative credit or amendment, and any subsequent mail confirmation shall be disregarded.

If a teletransmission states "full details to follow" (or words of similar effect), or states that the mail confirmation is to be the operative credit or amendment, then the teletransmission will not be deemed to be the operative credit or amendment. The issuing bank must then issue the operative credit or amendment without delay in terms not inconsistent with the teletransmission.

a. 经证实的信用证或修改的电讯文件将被视为有效的信用证或修改，任何随后的邮寄证实书将被不予置理。

若该电讯文件声明“详情后告”（或类似词语）或声明随后寄出的邮寄证实书将是有效的信用证或修改，则该电讯文件将被视为无效的信用证或修改。开证行必须随即不延误地开出有效的信用证或修改，且条款不能与电讯文件相矛盾。

b. A preliminary advice of the issuance of a credit or amendment ("pre-advice") shall only be sent if the issuing bank is prepared to issue the operative credit or amendment. An issuing bank that sends a pre-advice is irrevocably committed to issue the operative credit or amendment, without delay, in terms not inconsistent with the pre-advice.

b. 只有准备开立有效信用证或修改的开证行，才可以发出开立信用证或修改预先通知书。发出预先通知的开证行应不可撤销地承诺将不延误地开出有效的信用证或修改，且条款不能与预先通知书相矛盾。

Article 12 Nomination

第十二条 指定

a. Unless a nominated bank is the confirming bank, an authorization to honour or negotiate does not impose any obligation on that nominated bank to honour or negotiate, except when expressly agreed to by that nominated bank and so communicated to the beneficiary.

a. 除非一家被指定银行是保兑行，对被指定银行进行兑付或议付的授权并不构成其必须兑付或议付的义务，被指定银行明确同意并照此通知受益人的情形除外。

b. By nominating a bank to accept a draft or incur a deferred payment undertaking, an issuing bank authorizes that nominated bank to prepay or purchase a draft accepted or a deferred payment undertaking incurred by that nominated bank.

b. 通过指定一家银行承兑汇票或承担延期付款承诺，开证行即授权该被指定银行预付或购买经其承兑的汇票或由其承担延期付款的承诺。

c. Receipt or examination and forwarding of documents by a nominated bank that is not a confirming bank does not make that nominated bank liable to honour or negotiate, nor does it constitute honour or negotiation.

c. 非保兑行身份的被指定银行接受、审核并寄送单据的行为既不使得该被指定银行具有兑付或议付的义务，也不构成兑付或议付。

Article 13 Bank-to-Bank Reimbursement Arrangements

第十三条 银行间偿付约定

a. If a credit states that reimbursement is to be obtained by a nominated bank ("claiming bank") claiming on another party ("reimbursing bank"), the credit must state if the reimbursement is subject to the ICC rules for bank-to-bank reimbursements in effect on the date of issuance of the credit.

a. 如果信用证规定被指定银行（"索偿行"）须通过向另一方银行（"偿付行"）索偿获得偿付，则信用证中必须声明是否按照信用证开立日正在生效的国际商会《银行间偿付规则》办理。

b. If a credit does not state that reimbursement is subject to the ICC rules for bank-to-bank reimbursements, the following apply:

b. 如果信用证中未声明是否按照国际商会《银行间偿付规则》办理，则适用于下列条款：

i. An issuing bank must provide a reimbursing bank with a reimbursement authorization that conforms with the availability stated in the credit. The reimbursement authorization should not be subject to an expiry date.

i. 开证行必须向偿付行提供偿付授权书，该授权书须与信用证中声明的有效性一致。偿付授权书不应规定有效日期。

ii. A claiming bank shall not be required to supply a reimbursing bank with a certificate of compliance with the terms and conditions of the credit.

ii. 不应要求索偿行向偿付行提供证实单据与信用证条款及条件相符的证明。

iii. An issuing bank will be responsible for any loss of interest, together with any expenses incurred, if reimbursement is not provided on first demand by a reimbursing bank in accordance with the terms and conditions of the credit.

iii. 如果偿付行未能按照信用证的条款及条件在首次索偿时即行偿付，则开证行应对索偿行的利息损失以及产生的费用负责。

iv. A reimbursing bank's charges are for the account of the issuing bank. However, if the charges are for the account of the beneficiary, it is the responsibility of an issuing bank to so indicate in the credit and in the reimbursement authorization. If a reimbursing bank's charges are for the account of the beneficiary, they shall be deducted from the amount due to a claiming bank when reimbursement is made. If no reimbursement is made, the reimbursing bank's charges remain the obligation of the issuing bank.

iv. 偿付行的费用应由开证行承担。然而，如果费用系由受益人承担，则开证行有责任在信用证和偿付授权书中予以注明。如偿付行的费用系由受益人承担，则该费用应在偿付时从支付索偿行的金额中扣除。如果未发生偿付，开证行仍有义务承担偿付行的费用。

c. An issuing bank is not relieved of any of its obligations to provide reimbursement if reimbursement is not made by a reimbursing bank on first demand.

c. 如果偿付行未能于首次索偿时即行偿付，则开证行不能解除其自身的偿付责任。

Article 14　Standard for Examination of Documents

第十四条　审核单据的标准

a. A nominated bank acting on its nomination, a confirming bank, if any, and the issuing bank must examine a presentation to determine, on the basis of the documents alone, whether or not the documents appear on their face to constitute a complying presentation.

a. 按照指定行事的被指定银行、保兑行（如有）以及开证行必须对提示的单据进行审核，并仅以单据为基础，以决定单据在表面上看来是否构成相符提示。

b. A nominated bank acting on its nomination, a confirming bank, if any, and the issuing bank shall each have a maximum of five banking days following the day of presentation to determine if a presentation is complying. This period is not curtailed or otherwise affected by the occurrence on or after the date of presentation of any expiry date or last day for presentation.

b. 按照指定行事的被指定银行、保兑行（如有）以及开证行，自其收到提示单据的翌日起算，应各自拥有最多不超过五个银行工作日的时间以决定提示是否相符。该期限不因单据提示日适逢信用证有效期或最迟提示期或在其之后而被缩减或受到其他影响。

c. A presentation including one or more original transport documents subject to articles 19, 20, 21, 22, 23, 24 or 25 must be made by or on behalf of the beneficiary not later than 21 calendar days after the date of shipment as described in these rules, but in any event not later than the expiry date of the credit.

c. 提示若包含一份或多份按照本惯例第19条、20条、21条、22条、23条、24条或25条出具的正本运输单据，则必须由受益人或其代表按照相关条款在不迟于装运日后的二十一个公历日内提交，但无论如何不得迟于信用证的到期日。

d. Data in a document, when read in context with the credit, the document itself and international standard banking practice, need not be identical to, but must not conflict with, data in that document, any other stipulated document or the credit.

d. 单据中内容的描述不必与信用证、信用证对该项单据的描述以及国际标准银行实务完全一致，但不得与该项单据中的内容、其他规定的单据或信用证相冲突。

e. In documents other than the commercial invoice, the description of the goods, services or performance, if stated, may be in general terms not conflicting with their description in the credit.

e. 除商业发票外，其他单据中的货物、服务或行为描述若须规定，可使用统称，但不得与信用证规定的描述相矛盾。

f. If a credit requires presentation of a document other than a transport document, insurance document or commercial invoice, without stipulating by whom the document is to be issued or its data content, banks will accept the document as presented if its content appears to fulfil the function of the required document and otherwise complies with sub-article 14 (d).

f. 如果信用证要求提示运输单据、保险单据和商业发票以外的单据，但未规定该单据由何人出具或单据的内容。如信用证对此未做规定，只要所提交单据的内容看来满足其功能需要且其他方面与第十四条（d）款相符，银行将对提示的单据予以接受。

g. A document presented but not required by the credit will be disregarded and may be returned to the presenter.

g. 提示信用证中未要求提交的单据，银行将不予置理。如果收到此类单据，可以退还提示人。

h. If a credit contains a condition without stipulating the document to indicate compliance with the condition，banks will deem such condition as not stated and will disregard it.

h. 如果信用证中包含某项条件而未规定需提交与之相符的单据，银行将认为未列明此条件，并对此不予置理。

i. A document may be dated prior to the issuance date of the credit，but must not be dated later than its date of presentation.

i. 单据的出单日期可以早于信用证开立日期，但不得迟于信用证规定的提示日期。

j. When the addresses of the beneficiary and the applicant appear in any stipulated document，they need not be the same as those stated in the credit or in any other stipulated document，but must be within the same country as the respective addresses mentioned in the credit. Contact details（telefax，telephone，e-mail and the like）stated as part of the beneficiary's and the applicant's address will be disregarded. However，when the address and contact details of the applicant appear as part of the consignee or notify party details on a transport document subject to articles 19，20，21，22，23，24 or 25，they must be as stated in the credit.

j. 当受益人和申请人的地址显示在任何规定的单据上时，不必与信用证或其他规定单据中显示的地址相同，但必须与信用证中述及的各自地址处于同一国家内。用于联系的资料（电传、电话、电子邮箱及类似方式）如作为受益人和申请人地址的组成部分将被不予置理。然而，当申请人的地址及联系信息作为按照第十九条、二十条、二十一条、二十二条、二十三条、二十四条或二十五条出具的运输单据中收货人或通知方详细地址的组成部分时，则必须按照信用证规定予以显示。

k. The shipper or consignor of the goods indicated on any document need not be the beneficiary of the credit.

k. 显示在任何单据中的货物的托运人或发货人不必是信用证的受益人。

l. A transport document may be issued by any party other than a carrier, owner, master or charterer provided that the transport document meets the requirements of articles 19, 20, 21, 22, 23 or 24 of these rules.

l. 假如运输单据能够满足本惯例第 19 条、20 条、21 条、22 条、23 条或 24 条的要求，则运输单据可以由承运人、船东、船长或租船人以外的任何一方出具。

Article 15 Complying Presentation

第十五条 相符提示

a. When an issuing bank determines that a presentation is complying, it must honour.

a. 当开证行确定提示相符时，就必须予以兑付。

b. When a confirming bank determines that a presentation is complying, it must honour or negotiate and forward the documents to the issuing bank.

b. 当保兑行确定提示相符时，就必须予以兑付或议付并将单据寄往开证行。

c. When a nominated bank determines that a presentation is complying and honours or negotiates, it must forward the documents to the confirming bank or issuing bank.

c. 当被指定银行确定提示相符并予以兑付或议付时，必须将单据寄往保兑行或开证行。

Article 16 Discrepant Documents, Waiver and Notice

第十六条 不符单据及不符点的放弃与通知

a. When a nominated bank acting on its nomination, a confirming bank, if any, or the issuing bank determines that a presentation does not comply, it may refuse to honour or negotiate.

a. 当按照指定行事的被指定银行、保兑行（如有）或开证行确定提示不符时，可以拒绝兑付或议付。

b. When an issuing bank determines that a presentation does not comply, it may in its sole judgement approach the applicant for a waiver of the discrepancies. This does not, however, extend the period mentioned in sub-article 14 (b).

b. 当开证行确定提示不符时，可以依据其独立的判断联系申请人放弃有关不符点。然而，这并不因此延长 14 条（b）款中述及的期限。

c. When a nominated bank acting on its nomination, a confirming bank, if any, or the issuing bank decides to refuse to honour or negotiate, it must give a single notice to that effect to the presenter.

c. 当按照指定行事的被指定银行、保兑行（如有）或开证行决定拒绝兑付或议付时，必须一次性通知提示人。

The notice must state:

通知必须声明：

i. that the bank is refusing to honour or negotiate; and

i. 银行拒绝兑付或议付；及

ii. each discrepancy in respect of which the bank refuses to honour or negotiate; and

ii. 银行凭以拒绝兑付或议付的各个不符点；及

iii. a) that the bank is holding the documents pending further instructions from the presenter; or

iii. a) 银行持有单据等候提示人进一步指示；或

b) that the issuing bank is holding the documents until it receives a waiver from the applicant and agrees to accept it, or receives further instructions from the presenter prior to agreeing to accept a waiver; or

b) 开证行持有单据直至收到申请人通知弃权并同意接受该弃权，或在同意接受弃权前从提示人处收到进一步指示；或

c) that the bank is returning the documents; or

c) 银行退回单据；或

d) that the bank is acting in accordance with instructions previously received from the presenter.

d) 银行按照先前从提示人处收到的指示行事。

d. The notice required in sub-article 16 (c) must be given by telecommunication or, if that is not possible, by other expeditious means no later than the close of the fifth banking day following the day of presentation.

d. 第十六条（c）款中要求的通知必须以电讯方式发出，或者，如果不可能以电讯方式通知时，则以其他快捷方式通知，但不得迟于提示单据日期翌日起第五个银行工作日终了。

e. A nominated bank acting on its nomination, a confirming bank, if any, or the issuing bank may, after providing notice required by sub-article 16 (c) (iii) (a) or (b), return the documents to the presenter at any time.

e. 按照指定行事的被指定银行、保兑行（如有）或开证行可以在提供第十六条（c）款（iii）中（a）款或（b）款要求提供的通知后，于任何时间将单据退还提示人。

f. If an issuing bank or a confirming bank fails to act in accordance with the provisions of this article, it shall be precluded from claiming that the documents do not constitute a complying presentation.

f. 如果开证行或保兑行未能按照本条款的规定行事，将无权宣称单据未能构成相符提示。

g. When an issuing bank refuses to honour or a confirming bank refuses to honour or negotiate and has given notice to that effect in accordance with this article，it shall then be entitled to claim a refund，with interest，of any reimbursement made.

g. 当开证行拒绝兑付或保兑行拒绝兑付或议付，并已经按照本条款发出通知时，该银行将有权就已经履行的偿付索取退款及其利息。

Article 17 Original Documents and Copies

第十七条 正本单据和副本单据

a. At least one original of each document stipulated in the credit must be presented.

a. 信用证中规定的各种单据必须至少提供一份正本。

b. A bank shall treat as an original any document bearing an apparently original signature，mark，stamp，or label of the issuer of the document，unless the document itself indicates that it is not an original.

b. 除非单据本身表明其不是正本，银行将视任何单据表面上具有单据出具人正本签字、标志、图章或标签的单据为正本单据。

c. Unless a document indicates otherwise，a bank will also accept a document as original if it：

c. 除非单据另有显示，银行将接受单据作为正本单据，如果该单据：

i. appears to be written，typed，perforated or stamped by the document issuer's hand；or

i. 表面看来由单据出具人手工书写、打字、穿孔签字或盖章；或

ii. appears to be on the document issuer's original stationery；or

ii. 表面看来使用单据出具人的正本信笺；或

iii. states that it is original，unless the statement appears not to apply to the document presented.

iii. 声明单据为正本，除非该项声明表面看来与所提示的单据不符。

d. If a credit requires presentation of copies of documents，presentation of either originals or copies is permitted.

d. 如果信用证要求提交副本单据，则提交正本单据或副本单据均可。

e. If a credit requires presentation of multiple documents by using terms such as "in duplicate"，"in two fold" or "in two copies"，this will be satisfied by the presentation of at least one original and the remaining number in copies，except when the document itself indicates otherwise.

e. 如果信用证使用诸如“一式两份”“两张”“两份”等术语要求提交多份单据，则可以提交至少一份正本，其余份数以副本来满足。但单据本身另有相反指示者除外。

Article 18 Commercial Invoice

第十八条 商业发票

a. A commercial invoice:

a. 商业发票：

i. must appear to have been issued by the beneficiary (except as provided in article 38);

i. 必须在表面上看来系由受益人出具（第三十八条另有规定者除外）；

ii. must be made out in the name of the applicant (except as provided in sub-article 38 (g));

ii. 必须做成以申请人的名称为抬头（第三十八条（g）款另有规定者除外）；

iii. must be made out in the same currency as the credit; and

iii. 必须将发票币别做成与信用证相同币种；并且

iv. need not be signed.

iv. 无须签字。

b. A nominated bank acting on its nomination, a confirming bank, if any, or the issuing bank may accept a commercial invoice issued for an amount in excess of the amount permitted by the credit, and its decision will be binding upon all parties, provided the bank in question has not honoured or negotiated for an amount in excess of that permitted by the credit.

b. 按照指定行事的被指定银行、保兑行（如有）或开证行可以接受金额超过信用证所允许金额的商业发票，倘若有关银行已兑付或已议付的金额没有超过信用证所允许的金额，则该银行的决定对各有关方均具有约束力。

c. The description of the goods, services or performance in a commercial invoice must correspond with that appearing in the credit.

c. 商业发票上货物、服务或行为的描述必须与信用证中显示的内容相符。

Article 19 Transport Document Covering at Least Two Different Modes of Transport

第十九条 至少包括两种不同运输方式的运输单据

a. A transport document covering at least two different modes of transport (multimodal or combined transport document), however named, must appear to:

a. 至少包括两种不同运输方式的运输单据（即多式运输单据或联合运输单据），不论其称谓如何，必须在表面上看来：

i. indicate the name of the carrier and be signed by：

i. 显示承运人名称并由下列人员签署：

• the carrier or a named agent for or on behalf of the carrier，or

• 承运人或承运人的具名代理或代表，或

• the master or a named agent for or on behalf of the master.

• 船长或船长的具名代理或代表。

Any signature by the carrier，master or agent must be identified as that of the carrier，master or agent.

承运人、船长或代理的任何签字必须分别表明承运人、船长或代理的身份。

Any signature by an agent must indicate whether the agent has signed for or on behalf of the carrier or for or on behalf of the master.

代理的签字必须显示其是否作为承运人或船长的代理或代表签署提单。

ii. indicate that the goods have been dispatched，taken in charge or shipped on board at the place stated in the credit，by：

ii. 通过下述方式表明货物已在信用证规定的地点发运、接受监管或装载：

• pre-printed wording，or

• 预先印就的措辞，或

• a stamp or notation indicating the date on which the goods have been dispatched，taken in charge or shipped on board.

• 注明货物已发运、接受监管或装载日期的图章或批注。

The date of issuance of the transport document will be deemed to be the date of dispatch，taking in charge or shipped on board，and the date of shipment. However，if the transport document indicates，by stamp or notation，a date of dispatch，taking in charge or shipped on board，this date will be deemed to be the date of shipment.

运输单据的出具日期将被视为发运、接受监管或装载以及装运日期。然而，如果运输单据以盖章或批注方式标明发运、接受监管或装载日期，则此日期将被视为装运日期。

iii. indicate the place of dispatch，taking in charge or shipment and the place of final destination stated in the credit，even if：

iii. 显示信用证中规定的发运、接受监管或装载地点以及最终目的地的地点，即使：

a）the transport document states，in addition，a different place of dispatch，taking in charge or shipment or place of final destination，or a）运输单据另外显示了不同的发运、接受监管或装载地点或最终目的地的地点，或

b）the transport document contains the indication “intended” or similar qualification in relation to the vessel，port of loading or port of discharge.

b）运输单据包含“预期”或类似限定有关船只、装货港或卸货港的指示。

iv. be the sole original transport document or，if issued in more than one original，be the full set as indicated on the transport document.

iv. 系仅有的一份正本运输单据，或者，如果出具了多份正本运输单据，应是运输单据中显示的全套正本份数。

v. contain terms and conditions of carriage or make reference to another source containing the terms and conditions of carriage（short form or blank back transport document）. Contents of terms and conditions of carriage will not be examined.

v. 包含承运条款及条件，或提示承运条款及条件参见别处（简式或背面空白的运输单据），银行对此类承运条款及条件内容不予审核。

vi. contain no indication that it is subject to a charter party.

vi. 未注明运输单据受租船合约约束。

b. For the purpose of this article，transhipment means unloading from one means of conveyance and reloading to another means of conveyance（whether or not in different modes of transport）during the carriage from the place of dispatch，taking in charge or shipment to the place of final destination stated in the credit.

b. 就本条款而言，转运意指货物在信用证中规定的发运、接受监管或装载地点到最终目的地的运输过程中，从一个运输工具卸下并重新装载到另一个运输工具上（无论是否为不同运输方式）的运输。

c. i. A transport document may indicate that the goods will or may be transhipped provided that the entire carriage is covered by one and the same transport document.

c. i. 只要同一运输单据包括运输全程，则运输单据可以注明货物将被转运或可被转运。

ii. A transport document indicating that transhipment will or may take place is acceptable，even if the credit prohibits transhipment.

ii. 即使信用证禁止转运，银行也将接受注明转运将发生或可能发生的运输单据。

Article 20 Bill of Lading

第二十条 提单

a. A bill of lading，however named，must appear to：

a. 无论其称谓如何，提单必须表面上看来：

i. indicate the name of the carrier and be signed by:

i. 显示承运人名称并由下列人员签署：

• the carrier or a named agent for or on behalf of the carrier, or

• 承运人或承运人的具名代理或代表，或

• the master or a named agent for or on behalf of the master.

• 船长或船长的具名代理或代表。

Any signature by the carrier, master or agent must be identified as that of the carrier, master or agent.

承运人、船长或代理的任何签字必须分别表明其承运人、船长或代理的身份。

Any signature by an agent must indicate whether the agent has signed for or on behalf of the carrier or for or on behalf of the master.

代理的签字必须显示其是否作为承运人或船长的代理或代表签署提单。

ii. indicate that the goods have been shipped on board a named vessel at the port of loading stated in the credit by:

ii. 通过下述方式表明货物已在信用证规定的装运港装载上具名船只：

• pre-printed wording, or

• 预先印就的措辞，或

• an on board notation indicating the date on which the goods have been shipped on board.

• 注明货物已装船日期的装船批注。

The date of issuance of the bill of lading will be deemed to be the date of shipment unless the bill of lading contains an on board notation indicating the date of shipment, in which case the date stated in the on board notation will be deemed to be the date of shipment.

提单的出具日期将被视为装运日期，除非提单包含注明装运日期的装船批注，在此情况下，装船批注中显示的日期将被视为装运日期。

If the bill of lading contains the indication "intended vessel" or similar qualification in relation to the name of the vessel, an on board notation indicating the date of shipment and the name of the actual vessel is required.

如果提单包含"预期船"字样或类似有关限定船只的词语时，装上具名船只必须由注明装运日期以及实际装运船只名称的装船批注来证实。

iii. indicate shipment from the port of loading to the port of discharge stated in the credit.

iii. 注明装运从信用证中规定的装货港至卸货港。

If the bill of lading does not indicate the port of loading stated in the credit as the port of loading, or if it contains the indication "intended" or similar qualification in relation to the port of loading, an on board notation indicating the port of loading as stated in the credit, the date of shipment and the name of the vessel is required. This provision applies even when loading on board or shipment on a named vessel is indicated by pre-printed wording on the bill of lading.

如果提单未注明以信用证中规定的装货港作为装货港，或包含"预期"或类似有关限定装货港的标注者，则需要提供注明信用证中规定的装货港、装运日期以及船名的装船批注。即使提单上已注明印就的"已装船"或"已装具名船只"措辞，本规定仍然适用。

iv. be the sole original bill of lading or, if issued in more than one original, be the full set as indicated on the bill of lading.

iv. 系仅有的一份正本提单，或者，如果出具了多份正本，应是提单中显示的全套正本份数。

v. contain terms and conditions of carriage or make reference to another source containing the terms and conditions of carriage (short form or blank back bill of lading). Contents of terms and conditions of carriage will not be examined.

v. 包含承运条款及条件，或提示承运条款及条件参见别处（简式或背面空白的提单），银行对此类承运条款及条件内容不予审核。

vi. contain no indication that it is subject to a charter party.

vi. 未注明运输单据受租船合约约束。

b. For the purpose of this article, transhipment means unloading from one vessel and reloading to another vessel during the carriage from the port of loading to the port of discharge stated in the credit.

b. 就本条款而言，转运意指在信用证规定的装货港到卸货港之间的海运过程中，将货物由一艘船卸下再装上另一艘船的运输。

c. i. A bill of lading may indicate that the goods will or may be transhipped provided that the entire carriage is covered by one and the same bill of lading.

c. i. 只要同一提单包括运输全程，则提单可以注明货物将被转运或可被转运。

ii. A bill of lading indicating that transhipment will or may take place is acceptable, even if the credit prohibits transhipment, if the goods have been shipped in a container, trailer or LASH barge as evidenced by the bill of lading.

ii. 银行可以接受注明将要发生或可能发生转运的提单。即使信用证禁止转运，只要提单上证实有关货物已由集装箱、拖车或子母船运输，银行仍可接受注明将要发生或可能发生转运的提单。

d. Clauses in a bill of lading stating that the carrier reserves the right to tranship will be disregarded.

d. 对于提单中包含的声明承运人保留转运权利的条款，银行将不予置理。

Article 21 Non-Negotiable Sea Waybill

第二十一条 非转让海运单

a. A non-negotiable sea waybill, however named, must appear to:

a. 无论其称谓如何，非转让海运单必须表面上看来：

i. indicate the name of the carrier and be signed by:

i. 显示承运人名称并由下列人员签署：

• the carrier or a named agent for or on behalf of the carrier, or

• 承运人或承运人的具名代理或代表，或

• the master or a named agent for or on behalf of the master.

• 船长或船长的具名代理或代表。

Any signature by the carrier, master or agent must be identified as that of the carrier, master or agent.

承运人、船长或代理的任何签字必须分别表明其承运人、船长或代理的身份。

Any signature by an agent must indicate whether the agent has signed for or on behalf of the carrier or for or on behalf of the master.

代理的签字必须显示其是否作为承运人或船长的代理或代表签署提单。

ii. indicate that the goods have been shipped on board a named vessel at the port of loading stated in the credit by:

ii. 通过下述方式表明货物已在信用证规定的装运港装载上具名船只：

• pre-printed wording, or

• 预先印就的措辞，或

• an on board notation indicating the date on which the goods have been shipped on board.

• 注明货物已装船日期的装船批注。

The date of issuance of the non-negotiable sea waybill will be deemed to be the date of shipment unless the non-negotiable sea waybill contains an on board notation indicating the date of shipment, in which case the date stated in the on board notation will be deemed to be the date of shipment.

非转让海运单的出具日期将被视为装运日期，除非非转让海运单包含注明装运日期的装船批注，在此情况下，装船批注中显示的日期将被视为装运日期。

If the non-negotiable sea waybill contains the indication "intended vessel" or similar qualification in relation to the name of the vessel, an on board notation indicating the date of shipment and the name of the actual vessel is required.

如果非转让海运单包含"预期船"字样或类似有关限定船只的词语时，装上具名船只必须由注明装运日期以及实际装运船只名称的装船批注来证实。

iii. indicate shipment from the port of loading to the port of discharge stated in the credit.

iii. 注明装运从信用证中规定的装货港至卸货港。

If the non-negotiable sea waybill does not indicate the port of loading stated in the credit as the port of loading, or if it contains the indication "intended" or similar qualification in relation to the port of loading, an on board notation indicating the port of loading as stated in the credit, the date of shipment and the name of the vessel is required. This provision applies even when loading on board or shipment on a named vessel is indicated by pre-printed wording on the non-negotiable sea waybill.

如果非转让海运单未注明以信用证中规定的装货港作为装货港，或包含"预期"或类似有关限定装货港的标注者，则需要提供注明信用证中规定的装货港、装运日期以及船名的装船批注。即使非转让海运单上已注明印就的"已装船"或"已装具名船只"措辞，本规定仍然适用。

iv. be the sole original non-negotiable sea waybill or, if issued in more than one original, be the full set as indicated on the non-negotiable sea waybill.

iv. 系仅有的一份正本非转让海运单，或者，如果出具了多份正本，应是非转让海运单中显示的全套正本份数。

v. contain terms and conditions of carriage or make reference to another source containing the terms and conditions of carriage (short form or blank back non-negotiable sea waybill). Contents of terms and conditions of carriage will not be examined.

v. 包含承运条款及条件，或提示承运条款及条件参见别处（简式或背面空白的提单），银行对此类承运条款及条件内容不予审核。

vi. contain no indication that it is subject to a charter party.

vi. 未注明运输单据受租船合约约束。

b. For the purpose of this article, transhipment means unloading from one vessel and reloading to another vessel during the carriage from the port of loading to the port of discharge stated in the credit.

b. 就本条款而言，转运意指在信用证规定的装货港到卸货港之间的海运过程中，将货物由一艘船卸下再装上另一艘船的运输。

c. i. A non-negotiable sea waybill may indicate that the goods will or may be transhipped provided that the entire carriage is covered by one and the same non-negotiable sea waybill.

c. i. 只要同一非转让海运单包括运输全程，则非转让海运单可以注明货物将被转运或可被转运。

ii. A non-negotiable sea waybill indicating that transhipment will or may take place is acceptable, even if the credit prohibits transhipment, if the goods have been shipped in a container, trailer or LASH barge as evidenced by the non-negotiable sea waybill.

ii. 银行可以接受注明将要发生或可能发生转运的非转让海运单。即使信用证禁止转运，只要非转让海运单上证实有关货物已由集装箱、拖车或子母船运输，银行仍可接受注明将要发生或可能发生转运的非转让海运单。

d. Clauses in a non-negotiable sea waybill stating that the carrier reserves the right to tranship will be disregarded.

d. 对于非转让海运单中包含的声明承运人保留转运权利的条款，银行将不予置理。

Article 22　Charter Party Bill of Lading

第二十二条　租船合约提单

a. A bill of lading, however named, containing an indication that it is subject to a charter party (charter party bill of lading), must appear to:

a. 无论其称谓如何，倘若提单包含有提单受租船合约约束的指示（即租船合约提单），则必须在表面上看来：

i. be signed by:

i. 由下列当事方签署：

- the master or a named agent for or on behalf of the master, or
- 船长或船长的具名代理或代表，或
- the owner or a named agent for or on behalf of the owner, or
- 船东或船东的具名代理或代表，或
- the charterer or a named agent for or on behalf of the charterer.
- 租船主或租船主的具名代理或代表。

Any signature by the master，owner，charterer or agent must be identified as that of the master，owner，charterer or agent.

船长、船东、租船主或代理的任何签字必须分别表明其船长、船东、租船主或代理的身份。

Any signature by an agent must indicate whether the agent has signed for or on behalf of the master，owner or charterer.

代理的签字必须显示其是否作为船长、船东或租船主的代理或代表签署提单。

An agent signing for or on behalf of the owner or charterer must indicate the name of the owner or charterer.

代理人代理或代表船东或租船主签署提单时必须注明船东或租船主的名称。

ii. indicate that the goods have been shipped on board a named vessel at the port of loading stated in the credit by：

ii. 通过下述方式表明货物已在信用证规定的装运港装载上具名船只：

· pre-printed wording，or

· 预先印就的措辞，或

· an on board notation indicating the date on which the goods have been shipped on board.

· 注明货物已装船日期的装船批注。

The date of issuance of the charter party bill of lading will be deemed to be the date of shipment unless the charter party bill of lading contains an on board notation indicating the date of shipment，in which case the date stated in the on board notation will be deemed to be the date of shipment.

租船合约提单的出具日期将被视为装运日期，除非租船合约提单包含注明装运日期的装船批注，在此情况下，装船批注中显示的日期将被视为装运日期。

iii. indicate shipment from the port of loading to the port of discharge stated in the credit. The port of discharge may also be shown as a range of ports or a geographical area，as stated in the credit.

iii. 注明货物由信用证中规定的装货港运输至卸货港。卸货港可以按信用证中的规定显示为一组港口或某个地理区域。

iv. be the sole original charter party bill of lading or，if issued in more than one original，be the full set as indicated on the charter party bill of lading.

iv. 系仅有的一份正本租船合约提单，或者，如果出具了多份正本，应是租船合约提单中显示的全套正本份数。

b. A bank will not examine charter party contracts, even if they are required to be presented by the terms of the credit.

b. 即使信用证中的条款要求提交租船合约，银行也将对该租船合约不予审核。

Article 23 Air Transport Document

第二十三条 空运单据

a. An air transport document, however named, must appear to:

a. 无论其称谓如何，空运单据必须在表面上看来：

i. indicate the name of the carrier and be signed by:

i. 注明承运人名称并由下列当事方签署：

- the carrier, or
- 承运人，或
- a named agent for or on behalf of the carrier.
- 承运人的具名代理或代表。

Any signature by the carrier or agent must be identified as that of the carrier or agent.

承运人或代理的任何签字必须分别表明其承运人或代理的身份。

Any signature by an agent must indicate that the agent has signed for or on behalf of the carrier.

代理的签字必须显示其是否作为承运人的代理或代表签署空运单据。

ii. indicate that the goods have been accepted for carriage.

ii. 注明货物已收妥待运。

iii. indicate the date of issuance. This date will be deemed to be the date of shipment unless the air transport document contains a specific notation of the actual date of shipment, in which case the date stated in the notation will be deemed to be the date of shipment.

iii. 注明出具日期。这一日期将被视为装运日期，除非空运单据包含注有实际装运日期的专项批注，在此种情况下，批注中显示的日期将被视为装运日期。

Any other information appearing on the air transport document relative to the flight number and date will not be considered in determining the date of shipment.

空运单据显示的其他任何与航班号和起飞日期有关的信息不能被视为装运日期。

iv. indicate the airport of departure and the airport of destination stated in the credit.

iv. 表明信用证规定的起飞机场和目的地机场。

v. be the original for consignor or shipper, even if the credit stipulates a full set of originals.

v. 为开给发货人或拖运人的正本，即使信用证规定提交全套正本。

vi. contain terms and conditions of carriage or make reference to another source containing the terms and conditions of carriage. Contents of terms and conditions of carriage will not be examined.

vi. 载有承运条款及条件，或提示承运条款及条件参见别处。银行将不审核承运条款及条件的内容。

b. For the purpose of this article, transhipment means unloading from one aircraft and reloading to another aircraft during the carriage from the airport of departure to the airport of destination stated in the credit.

b. 就本条而言，转运是指在信用证规定的起飞机场到目的地机场的运输过程中，将货物从一飞机卸下再装上另一飞机的行为。

c. i. An air transport document may indicate that the goods will or may be transhipped, provided that the entire carriage is covered by one and the same air transport document.

c. i. 空运单据可以注明货物将要或可能转运，只要全程运输由同一空运单据涵盖。

ii. An air transport document indicating that transhipment will or may take place is acceptable, even if the credit prohibits transhipment.

ii. 即使信用证禁止转运，注明将要或可能发生转运的空运单据仍可接受。

Article 24　Road, Rail or Inland Waterway Transport Documents

第二十四条　公路、铁路或内陆水运单据

a. A road, rail or inland waterway transport document, however named, must appear to:

a. 公路、铁路或内陆水运单据，无论名称如何，必须看似：

i. indicate the name of the carrier and:

i. 表明承运人名称，并且

· be signed by the carrier or a named agent for or on behalf of the carrier, or

· 由承运人或其具名代理人签署，或

· indicate receipt of the goods by signature, stamp or notation by the carrier or a named agent for or on behalf of the carrier.

· 由承运人或其具名代理人以签字、印章或批注表明货物收讫。

Any signature, stamp or notation of receipt of the goods by the carrier or agent must be identified as that of the carrier or agent.

承运人或其具名代理人的收货签字、印章或批注必须标明其承运人或代理人的身份。

Any signature, stamp or notation of receipt of the goods by the agent must indicate that the agent has signed or acted for or on behalf of the carrier.

代理人的收货签字、印章或批注必须标明代理人系代表承运人签字或行事。

If a rail transport document does not identify the carrier, any signature or stamp of the railway company will be accepted as evidence of the document being signed by the carrier.

如果铁路运输单据没有指明承运人，可以接受铁路运输公司的任何签字或印章作为承运人签署单据的证据。

ii. indicate the date of shipment or the date the goods have been received for shipment, dispatch or carriage at the place stated in the credit. Unless the transport document contains a dated reception stamp, an indication of the date of receipt or a date of shipment, the date of issuance of the transport document will be deemed to be the date of shipment.

ii. 表明货物在信用证规定地点的发运日期，或者收讫代运或代发送的日期。运输单据的出具日期将被视为发运日期，除非运输单据上盖有带日期的收货印章，或注明了收货日期或发运日期。

iii. indicate the place of shipment and the place of destination stated in the credit.

iii. 表明信用证规定的发运地及目的地。

b. i. A road transport document must appear to be the original for consignor or shipper or bear no marking indicating for whom the document has been prepared.

b. i. 公路运输单据必须看似为开给发货人或托运人的正本，或没有认可标记表明单据开给何人。

ii. A rail transport document marked "duplicate" will be accepted as an original.

ii. 注明"第二联"的铁路运输单据将被作为正本接受。

iii. A rail or inland waterway transport document will be accepted as an original whether marked as an original or not.

iii. 无论是否注明正本字样，铁路或内陆水运单据都被作为正本接受。

c. In the absence of an indication on the transport document as to the number of originals issued, the number presented will be deemed to constitute a full set.

c. 如运输单据上未注明出具的正本数量，提交的份数即视为全套正本。

d. For the purpose of this article, transhipment means unloading from one means of conveyance and reloading to another means of conveyance, within the same mode of transport, during the carriage from the place of shipment, dispatch or carriage to the place of destination stated in the credit.

d. 就本条而言，转运是指在信用证规定的发运、发送或运送的地点到目的地的运输过程中，在同一运输方式中从一运输工具卸下再装上另一运输工具的行为。

e. i. A road, rail or inland waterway transport document may indicate that the goods will or may be transhipped provided that the entire carriage is covered by one and the same transport document.

e. i. 只要全程运输由同一运输单据涵盖，公路、铁路或内陆水运单据可以注明货物将要或可能被转运。

ii. A road, rail or inland waterway transport document indicating that transhipment will or may take place is acceptable, even if the credit prohibits transhipment.

ii. 即使信用证禁止转运，注明将要或可能发生转运的公路、铁路或内陆水运单据仍可接受。

Article 25 Courier Receipt, Post Receipt or Certificate of Posting

第二十五条 快递收据、邮政收据或投邮证明

a. A courier receipt, however named, evidencing receipt of goods for transport, must appear to:

a. 证明货物收讫待运的快递收据，无论名称如何，必须看似：

i. indicate the name of the courier service and be stamped or signed by the named courier service at the place from which the credit states the goods are to be shipped; and

i. 表明快递机构的名称，并在信用证规定的货物发运地点由该具名快递机构盖章或签字；并且

ii. indicate a date of pick-up or of receipt or wording to this effect. This date will be deemed to be the date of shipment.

ii. 表明取件或收件的日期或类似词语。该日期将被视为发运日期。

b. A requirement that courier charges are to be paid or prepaid may be satisfied by a transport document issued by a courier service evidencing that courier charges are for the account of a party other than the consignee.

b. 如果要求显示快递费用付讫或预付，快递机构出具的表明快递费由收货人以外的一方支付的运输单据可以满足该项要求。

c. A post receipt or certificate of posting, however named, evidencing receipt of goods for transport, must appear to be stamped or signed and dated at the place from which the credit states the goods are to be shipped. This date will be deemed to be the date of shipment.

c. 证明货物收讫待运的邮政收据或投邮证明，无论名称如何，必须看似在信用证规定的货物发运地点盖章或签署并注明日期。该日期将被视为发运日期。

Article 26 "On Deck", "Shipper's Load and Count", "Said by Shipper to Contain" and Charges Additional to Freight

第二十六条 "货装舱面""托运人装载和计数""内容据托运人报称"及运费之外的费用

a. A transport document must not indicate that the goods are or will be loaded on deck. A clause on a transport document stating that the goods may be loaded on deck is acceptable.

a. 运输单据不得表明货物装于或者将装于舱面。声明货物可能被装于舱面的运输单据条款可以接受。

b. A transport document bearing a clause such as "shipper's load and count" and "said by shipper to contain" is acceptable.

b. 载有诸如"托运人装载和计数"或"内容据托运人报称"条款的运输单据可以接受。

c. A transport document may bear a reference, by stamp or otherwise, to charges additional to the freight.

c. 运输单据上可以以印章或其他方式提及运费之外的费用。

Article 27 Clean Transport Document

第二十七条 清洁运输单据

A bank will only accept a clean transport document. A clean transport document is one bearing no clause or notation expressly declaring a defective condition of the goods or their packaging. The word "clean" need not appear on a transport document, even if a credit has a requirement for that transport document to be "clean on board".

银行只接受清洁运输单据。清洁运输单据指未载有明确宣称货物或包装有缺陷的条款或批注的运输单据。"清洁"一词并不需要在运输单据上出现，即使信用证要求运输单据为"清洁已装船"的。

Article 28 Insurance Document and Coverage

第二十八条 保险单据及保险范围

a. An insurance document, such as an insurance policy, an insurance certificate or a declaration under an open cover, must appear to be issued and signed by an insurance company, an underwriter or their agents or their proxies.

a. 保险单据，例如保险单或预约保险项下的保险证明或者声明书，必须看似由保险公司、承保人或其代理人或代表出具并签署。

Any signature by an agent or proxy must indicate whether the agent or proxy has signed for or on behalf of the insurance company or underwriter.

代理人或代表的签字必须标明其系代表保险公司或承保人签字。

b. When the insurance document indicates that it has been issued in more than one original, all originals must be presented.

b. 如果保险单据表明其以多份正本出具，所有正本均须提交。

c. Cover notes will not be accepted.

c. 暂保单将不被接受。

d. An insurance policy is acceptable in lieu of an insurance certificate or a declaration under an open cover.

d. 可以接受保险单代替预约保险项下的保险证明或声明书。

e. The date of the insurance document must be no later than the date of shipment, unless it appears from the insurance document that the cover is effective from a date not later than the date of shipment.

e. 保险单据日期不得晚于发运日期，除非保险单据表明保险责任不迟于发运日生效。

f. i. The insurance document must indicate the amount of insurance coverage and be in the same currency as the credit.

f. i. 保险单据必须表明投保金额并以与信用证相同的货币表示。

ii. A requirement in the credit for insurance coverage to be for a percentage of the value of the goods, of the invoice value or similar is deemed to be the minimum amount of coverage required.

ii. 信用证对于投保金额为货物价值、发票金额或类似金额的某一比例的要求，将被视为对最低保额的要求。

If there is no indication in the credit of the insurance coverage required, the amount of insurance coverage must be at least 110% of the CIF or CIP value of the goods.

如果信用证对投保金额未做规定，投保金额须至少为货物的 CIF 或 CIP 价格的 110%。

When the CIF or CIP value cannot be determined from the documents, the amount of insurance coverage must be calculated on the basis of the amount for which honour or negotiation is requested or the gross value of the goods as shown on the invoice, whichever is greater.

如果从单据中不能确定 CIF 或者 CIP 价格，投保金额必须基于要求承付或议付的金额，或者基于发票上显示的货物总值来计算，两者之中取金额较高者。

iii. The insurance document must indicate that risks are covered at least between the place of taking in charge or shipment and the place of discharge or final destination as stated in the credit.

iii. 保险单据须表明承保的风险区间至少涵盖从信用证规定的货物监管地或发运地开始到卸货地或最终目的地为止。

g. A credit should state the type of insurance required and, if any, the additional risks to be covered. An insurance document will be accepted without regard to any risks that are not covered if the credit uses imprecise terms such as "usual risks" or "customary risks".

g. 信用证应规定所需投保的险别及附加险（如有的话）。如果信用证使用诸如"通常风险"或"惯常风险"等含义不确切的用语，则无论是否有漏保之风险，保险单据将照样被接受。

h. When a credit requires insurance against "all risks" and an insurance document is presented containing any "all risks" notation or clause, whether or not bearing the heading "all risks", the insurance document will be accepted without regard to any risks stated to be excluded.

h. 当信用证规定投保"一切险"时，如保险单据载有任何"一切险"批注或条款，无论是否有"一切险"标题，均将被接受，即使其声明任何风险除外。

i. An insurance document may contain reference to any exclusion clause.

i. 保险单据可以援引任何除外责任条款。

j. An insurance document may indicate that the cover is subject to a franchise or excess (deductible).

j. 保险单据可以注明受免赔率或免赔额（减除额）约束。

Article 29 Extension of Expiry Date or Last Day for Presentation

第二十九条 截止日或最迟交单日的顺延

a. If the expiry date of a credit or the last day for presentation falls on a day when the bank to which presentation is to be made is closed for reasons other than those referred to in article 36, the expiry date or the last day for presentation, as the case may be, will be extended to the first following banking day.

a. 如果信用证的截止日或最迟交单日适逢接受交单的银行非因第三十六条所述原因而歇业，则截止日或最迟交单日，视何者适用，将顺延至其重新开业的第一个银行工作日。

b. If presentation is made on the first following banking day, a nominated bank must provide the issuing bank or confirming bank with a statement on its covering schedule that the presentation was made within the time limits extended in accordance with sub-article 29 (a).

b. 如果在顺延后的第一个银行工作日交单，指定银行必须在其致开证行或保兑行的面函中声明交单是在根据第二十九条a款顺延的期限内提交的。

c. The latest date for shipment will not be extended as a result of sub-article 29 (a).

c. 最迟发运日不因第二十九条 a 款规定的原因而顺延。

Article 30 Tolerance in Credit Amount, Quantity and Unit Prices

第三十条 信用证金额、数量与单价的增减幅度

a. The words "about" or "approximately" used in connection with the amount of the credit or the quantity or the unit price stated in the credit are to be construed as allowing a tolerance not to exceed 10% more or 10% less than the amount, the quantity or the unit price to which they refer.

a. "约"或"大约"用于信用证金额或信用证规定的数量或单价时，应解释为允许有关金额或数量或单价有不超过 10%的增减幅度。

b. A tolerance not to exceed 5% more or 5% less than the quantity of the goods is allowed, provided the credit does not state the quantity in terms of a stipulated number of packing units or individual items and the total amount of the drawings does not exceed the amount of the credit.

b. 在信用证未以包装单位件数或货物自身件数的方式规定货物数量时，货物数量允许有 5%的增减幅度，只要总支取金额不超过信用证金额。

c. Even when partial shipments are not allowed, a tolerance not to exceed 5% less than the amount of the credit is allowed, provided that the quantity of the goods, if stated in the credit, is shipped in full and a unit price, if stated in the credit, is not reduced or that sub-article 30 (b) is not applicable. This tolerance does not apply when the credit stipulates a specific tolerance or uses the expressions referred to in sub-article 30 (a).

c. 如果信用证规定了货物数量，而该数量已全部发运，及如果信用证规定了单价，而该单价又未降低，或当第三十条 b 款不适用时，则即使不允许部分装运，也允许支取的金额有 5%的减幅。若信用证规定有特定的增减幅度或使用第三十条 a 款提到的用语限定数量，则该减幅不适用。

Article 31 Partial Drawings or Shipments

第三十一条 部分支款或部分装运

a. Partial drawings or shipments are allowed.

a. 允许部分支款或部分装运。

b. A presentation consisting of more than one set of transport documents evidencing shipment commencing on the same means of conveyance and for the same journey, provided they indicate the same destination, will not be regarded as covering a partial shipment, even if they indicate different dates of shipment or different ports of loading, places of taking in charge or dispatch. If the presentation consists of more than one set of transport documents, the latest date of shipment as evidenced on any of the sets of transport documents will be regarded as the date of shipment.

b. 表明使用同一运输工具并经由同次航程运输的数套运输单据在同一次提交时，只要显示相同目的地，将不视为部分发运，即使运输单据上标明的发运日期不同或装卸港、接管地或发送地点不同。如果交单由数套运输单据构成，其中最晚的一个发运日将被视为发运日。

A presentation consisting of one or more sets of transport documents evidencing shipment on more than one means of conveyance within the same mode of transport will be regarded as covering a partial shipment, even if the means of conveyance leave on the same day for the same destination.

含有一套或数套运输单据的交单，如果表明在同一种运输方式下经由数件运输工具运输，即使运输工具在同一天出发运往同一目的地，仍将被视为部分发运。

c. A presentation consisting of more than one courier receipt, post receipt or certificate of posting will not be regarded as a partial shipment if the courier receipts, post receipts or certificates of posting appear to have been stamped or signed by the same courier or postal service at the same place and date and for the same destination.

c. 含有一份以上快递收据、邮政收据或投邮证明的交单，如果单据看似由同一快递或邮政机构在同一地点和日期加盖印章或签字并且表明同一目的地，将不视为部分发运。

Article 32 Instalment Drawings or Shipments

第三十二条 分期支款或分期装运

If a drawing or shipment by instalments within given periods is stipulated in the credit and any instalment is not drawn or shipped within the period allowed for that instalment, the credit ceases to be available for that and any subsequent instalment.

如信用证规定在指定的时间段内分期支款或分期发运，任何一期未按信用证规定期限支取或发运时，信用证对该期及以后各期均告失效。

Article 33 Hours of Presentation

第三十三条 交单时间

A bank has no obligation to accept a presentation outside of its banking hours.

银行在其营业时间外无接受交单的义务。

Article 34 Disclaimer on Effectiveness of Documents

第三十四条 关于单据有效性的免责

A bank assumes no liability or responsibility for the form, sufficiency, accuracy, genuineness，falsification or legal effect of any document，or for the general or particular conditions stipulated in a document or superimposed thereon；nor does it assume any liability or responsibility for the description，quantity，weight，quality，condition，packing，delivery，value or existence of the goods，services or other performance represented by any document，or for the good faith or acts or omissions，solvency，performance or standing of the consignor，the carrier，the forwarder，the consignee or the insurer of the goods or any other person.

银行对任何单据的形式、充分性、准确性、内容真实性、虚假性或法律效力，或对单据中规定或添加的一般或特殊条件，概不负责；银行对任何单据所代表的货物、服务或其他履约行为的描述、数量、重量、品质、状况、包装、交付、价值或其存在与否，或对发货人、承运人、货运代理人、收货人、货物的保险人或其他任何人的诚信与否，作为或不作为、清偿能力、履约或资信状况，也概不负责。

Article 35 Disclaimer on Transmission and Translation

第三十五条 关于信息传递和翻译的免责

A bank assumes no liability or responsibility for the consequences arising out of delay，loss in transit，mutilation or other errors arising in the transmission of any messages or delivery of letters or documents，when such messages，letters or documents are transmitted or sent according to the requirements stated in the credit，or when the bank may have taken the initiative in the choice of the delivery service in the absence of such instructions in the credit.

当报文、信件或单据按照信用证的要求传输或发送时，或当信用证未做指示，银行自行选择传送服务时，银行对报文传输或信件或单据的递送过程中发生的延误、中途遗失、残缺或其他错误产生的后果，概不负责。

If a nominated bank determines that a presentation is complying and forwards the documents to the issuing bank or confirming bank，whether or not the nominated bank has honoured or negotiated，an issuing bank or confirming bank must honour or negotiate，or reimburse that nominated bank，even when the documents have been lost in transit between the nominated bank and the issuing bank or confirming bank，or between the confirming bank and the issuing bank.

如果被指定银行确定交单相符并将单据发往开证行或保兑行。无论被指定银行是否已经承付或议付，开证行或保兑行必须承付或议付，或偿付被指定银行，即使单据在被指定银行送往开证行或保兑行的途中，或保兑行送往开证行的途中丢失。

A bank assumes no liability or responsibility for errors in translation or interpretation of technical terms and may transmit credit terms without translating them.

银行对技术术语的翻译或解释上的错误，不负责任，并可不加翻译地传送信用证条款。

Article 36 Force Majeure

第三十六条 不可抗力

A bank assumes no liability or responsibility for the consequences arising out of the interruption of its business by Acts of God, riots, civil commotions, insurrections, wars, acts of terrorism, or by any strikes or lockouts or any other causes beyond its control.

银行对由于天灾、暴动、骚乱、叛乱、战争、恐怖主义行为或任何罢工、停工或其无法控制的任何其他原因导致的营业中断的后果，概不负责。

A bank will not, upon resumption of its business, honour or negotiate under a credit that expired during such interruption of its business.

银行恢复营业时，对于在营业中断期间已逾期的信用证，不再进行承付或议付。

Article 37 Disclaimer for Acts of an Instructed Party

第三十七条 关于被指示方行为的免责

a. A bank utilizing the services of another bank for the purpose of giving effect to the instructions of the applicant does so for the account and at the risk of the applicant.

a. 为了执行申请人的指示，银行利用其他银行的服务，其费用和风险由申请人承担。

b. An issuing bank or advising bank assumes no liability or responsibility should the instructions it transmits to another bank not be carried out, even if it has taken the initiative in the choice of that other bank.

b. 即使银行自行选择了其他银行，如果发出指示未被执行，开证行或通知行对此亦不负责。

c. A bank instructing another bank to perform services is liable for any commissions, fees, costs or expenses ("charges") incurred by that bank in connection with its instructions.

c. 指示另一银行提供服务的银行有责任负担被指示方因执行指示而发生的任何佣金、手续费、成本或开支（“费用”）。

If a credit states that charges are for the account of the beneficiary and charges cannot be collected or deducted from proceeds, the issuing bank remains liable for payment of charges.

如果信用证规定费用由受益人负担，而该费用未能收取或从信用证款项中扣除，开证行依然承担支付此费用的责任。

A credit or amendment should not stipulate that the advising to a beneficiary is conditional upon the receipt by the advising bank or second advising bank of its charges.

信用证或其修改不应规定向受益人的通知以通知行或第二通知行收到其费用为条件。

d. The applicant shall be bound by and liable to indemnify a bank against all obligations and responsibilities imposed by foreign laws and usages.

d. 外国法律和惯例加诸银行的一切义务和责任，申请人应受其约束，并就此对银行负补偿之责。

Article 38 Transferable Credits

第三十八条 可转让信用证

a. A bank is under no obligation to transfer a credit except to the extent and in the manner expressly consented to by that bank.

a. 银行无办理转让信用证的义务，除非该银行明确同意其转让范围和转让方式。

b. For the purpose of this article:

b. 就本条款而言：

Transferable credit means a credit that specifically states it is "transferable". A transferable credit may be made available in whole or in part to another beneficiary ("second beneficiary") at the request of the beneficiary ("first beneficiary").

转让信用证意指明确表明其"可以转让"的信用证。根据受益人（"第一受益人"）的请求，转让信用证可以被全部或部分地转让给其他受益人（"第二受益人"）。

Transferring bank means a nominated bank that transfers the credit or, in a credit available with any bank, a bank that is specifically authorized by the issuing bank to transfer and that transfers the credit. An issuing bank may be a transferring bank.

转让银行意指办理信用证转让的被指定银行，或者，在适用于任何银行的信用证中，转让银行是由开证行特别授权并办理转让信用证的银行。开证行也可担任转让银行。

Transferred credit means a credit that has been made available by the transferring bank to a second beneficiary.

转让信用证意指经转让银行办理转让后可供第二受益人使用的信用证。

c. Unless otherwise agreed at the time of transfer, all charges (such as commissions, fees, costs or expenses) incurred in respect of a transfer must be paid by the first beneficiary.

c. 除非转让时另有约定，所有因办理转让而产生的费用（诸如佣金、手续费、成本或开支）必须由第一受益人支付。

d. A credit may be transferred in part to more than one second beneficiary provided partial drawings or shipments are allowed.

d. 倘若信用证允许部分支款或部分装运，信用证可以被部分地转让给一个以上的第二受益人。

A transferred credit cannot be transferred at the request of a second beneficiary to any subsequent beneficiary. The first beneficiary is not considered to be a subsequent beneficiary.

第二受益人不得要求将信用证转让给任何次序位居其后的其他受益人。第一受益人不属于此类其他受益人之列。

e. Any request for transfer must indicate if and under what conditions amendments may be advised to the second beneficiary. The transferred credit must clearly indicate those conditions.

e. 任何有关转让的申请必须指明是否以及在何种条件下可以将修改通知第二受益人。转让信用证必须明确指明这些条件。

f. If a credit is transferred to more than one second beneficiary，rejection of an amendment by one or more second beneficiary does not invalidate the acceptance by any other second beneficiary，with respect to which the transferred credit will be amended accordingly. For any second beneficiary that rejected the amendment，the transferred credit will remain unamended.

f. 如果信用证被转让给一个以上的第二受益人，其中一个或多个第二受益人拒绝接受某个信用证修改并不影响其他第二受益人接受修改。对于接受修改的第二受益人而言，信用证已做相应的修改；对于拒绝接受修改的第二受益人而言，该转让信用证仍未被修改。

g. The transferred credit must accurately reflect the terms and conditions of the credit，including confirmation，if any，with the exception of：

g. 转让信用证必须准确转载原证的条款及条件，包括保兑（如有），但下列项目除外：

the amount of the credit，

信用证金额，

any unit price stated therein，

信用证规定的任何单价，

the expiry date，

到期日，

the period for presentation，or

单据提示期限

the latest shipment date or given period for shipment，

最迟装运日期或规定的装运期间，

any or all of which may be reduced or curtailed.

以上任何一项或全部均可减少或缩短。

The percentage for which insurance cover must be effected may be increased to provide the amount of cover stipulated in the credit or these articles.

必须投保的保险金额的投保比例可以增加，以满足原信用证或本惯例规定的投保金额。

The name of the first beneficiary may be substituted for that of the applicant in the credit.

可以用第一受益人的名称替换原信用证中申请人的名称。

If the name of the applicant is specifically required by the credit to appear in any document other than the invoice, such requirement must be reflected in the transferred credit.

如果原信用证特别要求开证申请人名称应在除发票以外的任何单据中出现时，则转让信用证必须反映出该项要求。

h. The first beneficiary has the right to substitute its own invoice and draft, if any, for those of a second beneficiary for an amount not in excess of that stipulated in the credit, and upon such substitution the first beneficiary can draw under the credit for the difference, if any, between its invoice and the invoice of a second beneficiary.

h. 第一受益人有权以自己的发票和汇票（如有），替换第二受益人的发票和汇票（如有），其金额不得超过原信用证的金额。在如此办理单据替换时，第一受益人可在原信用证项下支取自己发票与第二受益人发票之间产生的差额（如有）。

i. If the first beneficiary is to present its own invoice and draft, if any, but fails to do so on first demand, or if the invoices presented by the first beneficiary create discrepancies that did not exist in the presentation made by the second beneficiary and the first beneficiary fails to correct them on first demand, the transferring bank has the right to present the documents as received from the second beneficiary to the issuing bank, without further responsibility to the first beneficiary.

i. 如果第一受益人应当提交其自己的发票和汇票（如有），但却未能在收到第一次要求时照办；或第一受益人提交的发票导致了第二受益人提示的单据中本不存在的不符点，而其未能在收到第一次要求时予以修正，则转让银行有权将其从第二受益人处收到的单据向开证行提示，并不再对第一受益人负责。

j. The first beneficiary may, in its request for transfer, indicate that honour or negotiation is to be effected to a second beneficiary at the place to which the credit has been transferred, up to and including the expiry date of the credit. This is without prejudice to the right of the first beneficiary in accordance with sub-article 38 (h).

j. 第一受益人可以在其提出转让申请时，表明可在信用证被转让的地点，在原信用证的到期日之前（包括到期日）向第二受益人兑付或议付。本条款并不损害第一受益人在第三十八条（h）款下的权利。

k. Presentation of documents by or on behalf of a second beneficiary must be made to the transferring bank.

k. 由第二受益人或代表第二受益人提交的单据必须向转让银行提示。

Article 39 Assignment of Proceeds

第三十九条 款项让渡

The fact that a credit is not stated to be transferable shall not affect the right of the beneficiary to assign any proceeds to which it may be or may become entitled under the credit, in accordance with the provisions of applicable law. This article relates only to the assignment of proceeds and not to the assignment of the right to perform under the credit.

信用证未表明可转让，并不影响受益人根据所适用的法律规定，将其在该信用证项下有权获得的款项让渡与他人的权利。本条款所涉及的仅是款项的让渡，而不是信用证项下执行权力的让渡。

附录五 外贸单证常用的英文缩写

AA（automatic approval）自动许可证

A. A. （after arrival）到达以后

A. A. R. （against all risks）承保一切险

ABT.（about）大约

A/C. （account current）往来账户

ACC. （acceptance）承兑；（accepted）接受；（account）账户

ACN（air consignment note）空运托运单

A/D. （after date）期后

AD（advertisement）广告

AD VAL. （ad valorem）从价计算

ADD. （address）住址

ADV. （advice）通知

A. F. （advanced freights）预付运费

AGRT. （agreement）同意

AGT. （agent）代理人

AMT. （amount）金额；总数；共计

ANON. （anonymous）不记名

A. O. （account of…）某人账户

A/OR（and/or）与/或

A/P（authority to purchase）委托购买证

A. P. （additional premium）附加保险费；额外保险费

A. P. L. （as per list）按照表所列出的

APP.（appendix）附录
APPROX.（approximately；approximate）大约
A. R.（all risks）一切险
ARR.（arrival）抵达
A/S（after sight）见票后
A. S.（alongside）船边
ASSMT.（assortment）各种类；各色
ASSTD.（assorted）分类；花式搭配
ATTN.（attention）注意
AV.（average）海损
AVG.（average）平均
A/W（actual weight）实际重量；净重
A. W. B.（airway bill）空运运单
BAL.（balance）差额
BBL.（barrel）桶；琵琶桶
B. B. CLAUSE（both to blame collision clause）船舶互撞责任条款
B/C（bills for collection）托收单据
B. D.（brought down）转下页
B. D.（bank draft）银行汇票；（bill discounted）贴现票据
B. D. I.（both dates inclusive）包括首尾两日
BDLE.；BDL.（bundle）把；捆
B. E.；B/E；B. EX.（bill of exchange）汇票
B. F.（brought forward）接上页
B/G（bonded goods）保税货物
BG.；B/S [bag（s）] 袋
BK.（banking）银行业务
BKT.（basket）篮；筐
BL.；BLS. [bale（s）] 包
BR.（brand）商标；牌
BRKGE.（breakage）破碎
B（S）/L [bill（s）of lading] 提单（复数）
BTL.（bottle）瓶
BU.（bushel）蒲式耳
BX.（box）箱

BXS. （boxes）箱（复数）；盒（复数）

CA.；C/S；CS. （case or cases）箱

C. A. D.；C/D（cash against documents）付款交单

CANC. （cancelled）取消；注销

CIF（cost，insurance，freight）成本加保费、运费价

CANCL. （cancelling）取消；注销

CAT. （catalogue）商品目录

C/B（clean bill）光票

C. B. D（cash before delivery）交货前付现

CM^3（cubic centimetre）立方厘米

C. C. （carbon copy）复写本；副本

C. C. （chamber of commerce）商会

C/D（carried down）转下

CENT. （centum）100

CERT.；CERTIF. （certificate；certified）证明书；证明

附录六 外贸各种证明及单证术语

形式发票 proforma invoice
部分发票 partial invoice
操作说明 operating instructions
铭牌 name/product plate
交货说明请求 request for delivery instructions
订舱申请 booking request
装运说明 shipping instructions
托运人说明书 shipper's letter of instructions
短途货运单 cartage order（local transport）
待运通知 ready for despatch advice
发运单 despatch order
发运通知 despatch advice
单证分发通知 advice of distribution of documents
商业发票 commercial invoice
贷记单 credit note
佣金单 commission note
借记单 debit note
直接支付估价申请 direct payment valuation request order
直接支付估价单 direct payment valuation order
支付估价单 payment valuation order
数量估价单 quantity valuation order
数量估价申请 quantity valuation request

合同数量单 contract bill of quantities (BOQ)
不祭价投标数量单 unpriced tender BOQ
标价投标数量单 priced tender BOQ
询价 inquiry
临时支付申请 interim application for payment
支付协议 agreement to pay
意向书 letter of intent
订单 order
总订单 blanket order
现货订单 sport order
紧急订单 rush order
修理单 repair order
寄售单 consignment order
样品订单 sample order
换货单 swap order
订购单变更请求 purchase order change request
订购单回复 purchase order response
租用单 hire order
备件订单 spare parts order
交货说明 delivery instructions
交货计划表 delivery schedule
按时交货 delivery just-in-time
发货通知 delivery release
交货通知 delivery note